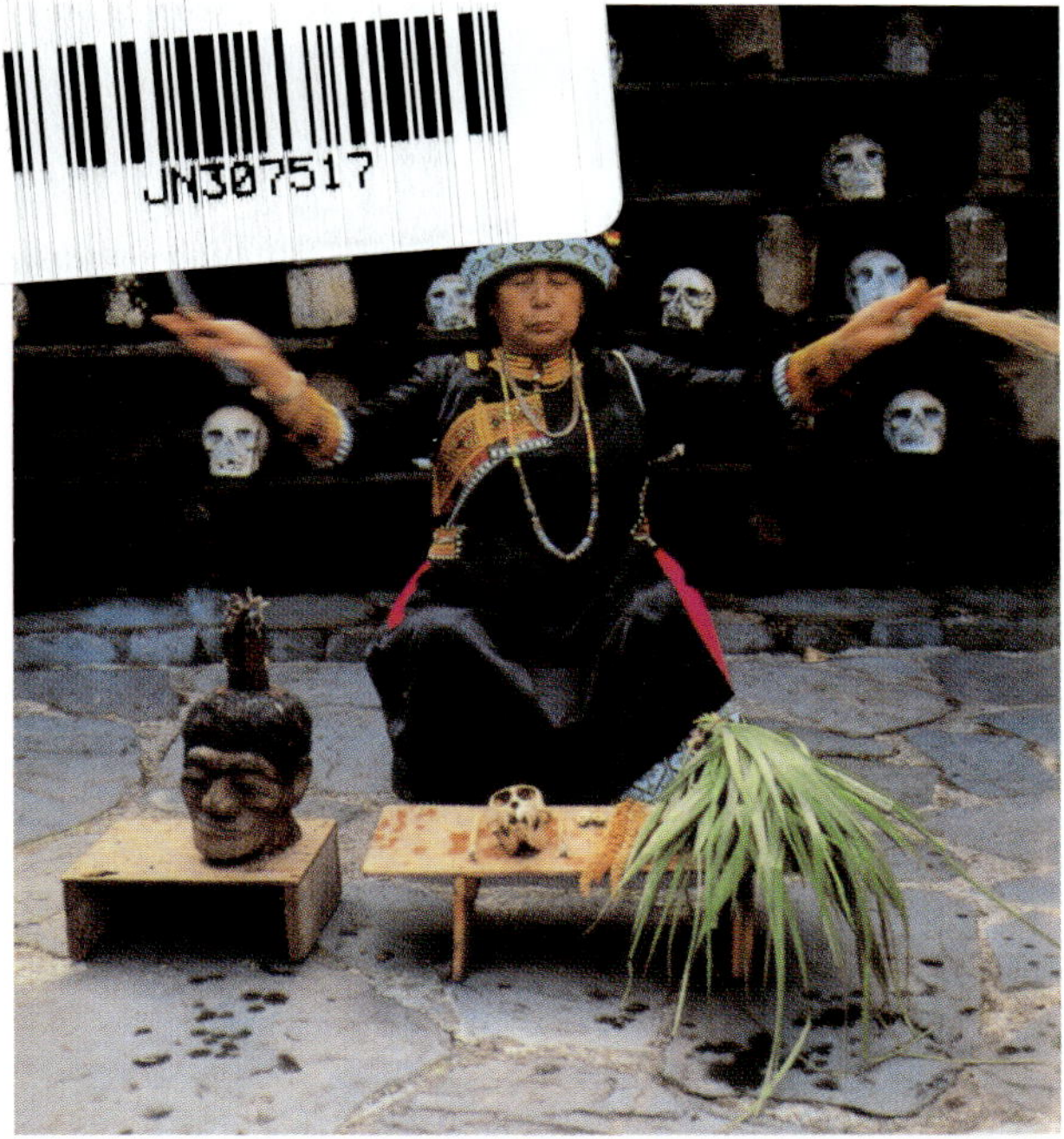

図（『Free China Review』1992年6月号より）は、ショーとして魂降しをしている台湾の排灣（パイワン）族のシャマン。机横の台上の人頭は作りものの香立てケースであり、後方の棚の人頭も作りものである。机の上のものは実物の人骨のつもりのようだが、どうもサルの頭骨のようである。シャマンが香を焚いて魂を呼び、地上に酒を撒いて魄を招き、頭骨に魂・魄を依りつかせようとしている（本書46～50頁参照）。古代では棚に一族の頭骨を安置しておき、命日に当る人の頭骨を取り出して、それに魂魄を依りつかせた。この棚が廟（みたまや）の原形となった。儒教の祖先祭祀の源流である。

日本の儒式墓

④石塔

①墓(真上から撮影。盛土がなくて、石を円形に並べている。配石墓とも)

⑤自然石墳と石塔との併存

②墳(盛土がある)

⑥自然石墳の変化(自然石墳が小さくなったり、平たくなったりして変化している)

③大きな自然石による墳

⑦

⑧

ⓐ

ⓑ

ⓒ

日本の儒式墓（口絵の説明）

厳密に言えば、墓（地上は平地）と墳（地上に盛土）とは異なり、高い身分の者以外は墓であった（『礼記』檀弓《だんぐう》上篇「古は墓もてすも、墳せず」）。しかし後には墳がふつうとなり、しかもそれを墓と称したりして区別がつかなくなった。東京都大塚にある尾藤二洲《びとうじしゅう》ら昌平黌教授の儒者墓も土を盛らず、葬った場所を示すために石を円形に並べて前に墓碑を立てている配石墓（図ⓐは尾藤の墓。或る墓を背後から見ると図ⓑ。図ⓒの前方の墓は、墓碑をだれかが勝手に中に入れたものか。後方の墓は墓碑がないので、だれの墓か分からない）だが、図①（八尾市の儒葬を行なっていた岡田家の墓）の自然さに比べると、石も円形の並べ方も規格的・人工的である。墳は土を盛るいわゆる土饅頭《どまんじゅう》であり、前面にだれであるかを示す碑を立てており、中国や韓国ではふつう。日本では、滋賀県にある中江藤樹の墳などが残っているが少数。図②は中国の清朝の学者、銭大昕《せんたいきん》の墳。この土饅頭は、雨が多く雑草の生えやすい日本では崩れやすいからであろうか、図③（八尾市の田中家初代・田中元允〔儒者〕の墳）のように大きな自然石で墳に似せた。田中家の後代では、図⑥のように石墳が小さくなったり平たくなったりして変化している。図⑤（八尾市・神光寺の儒者・三宅石庵〔中井竹山の師筋〕の墓）は、平たい自然石の上に、おそらく碑の変形と思われる石塔を載せている。図④（大阪市・誓願寺の儒者・中井竹山の墓）のような石塔の形式が成立するまで、点線矢印が示すようにいろいろな可能性がある。その他、仏教における五輪塔・卒塔婆《そとば》などとの関連もある。竹山は寺請（檀家）制度上、寺院内に墓を建てたが、仏教否定論者なので戒名はない。その石塔も神主《しんしゅ》（本書112頁参照）の形に近い。また当時は儒教式の夫婦別姓であったから、横の夫人の墓は「革島氏《かわしまし》」と刻されている。なお矢印は形についての関係の推測を示すものであり、必ずしも墓石の該当人物やその建立時点の年代順ではない。⑦は参考。頼山陽など多くの儒者を生んだ頼一族の墓（墳）（広島市比治山）の一つ。墳を石で覆っている。⑧も参考。中国における墓であるが、葬ったばかりの新しく盛土した墓（墳）。後方に一族の既存の墓（墳）が見える。

ちくま学芸文庫

沈黙の宗教――儒教

加地伸行

筑摩書房

目次

沈黙の宗教——儒教

はじめに──墓と位牌と

先日、友人と出会ったが、なにやら元気がない。どうしたとたずねると、浮かぬ顔をしてこう言った。「女房がなあ、こう言いよるんや。あんた死んでも、お墓は作らんよ、となあ」──それでがっくり来たわけである。

日本人は墓にこだわる。いや、日本人だけではない。朝鮮民族も中国人も墓にこだわる。死後、自分の墓がないとなると気持が落ちつかず、人生、やる気を失ってしまう。

以前、癌《がん》で亡くなった或《あ》る検事総長は、人間は死ねばゴミになると言ったそうであるが、そういうものの言いようは日本人には通じない。例えば、かつて日航機が墜落して五百二十人もの乗客が亡くなったが、その墜落現場に〈昇魂之碑〉が建てられ、毎年八月の命日には、碑を前にして死者の供養を行なっている。そこに集まった遺族に対して、もし日航側が「人間は死ねばゴミになる」などと言ったりしたら、大事《おおごと》である。日航の社長はおろか監督官庁の大臣の首までとびかねない。なぜか。

もし事故があって複数の死者が出たとき、関係者によって必ず合同慰霊祭（葬儀）を行ない、死者多数のときは慰霊碑、慰霊塔という擬似墓を建てねば絶対に承知しない感覚が、日本人遺族の心の奥底にしかと在るからである。これは理屈抜きの原感覚である。だからこそ、死後、自分の墓がどうなるのかと気になってしかたがないのである。

現在、お墓のことがいろいろと話題になっている。墓を建てるのか建てないのかという問題に始まり、だれが墓を祭り管理してゆくのか、家の墓か個人の墓か、さらには、墓とは関わりなく山野に散骨してほしい、というふうに議論が百出している。これは、それだけ墓への関心が深く、こだわっていることを示している。

いや、墓だけではない。日本人がもう一つ大きくこだわるものがある。位牌《いはい》である。

何年か前、或る火災保険会社が統計を出していた。火事になったとき、まず何を持ち出しますか、というアンケートの結果である。第一位は、もちろん貴重品（不動産の登記済証やキャッシュカード等）であったが、第二位は、貴金属類を抑えて位牌であった。

平成五年の夏、地震が原因で、北海道の奥尻島が津波・火災の大災害に襲われた。新聞記者のインタビューに、或る住民がこう答えている。「津波が来ることはわかっていた。位はいと倒れたタンスから出ていたパジャマだけつかんで逃げた」（産経新聞・平成五年七月十四日号）と。

すなわち位牌は持ちだしたものの、その位牌を安置してある仏壇の最上段に座《ま》します本尊はほったらかしということだ。しかし、もし仏教寺院が火災に遭ったならば、僧侶が持ち出すものの第一は必ず本尊である。第二は過去帳である。過去帳は信者に関する記録であるから、その縁にたよって寄進を頼めば寺院の再建ができるので、実務的な意味が強い。

この二つが重要であるが、その他は付随的なものである。信者が寺院に納めた位牌なども同様であり、もし運び出すことができれば運び出すという程度のものである。寺院は本尊と過去帳とにこだわるが、位牌にはこだわらぬ（もっとも、過去帳も位牌と同等の意味を持つものと言えなくもない）。信者は本尊にはこだわらないが、位牌にはこだわる。

位牌と墓と――日本人はこの二つにこだわる。位牌も不要、墓も不要という日本人はごく少数である。圧倒的多数の日本人はこの二つを求める。人間は、死ねばゴミになるのではなくて、位牌と墓とになるのだという気持だからである。

では、それほどこだわる位牌と墓とについて、なぜそれを作るのですか、位牌とか墓とかはどういう意味を持っているのですか、位牌と墓との関係は何ですかとたずねてみるとしよう。ほとんどの人は、きちんと答えることができない。すなわち、分かっていない。ただひたすら、なじかは知らねど、みなが昔からそうしているから、自分も従っているまでだという答えをくりかえすだけである。いや、一般の人のそうした答えと、大方の学者先生の答えもさして違いがない。宗教学者、文化人類学者、民俗学者と言われる人々のほとんどが口をそろえて、「それは習俗である」と言うだけである。「習俗」という答えでは、「昔からみながそうしている」という一般の人々の考えかたとほとんど変わらないではないか。そういうことでは、ものごとに対する論理的、体系的説明すなわち概念を明確にしての説明になっていない。はっきり言えば、学問的説明となっていない。要するに学者先生の大半も分かっていないのである。

これでは位牌と墓とに関する問題、特に日本人の死生観について議論をいくら加えたとしても、あまり大した成果は出ないであろう。位牌とは何か、墓とは何か、それが明らかとなってはじめて、日本人の死生観がはっきりとしてくるだろう。それでは、どうすればよいのであろうか。

その大きな手がかりとなるのが儒教である。それも儒教の深層であり、それを見ることによって、位牌や墓の意味が明らかとなる。と言うと、多くの人は怪訝《けげん》な顔をするに違いない。位牌や墓のことは、儒教ではなくて仏教の領域ではないのかと。もっと言えば、儒教は道徳のことを担当するのではないかと。

もちろん、儒教は道徳について力をこめて説く。しかし、そうした道徳を支える基盤に宗教性があるのだ。それは深々と心の下層にあるため、人々の眼に触れにくいのである。これに反して、仏教やキリスト教など世の諸宗教は、人々の眼の前に、まず宗教性をはっきりと示し、その宗教性の上に道徳を築いて人々に見せている。すなわち、宗教性・道徳性ともに表に出し、その説明を声高にやかましく行なっている。のみならず同じく声高に、他の宗教に対して批判さえ行なっている。

確かにこれまで儒教は道徳性を語りこそすれ、宗教性についてあまり語ってこなかった。そのため、儒教には宗教性がないというような誤解を与えてきたのである。それはまさに誤解である。儒教の宗教性を見てはじめて、位牌や墓についてはもちろんのこと、その上に立つ道徳性の意味もまた明らかとなる。宗教性があって、それを基盤にしてその上に道徳性があるという構造は、実は仏教やキリスト教の場合と同じなのである。そのように儒教の全体像を見ることが、儒教の正しい理解となる。

だが、儒教自身は多くを語らない。諸宗教がここを先途《せんど》と饒舌《じょうぜつ》に自己宣伝を行なっている中で、ただ一つ儒教のみが、自己宣伝を拒否する宗教として静かに存在している。世の〈饒舌の諸宗教〉に対して、儒教はただ一つ〈沈黙の宗教〉として存在している。

沈黙の宗教――儒教、それは日本、朝鮮半島、中国、すなわち東北アジア地域をゆるやかに結んでいる大文化である。われわれはこの儒教を骨格にして生きてきた。これからもそうであろう。

しかし、儒教はあまりにも長く沈黙し続けてきた。そのため、多くの人々は宗教としてのそれと気づかないままに通りすぎていたのである。いやそれも、かつての儒者はもちろん近現代の儒教研究者自身が、実は同じくそうだったのである。もっとも、かつて人々は、たとい儒教を知らずとも感覚として儒教的なものを持っていたので、問題が起こったとき、とりわけ困難な問題が起こったとき、しぜんと儒教的立場の大本《おおもと》に帰っており、その立場から問題を観察し、解決の手がかりを得ていた。

なぜ問題解決が可能であったかと言えば、儒教は東北アジアの人々の心を根底から把握して練りあげたものであったから、その原則に基づく解決は、人々を納得させることができたからである。いわば己《おのれ》を写した鏡を見て、姿勢を正すようなものである。鏡の前に立ち、己の姿を隠すところなくすべてを裸にして観るとき、己の欠点や、いま起こっている困難な問題の解決の緒口《いとぐち》が見えてこよう。

しかし明治維新以来、とりわけ第二次大戦の敗戦以来、欧米近代思想にまみれてしまって儒教的感覚が麻痺《まひ》した現代日本人はいっこうに儒教を知らず、もちろん知ろうとせず、さまざまな問題を前にして、どうしてよいのか分からず迷っている。と言うよりも、付け焼刃の欧米近代思想は頭の中だけでの知識にすぎず、自分の身についていないため、欧米近代思想が問題解決の方法とならないことを知って茫然《ぼうぜん》としていると言うべきであろう。

それならば、迷い茫然としているのであるのならば、いまこそ儒教をふりかえるがよい。そこには、東北アジアの人々の心を射抜いた冷徹な人間観察があり、知恵がある。生きかたがある。われわれ東北アジアの人間は、これから二十一世紀という未知の時代を生きてゆくとき、慣れない身につかない欧米近代思想に依るよりも、われわれの祖先が慣れ親しんできた儒教、過去を長く生きてきた儒教という知恵、儒教という文化、すなわち生きかたを理解し、指針とすべきであろう。

本書は、黙して語らぬ〈沈黙の宗教――儒教〉の全体像について語ることを目的としている。

第一章　儒教の深層――宗教性

祖先祭祀の場面。奥（左側）の中央に神主が置かれている。供え物はいろいろあるが、中央の花瓶のすぐ向こうの台に、左から鳥・豚・羊が見える（『清俗紀聞』東洋文庫版・平凡社）。

(1) 霊があると信じますか――新宗教のポイント

霊能者ばやりである。テレビによく霊能者番組がある。高視聴率だそうだ。一方、この霊能者の霊視はインチキだといって否定をする番組もあり、そこでは物理の先生たちが必死になって霊能者を非科学的だと言って攻撃している。しかし、これもまた広い意味での霊能者番組である。なぜなら、霊能者を信じて霊能者番組を楽しんでいる視聴者たちが、実は心の隅のやはりどこかに持っている半信半疑の気持への解答番組になっているからである。霊能者のインチキを暴くという物理の先生たちも、霊能者番組制作者の術中に陥っている。

第一、物理の先生が、いくら科学をふりまわしてみても、すでに霊能者の霊視を信じきっている視聴者の気持が揺れるわけではないのである。ウソと思うなら、この質問をしてみるがいい。「あなたは、亡くなった肉親の霊があると思いますか」と。

おそらくほとんどの人は、「ある」と答えるであろう。肉親の中でも、自分の亡き両親や祖父母となると、これはもう確信を持って「ある」と答えるであろう。伯父も叔母もそうだ。ところが曾祖父母《ひいじいさんばあさん》となると、ややトーンダウンする。高祖父母《おおひいじいさんばあさん》となると、なんだかすこしぼんやりしてくる。そのもう一代前すなわち五代前やそれ以前となると、実感がない。祖先といってももうほとんど他人なみの感じであるが、それでもその霊の存在を否定しはしない。

しかし、「あなたは亡くなった肉親の霊があると思いますか」と問わず、もし、ただ単に「あなたは霊があると思いますか」と一般論としてたずねるとすると、たいていの人はとまどう。そのように霊と言ったっていろいろあるわけである。肉親の霊なら、あると信じてはいても、血のつながっていない赤の他人となると、親しかった人とか特別の思いのある人の場合以外は、その霊があると実感することは難しい。それがふつうである。

しかし、まず最初に肉親の霊の存在を信じることを確定したのち、つづいて同じように他人の霊も信じますかという順序で質問をたたみこまれると、肉親の霊の存在を信じる延長上、半信半疑ながら他人の霊もまた、あるかなあという気持に傾きやすい。

ここがポイントである。ここのところをしっかりと押えて宗教に利用しているのが、いわゆる新宗教である。

新宗教と言えば、それこそ世には山ほど新宗教がある。聞くところでは、或る新宗教では、真宗で唱えるナンマイダ（南無阿弥陀仏《なむあみだぶつ》）とキリスト教で唱えるアーメンとを足して「アーマンダー」と唱えているという。こうした奇抜なアイデアいっぱいの新宗教のほとんどに共通するものがある。

まず第一は、「あなたの先祖の霊を大切に供養しなさい」と先祖供養を勧める。日本人が相手の場合、この作戦はほとんど百パーセント成功する。

第二は、「人間の魂（霊）は永遠であり、来世がある」と言う。永遠なのであるから、一回や二回の先祖供養ではだめで、ずっと続けなさいというわけである。これは、教団と信者との関係を作る上で重要な点である。これもたいていの人は承諾する。

さて第三は、ここまできてから、一気に霊魂の範囲を広げる。「あなたが今苦しんでいる原因は、悪霊《あくりょう》がついて祟《たた》っているからである。それを取り除く必要がある」と。

ここで悪霊が出てくるわけだ。日本人一般は、亡き肉親の霊魂の存在を信じているので、その確信を広げて他人の霊魂の存在をも信じさせるためである。

この悪霊であるが、十分な供養を受けず、仏と成れないでいる不成仏霊《ふじょうぶつれい》だと言う。そこで、この悪霊を体内から追い出す。除霊である。浄霊である。そして追い出したあと、その不成仏霊を供養すれば万事丸く納まるというわけだ。この不成仏霊は、肉親のときもあれば他人のときもある。どちらにするかは、除霊を頼んできた相手によって決める。その除霊は、もちろん無料ではない。高額の金銭が動く。二十万円、三十万円と。水子《みずご》霊《れい》なら、映画館の入場料と同じく、子ども料金で半額になったりする。

話をもとにもどすと、このあと第四点がある。すなわち、「こうなったのも、あなたの前世の悪業が今も尾を引いているからだ。だから悔い改めて、私たちが広めようとしているこの宗教を信じなさい」と言って、信者になることに話を落す。こうしてめでたく信者が一人誕生するわけである。

以上がいわゆる新宗教の一般的な形であるが、第一から第四までの説きかたの大半は、実は儒教や仏教（特に密教）をベースにしたものなのである。すなわち儒教や仏教からいいとこ取りして混合した教義と言ってよい。

この儒教や仏教は長い歴史を通じて日本人の心を作ってきたわけであるから、日本人にいちばんぴったりする最強の説きかたなのである。

世には、新宗教を頭から馬鹿にする人が多い。特に知識人にそれが多い。しかし、新宗教はなんとなく怪しげだという先入観で単に馬鹿にしているだけではなかろうか。

私は新宗教の教義を説いた本を読むことがあるが、彼らの稚拙な教義の中に一貫して流れているものは、儒教や仏教の本質（特に死生観）を嗅《か》ぎとり、それを抜き取って組み立てている凄《すご》さである。信者もまた本能的にそれを嗅《か》ぎとって、引き寄せられていっている。

これに反して、新宗教の教義書を読みもせずして小馬鹿にしている人、特に安物の知識人は、逆に言えば実は儒教も仏教も分かっていない人ではなかろうか。

また、新宗教を批判する人の多くは、新宗教の信者は無知蒙昧な連中だと思いこんでいる。それは正しくない。新宗教の信者には意外と高学歴の者が多いのである。それも医学部や工学部など理科系の人物が相当いる。けっして無知蒙昧の連中ではなくて、むしろ既成宗教にあきたらないで、みずから求めてきた確信的な人々と言うべきである。

新宗教の特徴は攻めの熱気である。エネルギーである。教団側も信者も熱気に包まれている。ただ、その教団もやがて組織が確立すると、攻めから守りに転ずる。このときからエネルギーが衰えはじめる。すると、熱気を求める人々はあきたらなくなる。そのとき、必ずまたどこかに新しい教団が現われ、信者はそこへ移ってゆく。このようにつぎつぎと、絶えずエネルギーに満ちた新宗教が現われ、そこへ信者がついてゆくのである。こうしたハシゴ信者は約三百万といわれている。

私は真言宗の信者であり受戒した者であるが、真言宗信者の中には、教義も勉強せずに、ただ御詠歌《ごえいか》だけを延々と歌っている婆《ばあ》さんがいる。このほうが、勉強もしていて宗教の理解を深めている新宗教信者と比べるならばよほど無知蒙昧な気がする。

とは言っても、私は改宗して新宗教の信者になろうという気はまったくない。新宗教が言っている教義の内、仏教に関することは、ほとんど既成仏教がすでに含みこんでいるものにすぎない。それはそうだ、新宗教は既成仏教からいいとこ取りしているからである。

だから新宗教の教義の内、仏教的内容を理解するには、既成仏教の教義書をしっかり読めばすむことである。しかし既成仏教を理解するのは、ふつうの者にとって一苦労である。難しく説きすぎだからである。理解しようと努力して読む人間の方《ほう》が疲れてしまうのでは、信者は増えない。既成仏教の言っていることを分かりやすく取りこんだ新宗教の信者が増えるのはあたりまえであろう。

しかし新宗教を理解するには、いわゆる仏教の理解だけでは不十分である。そもそも既成仏教の中に、儒教の教義や儀礼がずいぶん多く取りこまれているからである。インドの仏教が中国を通って日本に来る途中、中国において儒教の影響を受け、それを取りこまざるをえなかった。すなわち日本仏教（特に密教）は、インドの仏教と中国の儒教という二本柱を立てているのである。インド仏教と中国儒教とを併存させているのである（もっとも浄土系は、そうした日本仏教から中国儒教を抜き取ることを試みているが）。

とすれば、日本仏教の中の儒教的部分の理解を行なってこそ、新宗教も理解できると言えよう。もちろん新宗教の教義には、仏教の細部を誤解したものがたくさんある。しかし、それは大した問題ではない。たいていの新宗教は、驚くべきことに、仏教も儒教もその知識については大体において無知であるにもかかわらず、仏教の本質（特に死生観）をしっかりと捉えている。そしてもう一つ、儒教の本質（特に死生観）もしっかりと摑んでいる。しかも、おおかたの日本仏教がこの両本質を併存させてきたことを彼らはなんとなく知っており、それを分かりやすいことばで説いているのである。その両本質、言いなおせば儒・仏それぞれの死生観とは何か、その内容については、本書が追い追い説明してゆく。

言い換えれば、日本仏教を根底まで見通せば新宗教の真相が明らかになるし、逆に新宗教の中心点を押えれば、日本仏教の姿が浮かんでくる。その鍵となっているのが、日本仏教の中に取りこまれている儒教である。特に儒教の宗教性である。そこで、この宗教性の真相について話を進めてゆくことにしよう。

(2) 魂は〈この世〉にいる――霊能者が見る霊

人間は、死ねば〈あの世〉に行くと言う。では、〈あの世〉とはいったいどういうところであり、どこにあるのだろうか。

〈あの世〉と聞くと、人はふつう天国とか極楽とかを思い浮かべる。そして、どこか遠い遠いところにあると思う。また〈あの世〉は、天国や極楽のように黄金や宝石などで輝いているような明るくてきらびやかなところだと思う一方、なんだか暗いところというイメージもある。暗いところ――それを「冥土《めいど》」すなわち「冥《くら》い土《ところ》」とか、「冥界《めいかい》」すなわち「冥《くら》い界《せかい》」と呼んでいるが、ちょっと厭な気分を起こさせるイメージである。それをつきつめると地獄となろう。

要するに、〈あの世〉は〈この世〉とは異なったところ、他の別のところということだ。それは異界であり、他界である。「異」はまた「普通でない異常」でもあるから、異界は異様な世界でもあろう。それはこの世と異なる世である。そのことを分かりやすく言うとすれば、あの世とこの世とのことはすべて逆《さか》さまだと説明するのがいい。逆さまの世界だから、例えばわれわれがふだん使っている茶わんは、そのままではあの世で使えない。そこで葬式で出棺するとき、その死者がふだん使っていた茶わんを割ってやる。この割った茶わんはこの世のふつうの茶わんの逆であるからこそ、あの世で使えるわけである。すなわち、死者があの世で使う食器をプレゼントしているわけである。茶わんを割るのは、死者がこの世に二度と帰ってこないようにするためだなどという合理的解釈は取らない。なぜなら、われわれは死者と絶縁せず、わざわざ死者の魂を呼ぶ儀礼をするではないか。そこから考えても、死者と縁切りで茶わんを割るというのはおかしい。

もう一例を挙げよう。着物（和服）を着るとき、ふつう右前《みぎまえ》（自分の身体に近い方を前と言う。男性が洋服の襟《えり》を前で合わせるときが右前）であるが、死者に着せるときは逆にして左前《ひだりまえ》にする。現在、女性が洋服の襟を前で合わせるときは、男性と逆になって左前になっている。西洋人には、死者の着物は左前という考えがないから、男は右前、女は左前にして対照的にしている。女性も和服だったら右前にして絶対に左前にしないのに、洋服だと平気で死者風に左前にして着ている。

さて、それでは地獄へ行くのは願い下げとして、希望すれば天国・極楽のどちらへでも行けるのかと言うと、そんなたやすいことではない。

まず天国。これはキリスト教が作った〈あの世〉である。この天国に行ける者は、キリスト教について揺るぎない信仰を持った信者だけである。キリスト教が言う唯一最高絶対の神を心から信じる者だけが行けるのであって、それ以外の者はもちろんのこと、信仰のあやふやな者も行くことを許されない。

＊もっとも、神を信じていても、死後、すぐ天国に行けるのではないらしい。死ぬと、まず煉獄というところに行かされ、あれこれ試練を受ける。つらい試練だが、そのとき神を信じ続けた者だけが、最後の審判のとき、天国行きを許可されるという。

例えば私は仏教信者であるから、キリスト教側から見れば異教徒である。まあ、ありていに言えば邪宗門の徒である。そんな連中は地獄――キリスト教式の地獄へ落ちることになっている。だから私は、キリスト教の言う天国へ行くことは絶対にできない。けれども私は仏教徒であるから、天国がだめなら仏教の極楽があるさ、ということになる。

では極楽。実は、ここにもなかなか行けそうにない。と言うのは、この極楽浄土に生まれ住むことができるのは仏だからである。

と言ったとたん、なに、ホトケ？ それだったら、だれでも行けるじゃないか。人間死ねばホトケなんだから、という声が聞こえてきそうだ。だが、ちょっと待ってほしい。真の仏というのは、悟りを得た者のことである。悟りを得ることによって、苦に満ち満ちた〈この世〉から解脱《げだつ》した者のことである。例えば、シャカ（釈尊）がそれである。これに反して、たいていの人間は仏になれる可能性は持っているものの、悟りを得たりなどしていないから真の仏ではない。死ねば仏の住む極楽浄土に行けるのではなくて、また汚れたである。

〈この世〉に生まれるなどして、つまりは輪廻転生して、再び苦しみを続けるまでのこと

なるほど人間死ねば、世間の人はその人をホトケと言っているが、そのホトケとは悟りを得た仏者のことではない。死者を指す代名詞にすぎない。成仏《じょうぶつ》などと言うが、それは勝手にそう言っているだけにすぎない。仏《ほとけ》と死者《ホトケ》とは違うのである。

となると、極楽浄土へ行けるのは夢のまた夢ということになる。これでは希望がなくなって、生きていること自体がうんざりとなる。そこで、浄土系の宗派（浄土宗・真宗・浄土真宗など）はこう説いた。仏である阿弥陀さんが、お前ら人間（悪人も含めて）を救ってやろうという願い（本願）をお立てになっているので、阿弥陀仏のその願い、すなわち本願にすがって、お浄土へ連れていっていただこう。これなら、われわれ自身は仏に成れなくとも、仏のお蔭で極楽に〈往って〉、そこで〈生きる〉、〈生まれる〉、すなわち〈往生〉できるわけである。そこで一心に「南無阿弥陀仏」と唱え、阿弥陀仏にすがる。

浄土系の宗派が説くこの〈浄土往生〉の教えは分かりやすい。しかし、その他の宗派が説く〈極楽とこの世との関係〉は、だいたいにおいて分かりにくい。例えば私が属する真言宗では、〈あの世〉の極楽への道を説くよりも、〈この世〉で生きたままに、すなわち〈即身〉のままに〈成仏する〉ことを説くが、信者の私は、この〈即身成仏〉の意味が実はまだよく理解できない。

いずれにしても、それが〈あの世〉であれ〈この世〉であれ、極楽への道は、真の信者になるのでなければ遠いのである。いや極楽どころか、この世で悪いことをしたりすると来世は地獄へ落ちることもあるので、うかうかできない。仏教信者、或いはキリスト教徒になるのも生命がけである。

これに反して、なんの信仰も持たない者はどうなるのか。実は気楽なのである。この無信仰の者には、天国もなければ極楽もない。もちろん地獄もない。天国や極楽や地獄のことを考えるのは、キリスト教や仏教に関わりを持った信者の場合に起ることである。ゲームに譬《たと》えれば、或るゲームのルール（キリスト教や仏教の教義）を知った瞬間に、そのゲームの行方（天国・極楽・地獄）が気になるようなものである。そのゲームの熟達者には勝利（天国・極楽）が待っているし、身を入れなかった者には敗北（地獄）が待っているわけである。しかし、そのゲームのルールを知らないし関心のない者は、そのゲームになんの関係もない。ゴルフを知らない人間にとっては、ゴルフの問題において何が起ろうと、痛くもかゆくもないのである。第一、ゴルフなど見向きもしない。

だから無信仰の者は、天国・極楽・地獄に対してなんの感動もない。「そんなものはない。信じない」と言うだけのことである。しかし、「死ねばゴミになるだけだ」と言いきれるほどには割りきってはいない。やはり未練たらしく、死んだら自分の魂はどこかにあるだろうと思っている人が大部分なのである。

では、その魂はどこにあるのか、ということになる。話は簡単である。天国や極楽や地獄といった〈あの世〉に行かないとすれば、〈この世〉にいるほかないではないか。事実、日本人は古くからそう思ってきたのである。仏教にもキリスト教にも関わりのない人間の場合、死後、その魂は、例えば森の中とか山中とか、海上にいることになる。山、海、森、岩かげ――これらは〈この世〉の場所ではないか。「草葉《くさば》の蔭《かげ》から見守る」と言うではないか。魂のあるところは、けっして〈あの世〉ではないのである。キリスト教や仏教などの信仰を持たない人々にとっては、死後、その魂は〈この世〉に留まらざるをえないのである。行くところと言ったって他にないのである。「魂魄《こんぱく》この世にとどまって……」いるわけだ。もちろん、死後、魂は存在しないと思う人もいる。その場合は、「人間は死ねばゴミになる」ということになる。こういうゴミ人間は、それはそれなりの人生観であるので、この本の読者となる必要はない。

これで話の筋がはっきりしてきた。〈死後、人間の魂は存在する〉と考える人々の内、天国・極楽・地獄を説くキリスト教や仏教を本当に信じている人たちは、日本人の中で実はそう多くない。ほとんどの人は、死後の魂の存在は認めるが、天国・極楽・地獄という〈あの世〉を信じていないのが実情である。遠い遠い宇宙の果てあたりまでのことが、自然科学的にいろいろと分かってきた現代において特にそうである。

にもかかわらず、依然として先祖供養の法要や墓参りが盛んである。これは、いったいどういうことを意味しているのであろうか。死後の魂が〈あの世〉ではなくて〈この世〉にいることを、もうすこし詳しく考えてみることにしよう。

そこで、もう一度、霊能者番組にもどってみよう。もっとも、霊能者といってもピンからキリまである。人気があるのはもちろんスター霊能者であり、そのテレビ番組の視聴率は高い。そのスター霊能者が、番組のゲストに向かって霊視サービスをすることがある。しばらくじっとゲストの顔を見てから、こう言う。「あなたの守護霊は、あなたの亡くなったお祖母《ばあ》さんですよ。じっとあなたを守って下さっていますよ」と。

この「お祖母さん」というところがポイントである。特にこれという悩みのないふつうの人に向かって、守護霊は肉親だと言えば、ほとんどの人は信じこむ。前に述べたとおりである。第一、その亡くなったお祖母さんのことについて、実は当の本人がよく知らないのであるから、霊能者は何を言ったって大丈夫であるし、どの人にも〈亡くなったお祖父《じい》さんやお祖母さん〉は必ずいるので、はずれることもない。確実に信じこませることができる。

もし霊視する相手がふつうでなくて、病気だったり悩みを持っている人であったならば、確実にこう言うであろう、「あなたには悪霊がついている。その霊は、轢《ひ》き逃げされて亡くなった不幸な人で、まだ成仏できていないんですよ」と。今度は守護霊でなくて悪霊である。それも血のつながっていない他人の霊だ。〈悪いヤツは他人だ、アンタが悪いのではない〉というわけである。「悪いのはアンタではない。社会が悪いのだ」という、どこかで聞いた論法と同じである。

そこで、いわゆる除霊者はここで除霊料、浄霊料の交渉に入るわけであるが、さすがスター霊能者はそんなセコイことをテレビで言うわけがない。こう言う、「この不幸な人の霊のために、私もいっしょに供養して成仏させてあげましょう」と。そしてなにやら我流の作法をする。これで全部が丸く納まってめでたしめでたし。スターはさらに輝きを増すこととなる。

とすると、こういうことが言えるではないか。守護霊であろうと悪霊であろうと、〈この世〉にいるわけである。背後霊などということばもあるように、生きている人間にとりついているわけであるから、霊は〈この世〉にいることが前提となっている。

このあたりから、霊能者の話に矛盾が出てくる。と言うのは、もし〈成仏〉しているならば、すでに仏となったのであるから仏は極楽にいらっしゃるのであって、そこは〈この世〉から十万億土も離れた遠い遠いところのはずである。成仏した祖母さんが、その遠いところからわざわざやってきて、どうして汚れた〈この世〉の守護霊などという面倒なことをするのであろうか。

また悪霊は悪霊で、供養してさしあげて、と言っても簡単な作法だけであるが、それで成仏するのであるのなら、成仏というのはなんと簡単な話になってしまうことだろう。苦労して悟りを得て仏になるはずであるのに、スター霊能者といっしょに合掌してハイ一丁あがりという簡単な成仏では、悪霊にとっては単純すぎて、悪霊の〈悪〉が泣こうというものである。

私が言いたいのは、こういうことである。極楽浄土にいらっしゃる仏が、臨終の信者のためにお出ましなさる御来迎《ごらいごう》でもないのに、どうしてウロウロと〈この世〉に日常的にお現われになるのか、ということである。仏はあくまでも仏なのであるから、汚い〈この世〉の人間の守護霊なんかになる必要はない。どっしりと、仏として浄土に座《ま》しませばそれでよいではないか。

スター霊能者はもちろんのこと、実は視聴者のほとんどもこうした矛盾に気がついていないし、仮に気がついたとしても、なぜなのかその説明ができない。いや、もっと突っこんで言えば、ここに日本仏教の真相が露呈されているのである。それはどういう意味か。

仏——これは悟りを得た者のことである。霊——これは死者の魂である。この仏と霊とは異なったものである。両者をごちゃまぜにしてはならない。もちろん、霊の内で仏になるものもある。しかし、いったん仏となれば、ふたたび浮遊霊にもどることなど絶対にありえない。

霊能者たちの言う霊は、断じて仏ではない。あくまでも人間の死後の姿である。われわれ日本人がホトケさんと言うとき、二種類の意味がある。一つは、いわゆる仏、本当の意味での仏である。阿弥陀仏《あみだぶつ》であれ釈迦牟尼仏《しやかむにぶつ》であれ、解脱された方を意味する。いま一つは、死者を指す。警察用語の「ホトケ」がそれに当たる。われわれが仏壇の前でお祈りするとき、本尊の仏の他に、位牌すなわち死者のシンボルに対して〈ホトケ〉という気持で接している。しかし、あくまでもその〈ホトケ〉は霊なのであって、仏ではないのである。ごく少数の解脱した人を除いては。

この〈仏〉と〈ホトケ〉との相違をきちんとわきまえずに、「ほとけ」という発音で両者をごちゃまぜにしているのが霊能者であり、また一般の日本人なのである。

それでは、〈ホトケ〉すなわち霊とはいったい何者であり、仏教的にはどういう意味を持っているのか、ということになる。

結論を先に言えば、その霊、〈この世〉にウロウロしている霊、位牌に託されている霊は、実は儒教が言う〈死者の魂〉のことなのである。もちろん、仏教も〈死者の魂〉を認めている。ところが仏教では、死者の魂は四十九日を過ぎると、来世に転生する。何か別のものとなってしまうのである。満期の四十九日を過ぎると、もうどこかに転生してしまっているのであって、〈この世〉に亡霊の姿でウロウロすることなどは絶対にあり得ないのである。だから、死後四十九日間の場合は別として、それ以外において〈この世〉に霊があるなどということを仏教が認めるはずがない。

日本人の言う〈ホトケ〉とは、儒教における〈死者の魂〉すなわち霊のことである。この儒教こそ、霊は〈あの世〉ではなくて〈この世〉にいるとするのである。

例えば、こう言うではないか、素行の良くない人に向かって諭《さと》して、「そういうことをしたら、亡くなったお父さんが草葉《くさば》の蔭《かげ》で泣いていますよ」と。草葉の蔭とは墓地のことであり、墓地は〈この世〉のものであって、まさに〈この世〉に霊がいるということを言っているのである。阿弥陀さんやお釈迦さんなど本当の仏は、お浄土にいらっしゃっているのであり、草葉の蔭で泣いたりしないのである。つまり日本仏教は、インド流の〈仏〉の他に儒教の〈ホトケ〉をも取り入れているわけである。

それでは、仏教や儒教において言う霊すなわち〈死者の魂〉とはどういうものであるのか、それについて述べてゆくことにしよう。

(3) インド人の〈あの世〉と〈この世〉と──〈苦の世界〉における輪廻転生

インドは暑い。こんな話がある。ベンチで腰かけている人が立ってどこかへ行ってしまうと、別のところに坐っていた人がさきほどまで坐っていた人の場所にわざわざ坐り替えると。

われわれ日本人だと、さっきまで坐っていた人の場所など、坐ると生暖《なまあたた》かい人肌の感じがあって気持良くないので、あまり坐りたくない。にもかかわらずインド人がそうするのは、坐るとひんやりとして気持がいいからである。と言うのは、太陽熱が強烈なので、直接に太陽熱や暑い空気にさらされているところよりも、人が坐っていたところのほうが人体が蔭となって熱を遮断しており、温度が相対的に低いものだから涼しく感じるのである。

この暑さの上に、雨が少ない。インド南西部のカルナータカ州ビジャープル（東にデカン高原、西北にムンバイ）では、二月から五月までの乾期に、降水量が月にわずか約二十五ミリだそうだ。そのため、村から一キロ、時には十キロも離れた井戸へ水を汲みに行く。それも何回も往復し、午前中はそのことで時間がつぶれ、畑仕事はそれからだと伝えられている（産経新聞・平成五年七月二十一日号）。

住みにくいところなのである。東京は浅草寺の僧侶であり同病院の医師でもあった故大森亮雅氏は、大日方大乗著『仏教と医学』（筆者未見）に依りつつ、釈尊の時代の前六世紀ごろのインドでは、子どもはたいてい乳幼小児期に急性腥患で倒れ、母親も産褥熱《さんじょくねつ》（産後の肥立ち）でよく死亡し、二十五歳を越えた成人は少なく、四十歳ともなれば灼熱の地における体力の消耗で老化し、諸々の感染、脱水などで死亡したであろうと言う。すなわち老いと病と死とは同時に出現したであろうと、筆者に生前語っておられた。因みに、大森氏は当時のインドでの平均寿命を十八歳と推定していた。

浦上敏臣氏（元住友生命保険相互会社役員）の「寿命の歴史」（『関西師友』五六六号・平成十八年新年号）は、平均寿命を言えば、東京の地下鉄工事などで出土した人骨の場合、室町時代で十七歳、江戸時代で二十二〜二十六歳。東大人類学教室保存の縄文時代人骨では十七歳。また、明治初期、男二十四歳、女二十八歳と述べている。現代では、男約八十歳、女八十六歳。

八十歳まで生きた釈尊の身体は、当時において相当に頑健であっただろう。それだけに、人々の生きてあることのはかなさを見てとった。諸行無常である。「無常」(常《つね》なし)とは、絶えず変化することである。生ある者は必ず老いる。病がある。そして大変化の死がある。この世に常《つね》(コンスタント)なるものはない。この「常無《つねな》し」こそ苦の真相である。仏教が、いや仏教のみならず他のほとんどすべてのインド諸宗教が、人生そのものが苦であると言うのは、インドの現実の上に立っての考えかたであろう。人々に実感があった。生《しょう》・老・病・死——この四苦は、インドにおいて現実そのものであった。

とすれば、人生、たまったものでない。せっかくこの世に生まれてきたのに、苦のままに寿命も短く死んでゆくというのはいやなことだ、つらいことだと考えるのがふつうであろう。そうなると、こういう儚《はかな》い人生ながら、なにか希望を与えてほしいと願うのがしぜんである。短い人生を生きる者のための安心できる死生観を宗教者に説いてもらい、死の不安や恐怖を取り除いてほしいという要求が出てくるのは当然である。そうした要求に応えた説明が、インド諸宗教を貫く輪廻転生《りんねてんしょう》という死生観であった。

すなわち、たとい死者になってしまおうと、魂が再び形をもって現われてくるという考えかたである。もちろん、死後再び生まれ出てくる世界は相変らず苦の世界である。その点は依然として変わりはない。しかし、再び現われ出ることが可能であるとすれば、少しは気持が慰められる。仏教はインド宗教の一つであり、同じく輪廻転生を説いている。

それでは、死後の時間がどのようになっているのかを辿《たど》ってみよう。

死後、再び生まれ出てくるまでの時間は、生から次の生までの中間《ちゅうかん》の時間であり、暗い時間とする。すなわち〈中〉間の〈陰《くら》〉い時間である。そこでその間の四十九日間を〈中《ちゅう》陰《いん》〉或いは〈中有《ちゅうう》〉と言う。

この四十九日間とは何をするときであるのかと言えば、実は検査の期間なのである。生前、どういうことをしたかということをエンマさんたちがすべて調べあげ、照魔鏡というテレビ画面のようなものに映し出して（すなわち生前の悪業はすべてビデオテープのようなもので記録されているのだ！）善悪の総決算をしてから、その善し悪しの程度に応じて、次の生ではどこの世界へ行くかを決めるのである。死んだからといって、次の生で必ずしも人間になれるとは限らない。ランキングがあるのだ。

最高ランクは天界である。天界に神として生まれる。仏教では、神は仏のガードマンであり、仏よりも下である。例えば、仏を護る四天王や十二神将。第二ランクはわれわれ人間の世界である。第三ランクは修羅《しゅら》の世界、すなわち朝から晩まで怒り狂ってケンカばかりしている世界である。第四は畜生の世界である。もし御先祖様が魚にでもなったりしていたらと思うと、とても刺身なんか食べておられない。第五は餓鬼の世界だ。なにか食べようと思って食物を口もとまで寄せたとたん火を噴いて燃え、食べることができない苦しみの世界である。そして第六が地獄である。その様子は、例えば「地獄草紙」といった題の絵物語で表現されているので、御覧になるとよい。すさまじい地獄絵図である。

この六つの世界すなわち六道のどこへ転生するかは、生前の行ないの善し悪しをあれこれ総合的に判断して、四十九日の間に決まるのである。悪いことをした人間は地獄に堕《お》ちる。となるので、生きているとき、悪いことをしてはいけないという話になるわけだ。仏教倫理はここに基づく。

こうした諸検査の結果、だいたいのことは合格してやっと人間世界に転生することができたとしても、またすぐ死ぬ。そして中陰の時間に入り、四十九日経つと転生して生まれてくるが、またすぐ死ぬ……というふうに、苦の世界、中陰、苦の世界と、ちょうど車の輪がぐるぐると廻るように苦の世界を回りつづけ、のたうちまわって苦しんでいる世界が輪廻転生の世界である。一つも良いところなどない。

そこで、この輪廻転生の苦しみから解き放たれることに努力しなければならないわけである。解き放たれるということは、悟りを得たときである。輪廻転生の苦しみの輪から解き脱するすなわち解脱《げだつ》できたとき、仏となることができる。そこで、この解脱をめざして努力しなければならない。この解脱に成功した代表者こそ、釈尊である。本書の読者は、いま人間である。と言うことは、仏教的に言えば、残念ながらまだ解脱していないわけであり、輪廻転生の苦しみの中をのたうち回っているということになる。

岩本裕氏によれば、死後儀礼の日取りであるこの四十九日間という記述はインド文献にはなくて、数字の七を重んじる西アジアの考えかたに基づくという。小林信彦氏の調査では、五世紀ごろに成立した中国文献の『梵網経《ぼんもうきょう》』（インドの仏典ではなくて、中国で仏典として創作されたいわゆる偽経）にでてくるとのことである。その起源がどこかと特定することは困難であるが、古い中国文献に源流を見ることができるという（同氏私家版『東アジアに移されたインド文化』）。

さて、話をもとにもどすと、死後、次の世界へと輪廻するとき、六道のどこへ移るかは定まっていないし、死者の意識（さしあたりはそれを魂と言ってよかろう）は死んだ身体から離れ、他に移るのであるから、元の身体は来世において不要である。そこで焼いてしまい、残骨は川、例えばガンジス川へ捨ててしまうのである。

すなわち、死後、その魂（インド仏教流に言えば識（意識））は元の身体に帰ってくることはありえないし、第一、元の身体はもう焼いて捨ててしまっている。つまり、遺体あるいは遺骨を納める墓を建てる必要はないのである。お墓を作ることは、輪廻転生を説くインド仏教としては無意味なことなのである。

ともあれ、四十九日を経て六道のどこかへ転生することとなる。そこで日本では、中陰を満たしたというわけで、「満中陰《まんちゅういん》」いわゆる忌明けとして、生前に親しかった人に御挨拶をする習慣がある。これを仏教流に言いなおせば、「故人は無事に（或いは「めでたく」）輪廻転生いたしました」ということになる。実は輪廻転生して再び苦の世界をくり返すことになるのではあるが、日本人は「無事に、めでたく」という気分であり、インド仏教からはほど遠い感覚である。いつであったか、NHKテレビが、輪廻転生を説くチベットの「死者の書」をテーマにした番組を放映したことがある。チベット仏教を研究した宗教学者とやらの編集であったが、チベット仏教とはほど遠く、まことに日本的編集であった。と言うのは、「死者はこの世に再び生まれる」ということを、チベット仏教的に「この苦の世界に再び生まれる」とはしないで、「この楽しい世界に再び生まれる」という感じで展開していた。「だから安心しろ」と臨終近い病人（アメリカ人）に説き、その病人も安心するシーンがあった。とんでもない誤解である。再び苦の世界に生まれるのに、どうして安心できるのか。しかしこの誤解は、NHKが初めてではない。実は西暦一世紀のころ、中国に仏教がはいってきたとき、中国人の大半が、この楽しい世の中に再び生まれることができると教える仏教はいいじゃないかと誤解したのである。NHKテレビの誤解に基づいた展開は、この世を楽しいとする東北アジア人共通のありかた、共通の誤解であり、昔も今も変わらない。このようにチベット「死者の書」大誤解放送であるが、それを観て感激した人もまた多いとのこと。嘘八百もいいところである。

さて、こうして輪廻転生してしまうと、かつての死者の魂（意識）はどこか別の身体に入っていってしまうことになるので、かつて自分が生前に生活していた元の家へ魂がもどってくるということはありえない。すなわち、先祖供養の日にいくら魂を呼んでも、魂がもどってきて遺族と出会うことはありえない。もちろん、新しく生まれたところで、生、老、病と無常の日々をのたうちまわって再び死んだ後、さらに輪廻転生の旅を続けるのである。解脱しないかぎりは何万年も何億年も。そうなると魂（意識）の行方はどこへどうなるのか、だれにも分からない。

となると、死者はなかなか忙しいわけである。弔辞で、「ゆっくりお休みください」とか「永遠《とわ》の眠りにつかれました」ということばをよく捧げているが、インド仏教的に言えばまちがっている。ゆっくり休んだり、永遠に眠ったりしているヒマなんかない。くるっくるっと回り続けなくてはならないのである。そして、墓も先祖供養もインド仏教的には不要であるから、死後のことをなにも心配する必要はなく、気楽なものである。インド人にとっては、魂だけが行くところの〈あの世〉とは中陰にいるときだけであって、あとはすべて〈この世〉に生きている。地獄とて〈あの世〉と言えるかどうか、人間に生まれるのも地獄に堕ちるのも同時出発の新しい転生であるからだ。

こういう輪廻転生という死生観であると、解脱できるまで長く長く輪廻転生をくり返すことになるので、時間は無限ということにならざるをえない。事実、インドの数字では、桁《けた》の位取りとして億、兆の上に京《けい》、垓《がい》、秭《し》、穣《じょう》、溝《こう》、澗《かん》、正《せい》、載《さい》、極《ごく》と大きくなり、ついにはサンスクリット語の翻訳語が使われ、恒河沙《こうがしゃ》、阿僧祇《あそうぎ》、那由多《なゆた》、不可思議、無量大数がある。これは中国にはない巨大な数字である。この無限の時間と併行して、六道のどこに生まれ変わるか分からないので、空間もまた無限に広くなる。

＊反対に小さい数字も無限に向かって細かく作られている。一の下は桁として、割《わり》、分《ぶ》、厘《りん》、毛《もう》、糸《べき》、忽《こつ》、微《び》、繊《せん》、沙《しゃ》、塵《じん》、埃《あい》、渺《びょう》、莫《ばく》、模糊《もこ》、逡巡《しゅんじゅん》、須臾《しゅゆ》、瞬息《しゅんそく》、弾指《だんし》、刹那《せつな》、六徳《りっとく》、空虚《くうきょ》、清浄《せいじょう》と。江戸時代の数学書、吉田光由『塵劫記《じんごうき》』に依る。なお、同書は後に「無量」と「大数」とを分けて単位を一つ増やしているとのことである。

輪廻転生の死生観から生まれてきたこうした無限の時間、無限の空間というような南アジアのインド人の感覚は、中国人・朝鮮民族・日本人すなわち東北アジア人にはない。東北アジア人は南アジア人の輪廻転生とは全く異なった死生観を持っており、その死生観から生まれた時間感覚は有限なものであり、その有限の時間に即して空間もまた有限なのである。この有限な時間感覚、空間感覚とともに生まれてきたものこそお墓であり、祖先祭祀（日本仏教のいわゆる先祖供養）なのである。それはどういう意味であるのか。そのことについて述べることにしよう。

(4) 中国人の〈あの世〉と〈この世〉と──〈楽の世界〉における招魂再生

人間は必ず死ぬ。インド人も中国人も同じである。ただインド人の場合は、死後、たとい〈この世〉が苦であっても、再び肉体を持って〈この世〉に現われることができる可能性があると説く輪廻転生という死生観によって、多少は心が慰む。それでは中国人の場合はどうであろうか。中国人には、仏教が伝来するまで輪廻転生という考えかたはなかった。輪廻転生とは全く異なる死生観を持っていたからである。それはどういうものであるか。

中国人はインド人と異なり、この世を苦と考えず、楽しいところとする。五感(五官)の楽しみ──美しい物を目で見て楽しみ、心地よい音を聴いて楽しみ、気持のよい物に触れて楽しみ、おいしい物を食べて楽しみ、芳《かぐわ》しい物の香りを楽しみ、それらを大切にする。インド人が生んだ仏教が、五感(五官)の楽しみなどは夢幻《ゆめまぼろし》にすぎないとするのとは、全く出発点が異なるのである。

では、なぜ中国人はそういう感覚の歓びを前面にすえ、現実的であり即物的であるのか、ということになる。それは、風土としてインドよりも中国のほうが住みやすいというだけの理由ではなくて、もっと根本的な理由がある。それについては、後述の「はじめに物ありき」(一五二頁)の節において説明することにして、話を先に進める。

五感の歓びを優先するということは、一般の人々にとって日常生活の歓びを優先することである。現実生活――もちろん貧窮の者が大部分であるが、社会の大半も同じような貧窮レベルにあった。しかし、たといそのように貧しくとも、中国人は日々の平凡だが楽しい家庭生活に大きな価値を置いてきた。死の不安はあるとしても。

しかし、死は必ず訪れる。漠然とした死の不安は、重い病気にでもなるとすると、恐怖となる。当然、この不安や恐怖を和らげてくれるような説明を求めることになる。その点はインド人と同じである。それどころか、世界のどこの人間も同じである。またその説明者は、全世界に共通である。すなわち宗教者が、死ならびに死後のことを説明する(私は「宗教とは死ならびに死後の説明である」と定義している)。その説明のしかたは、各民族、各地域によって異なる。と言うよりも、各民族、各地域にふさわしい説明のしかたを行なう。だからこそ、各民族、各地域において、それぞれ異ったその説明がそれぞれ支持されているのである。

その意味では、世界宗教すなわち人類のだれにでも、世界のどこにでも通じる普遍的な宗教などというものはない。例えばキリスト教の場合、「カトリック」ということばはまさに「普遍」という意味であるが、日本においてはどうであるか。キリスト教信者はカトリック或いはプロテスタントを問わず宗教人口のせいぜい一パーセント以下、百万人前後にすぎない。日本においてキリスト教は〈普遍〉ではない。また仏教も、それを生んだインドにおいて今は壊滅状態である。インドの十二億の人口の内、三千万人以下に過ぎず、その多くはインド特有のカーストにおいて最下層といわれる。イスラム教のことはよく分からないが、少なくとも日本では微々たる教勢であることはまちがいない。にもかかわらず、キリスト教、仏教、イスラム教を世界三大宗教と称して学校教育において教えるのは、根本的に誤っている。中学校や高等学校におけるそういう記述は削るべきである。もちろん、信者の数の多いユダヤ教やヒンズー教も特定民族において支持されているだけであって、世界宗教たりえない。時空を越えて世界普遍たりうる宗教などはないのである。

五感の歓びを大切にし、現実的・即物的・具体的な性格の中国人の場合、そうした民族にふさわしい説明をする宗教者が登場することとなる。その宗教者を儒と言う。儒の歴史は古く、孔子はその中興の人物にすぎず、儒の教えは孔子から始まったのではない。

では儒たちは、どういう説明をしたのであろうか。

儒たちはこう考えた。人間は精神と肉体とから成り立っているとし、精神を主宰するものを〈魂《こん》〉、肉体を支配するものを〈魄《はく》〉とした。心身二元論である。心身二元論は近世フランスの哲学者デカルト以降の西欧的思想であって、アジアにはなかったという人がいるが、誤りである。儒教は歴《れっき》とした心身二元論である。もしあえて言うならば、老荘思想には心身一元論的傾向がある。

この魂・魄は、人間が生きているときは融合し共存して蔵《おさ》まっているが、死ぬと分裂する。いや、分裂するから死ぬのかもしれない。そのあたりははっきりしないが、結果として分裂し、魂は天へ浮遊し、魄は地下へ行く。地下といっても深いところではなくて、人間が感覚的に関わることができる範囲のところへ行く。だから魂を「魂気」とも言い、魄を「形魄」とも言う。それは〈気〉すなわち魂の浮遊状態と、〈形〉すなわち魄の固定状態とを表わしている。

この魂や魄は、どういうところからイメージされたのであろうか。そのイメージにもまた、中国人の現実的・即物的性格が現われている。中国人は五感を離れるような抽象的な考えかたをしないのである。「魂」字の場合、この文字の左側すなわち「云」に「雨かんむり」をつけるとどうなるか。「雲」という字になる。空に在る雲、あの雲が魂のイメージなのである。白川静は「云は雲の流れる下に、竜の捲《ま》いている尾がすこし現われている形」で、くもを指し、「云」が「雲」の原形とする。この気が集まったり分離したりすると中国人は考えている。雲を見るがいい。入道雲、鰯《いわし》雲、黒い雲、夕焼け雲、雨雲と千変万化する。合山究《ごうやまきわむ》氏に、中国人と雲との深い関係を論じた名著『雲烟の国――風土から見た中国文化論』（東方書店・一九九三年）がある。古来、中国人は雲となじみ深い。魂はまさに〈遊魂する〉のである。

では、「魄」字の場合はどうか。この文字の左側すなわち「白」に深い意味がある。これは「白骨」を意味する。「白」字は、白川静によれば白骨化した頭蓋骨の形とする。死ねば肉体は腐ってゆく。当然、悪臭が漂う。そして分解が進み、最後には白骨となる。白骨にはもはや異臭はない。だから死体処理は、白骨化することが窮極の目的となる。この白骨化に最も効果的なのは野ざらしである。腐敗の進行が早いからである。事実、遠い昔は野ざらしであったようである。風葬である（チベットでは鳥葬すなわち死者の肉体を鳥に食《くら》わせて白骨化させるが、それも風葬である）。しかし野ざらしにすると、犬などが死体の一部を銜《くわ》えてどこかへ運び去ってしまう恐れがあるし、遺族としては棄て去ったような野ざらしは気持として耐えがたい。事実、孟子などはそう言っている。そこで、死体管理ということが必要となる。その管理の方法として、土をかぶせて遺骨が散失してしまわないようにする。すなわち墓（盛土しないで遺体を埋めるだけ）、或いは盛土した、いわゆる土饅《どまん》頭《じゅう》の墳が作られることとなる。

＊後には土饅頭の墳が儒式の墓の典型となり、中国・朝鮮半島では今もその形式を守っている。しかし日本はモンスーン地帯であり、梅雨期も長いので土が崩れやすく、雑草・雑木も生えやすい。そこで石塔へと変化していった。口絵ならびにその説明頁参照。

では、なぜ死体を焼いたり、どこかへ捨て去ってしまわないのかということになるが、それはできない。なぜなら、この白骨、その抽象化されたものである魄がないと、次の重要な儀式ができなくなってしまうからである。その儀式とは、〈この世〉に帰ってくる儀式である。

前述したように、死ねば魂・魄は分離し、それぞれ天上・地下へと行く。とすれば、理論的には、離れたものは再び結びつけることができるはずである。そこで、分かれた魂・魄を再び結びつける。そうすることによって、〈この世〉に再生が可能だと儒は考えたのである。具体的には、もとのところへ魂を招還し、魄を復帰させること、すなわち招魂復魄の儀式を行なうこととなる。

魂が降りてくる、魄が帰ってくる。魂・魄が融合し共存する。それは、死者が〈この世〉に再び現われることである。そのことによって、懐《なつ》かしい遺族と対面することができるのである。

もちろん、もはや現世にいたときのような姿ではないけれども、再生する。これを、私は招魂復魄再生、略して招魂再生と言う。その場合、死者の魂・魄はどこへ帰ってくるのか。「魄」は「体魄・形魄・地魄・落魄」のそれである。加藤常賢『漢字の発掘』（角川書店・昭和四十六年、一三四頁）はつぎのように述べている。

古代では人が呼吸をしなくなると、魂が肉体から飛び出て昇天すると考えた。だから中国の古代では、屋根にのぼって、死人の着ていた衣物を振って、帰って来いと呼んだのであった。これを「復」の礼といった。それから「肂《し》」という儀礼を行なった。これは後世では「殯《ひん》」（かりもがり）の礼となってしまったが、実は浅く穴を掘って死体をそこで暴《さら》したのであった。この場合肉が腐落して骨骼《こっかく》がまっ白になる。これを「死《し》」といったのであり、この白骨を「魄《はく》」といった。「白」の音なのは、骨が白くなったからである。『列子』という書には「⿰革鬼《き》」という字が使ってあるが、この「革」字も実は小動物の白骨化した形であるのはおもしろい。しかるに後世には「魄」を肉体と説明することになって、本義が不明になってしまったのである。まっ白の骨のうち、頭蓋骨《ずがいこつ》だけを残して他はこれを地に埋めた。この埋めることを「葬」といった。だから、「武王は（殷の征伐から）帰って鎬《こう》で崩じた。岐周《きしゅう》に殯した。元年の夏六月に武王を畢《ひつ》に葬った」（『逸周書』作雒解）、とあるのである。

頭蓋骨はこれを廟《びょう》に納めて祭った。このことは文献より以前のことであるが、文字の形を研究すると、この結論が出てくる。その手がかりとなるのが（契文と籀文《ちゅうぶん》の「子」の字）、この字である。この字形の出てくるには、前記のことを予想せざるをえない。この上の三線は毛髪の形であり、その下は頭蓋骨なのである。「腦」の字の旁《つくり》の部分を見てもらえばよい。これを一本足にして几上《きじょう》に置いた形である。わが国のお神楽《かぐら》の頭を想像してもらえば理解してもらえると思う。

＊また加藤常賢『中国古代の宗教と思想』（ハーバード・燕京・同志社東方文化講座委員会・昭和二十九年、一九頁）はつぎのように述べている。白い骨骼となると、頭蓋骨だけを残して、他の骨を葬つた。これが中国古代に於いて死んでから葬式を行ふまでに、短く

て三ケ月長くて七ケ月の間を置く礼俗の根本原因である。何が為に頭蓋骨だけを残したかと言へば、頭蓋骨は心の宿る所と考へたからである。この頭蓋骨を祭つた所が廟であつたのである。この時代のことは文献に残つて居ないが、廟とは「貌」の音から来て居ると言ふ説明の起原は此所にある（加地注――歴史的かなづかいでは廟〔べウ・メウ〕・貌〔バウ・メウ〕、現代中国語では廟 miào・貌 mào）。その後になると、頭蓋骨の代りに、生前その人に似たものを作つた。之を魁頭《きとう》と言つた。或は之に手足をつけて神の坐に置いた。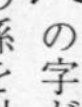の字が之を証明する。これが尸《シ》（かたしろ）の始である。その後になると、祭られる人の孫を以つて之に代へた。孫を用ひたのは昭穆相当《しようぼくあいあた》る（加地注――祖父の後をつぐのは孫という意味）からだと言はれて居るが、同時に化身であると考へたからである。その後になると木主即ち位牌に代つてしまつた。ともかく「尸」を祭る所が廟であつた。

魁頭を尸とした時代にも、祭の時には、この魁頭を蒙つて神の座についた。この魁頭を蒙る人は神聖なる句僂《くる》人（加地注――加藤学説では、古代の儒には背骨についての身体障害者が多かったとする）であつた。であるから、句縮（句僂）人の頭上に魁頭即ち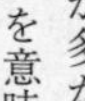を意味するを蒙つた形が「鬼」であると言はれるのである。正に鬼とは祭られる人その人の形なのである。であるから「鬼」とは「帰るなり」と言ふ説明が出て来るのである。死んだ人の帰つて来たのが鬼である。古代人は霊魂は高く天に在つて生存し、何時でも鬼頭に帰つて来、それを蒙つた形が「鬼」であるからである。

「廟」というのは御魂屋《みたまや》である。上述の加藤説のように、はじめは頭蓋骨そのものを祭っていたのが、変化してゆき、最終的には神主《しんしゅ》という木製のもの（仏教の位牌の原形）を置くようになる。当然、頭蓋骨は墓に納めることとなる。

さて、この頭蓋骨であるが、再生の儀式当日、人間がかぶった。すなわち「鬼・畏・異」の三字の原形「」（甲骨文字や古代の金属器に彫りこまれた文字）がそれを表わしている。

「鬼」とは死者のことであるが、この文字の上部は頭蓋骨を示している。その下部は人間の足を示している。すなわち死者の頭蓋骨をかぶった人間を意味している。このかぶった人間は遺族の場合もあるが、儒の場合もある。不気味な姿である。こういう魂の依《よ》りつくところを形代《かたしろ》、依代《よりしろ》と言うが、中国では一般に「尸《かたしろ》」と言う。呼び出した魂・魄がこの尸に依りつくのである。依りつく、すなわち憑依《ひょうい》する。当然、尸を通じて、ことばを発する。それを遺族が聞く。文字の原形を絵として見ていただきたい。「鬼」・「畏」字は、尸を横から見た形であるが、「異」字は正面から見た形である（白川静『説文新義』白鶴美術館）。「異」字（下の二字）は両手を拡げた狂乱状態を示している。夜陰に、篝火《かがりび》の下、香を焚《た》いて天上の魂を招き、酒を撒《ま》いて地下の魄をもどし、魂・魄が尸に憑《よ》りつく。再会できた喜び、異形の尸への恐れ、死別した悲しみ、狂乱の音楽――それらが一体となりながら、死者への慰めとなる。この儀式は亡き魂を呼び出し、その声を聞かせるシャマニズムの儀式であり、古今東西を問わず、全世界にある。儒もまたその一種である。

＊以上の招魂再生儀礼については、本書の最初にあるカラー口絵を見ていただきたい。シャマンが魂・魄を呼んでいる姿であるが、前の机の上に頭蓋骨を置いている。地上に液体をまいた跡があるが、それは魄を呼ぶ酒と思われる。また、香を焚いているのは魂を呼ぶためである。

魂の場合は雲状として天上に浮遊しているので、それにたといいたずらをしようとしても、どうすることもできず、安全であるが、魄の場合は地上（事実上は地上、観念としては地下）なので、きちんと管理して保全をしていないと荒らされる可能性がある。例えば、骨が動物によってどこかへ運ばれてしまうとか。そうなると招魂再生のとき困るわけである。だから、魄、具体的には白骨をきちんと管理する場所が設けられた。その場所とは、墓である。だから墓が大切にされるのである。当然、インドの場合のように死者の肉体を焼いたり捨てたりするなどということは、とんでもないこととなる。儒教文化圏の中国・朝鮮半島・日本において墓が重視されるのは、こういう理由である。

人は、或いは言う。現代日本では土葬でなくて「荼毘《だび》に付《ふ》す」、すなわち仏教流に火葬していいるではないかと。それは誤解である。なるほど日本では火葬と言っているが、そうして焼いた骨をインド人のようにそのまま川へ捨てるなどということを絶対にしない。焼いた骨の内の何個所かから、かつての肉体の特徴的な部分を拾い（例えば、小さな骨壺に、足から順番に頭部へ向って、適当に代表的部分の骨を拾い、特にのどぼとけの骨を拾ったあと、頭蓋骨の円形最頂部を拾い）、その小骨壺を墓に納めている。すなわち、焼身処理をした遺骨に対して納骨式土葬を行なっているのであり、いわゆる遺体をそのまま埋める土葬の精神と本質的には違わない。

インドの場合の火葬は完全なそれであり、遺骨は例えばガンジス川に流す。つまり散骨がインド葬法なのである。当然、インド仏教も同じ立場である。最近、日本で〈散骨〉と事新しげにいう人がいるが、なんのことはない、散骨はインド人の太古の昔から行なってきて現在に至ってもなお続けている葬法のことなのである。

それならそれで、インド葬法ですると言えばよいものを、わざわざ「散骨」と称して、事新しい感じをふりまいている。こうした散骨論者の話は滑稽を通りこしている。例えば、海上散骨の場合、なんと測量器を使い、「東経△△度、北緯××度のところに散骨しました」と言っている。散骨場所を特定してどうする。無常の波揺れる海上において特定しても意味がない。散骨料を得るための商売である。真の散骨ならば、その辺のゴミ箱に捨ててこそ本物である。散骨論者はなぜそうしないのか。

なお、儒教文化圏中、現代日本において焼身が普及したのには、いくつか理由がある。一つは、地価や管理上、墓地の取得が困難となり、それまでふつうだった個人墓がしだいに作りにくくなって少なくなり、一家の墓というふうに狭く小さくなってきたので、焚《ふん》焼《しょう》して骨の一部しか納めることができなくなりつつあるからである。いま一つは、日本人には、汚いもの、いやなものは焼きはらってきれいにするという感覚がある。すなわち、死者に対して、焼いて清め、聖化するという気分を見ることができる。

さて頭蓋骨であるが、死者の頭蓋骨では気持が悪いので、しだいに代替物が使われるようになる。最初は魌《き》頭《とう》、すなわち死者の顔に似せたマスクである。しかしこれも異様であり、さらに単純化し、象徴化して生まれたものが、木の板で作った神主《しんしゅ》（木主《ぼくしゅ》とも言う）というものである。

この神主は、古代では正式にはサイコロを拡大したような立方体であり、正面から奥へ向かって小さな穴が貫かれていたようである。韓国ソウル市に李王朝（一三九二年から一九一〇年まで続いた王朝）の歴代皇帝等の神主を納めた宗廟がある。私はかつて管理者の御好意により直接に拝礼させていただき、その後で神主を拝見した。それは古代儀礼に基づいて穴の貫通した、立方体神主であった。

しかし一般人の場合は、十二世紀の朱子のころに作られた『（文公）家礼』という書物が教えるような神主である。図4・5（本書一一二頁）のように二枚の板からできていて、前の板を後ろの板に横から差しこむ。そしてさらに、その二枚の板を四角の台（趺《ふ》）に差しこんで安定させる。

この神主は、頂《いただき》のところに特徴がある。横から差しこむ前方の板の頂は直線であり、全体としても長方形であるが、後方の板の頂はカーブして、円形である。前は方形、後ろは円形、すなわち前方後円となっている。

これは何を意味しているのか。円は人間の頭（円形）を表わしている。また、差しこむ台は四角である。これは、人間の両足をそろえて上から見れば、足首から下の両足をそろえた形がほぼ四角形であることから分かるように、足を表わしている。つまり頭蓋骨は板によって、足は台によって表現している。それは人の姿を表わしたものであり、人形《ひとがた》の象徴である。人形《にんぎょう》である。死者の似姿なのである。前述の魌頭（マスク）と同じことであり、現代ならば遺影写真ということになる。

この神主《しんしゅ》は、ふだんは安置場所に納めている。上述の李王のような場合は、巨大な宗廟（ソウル市に現存する李氏宗廟の広大さは、宮殿と言ってよいくらいである）の中であり、一般人の場合は祠堂《しどう》という別棟《べつむね》の建物、あるいは住居の中の一室にある祠壇《しだん》である。前引の加藤常賢の文章のように、太古のころは頭蓋骨そのものを〈みたまや〉に安置していたのが、後には神主に代わったのである。

この神主の頂の円形後方の板は、中心あたりで縦《たて》にくりこまれている（本書一一二頁の図5B）。ここのところに死者の現世における記号、すなわち本名や生年月日・死亡年月日などが記される。しかしこれは、前方に板を横から差しこんで隠してしまう。そして前方の板の表面には、型どおりの書きかたで当主との関係、すなわち父とか母とかを意味することばを書く。その書きかたは決まっている。例えば、父のときは「顕考学生府君」、母のときは「顕妣孺人某貫某氏」。「考《こう》」「妣《ひ》」はそれぞれ「亡父」「亡母」ということで、神主以外においては先考・先妣《せんぴ》とも言う。「学生」とは官職のない人のことで、官職があればそれを書く。「孺人《じゅじん》」は官職のない人の妻のことで、夫に官職があるときは、それによって書きかたが異なる。「府君」は男性の祖先（父・祖父……）に対する敬称であり、母の神主の「某貫」には出身地を、「某氏」の「某」には姓を書く。儒教では「同姓不婚」（同姓は結婚できない。もっとも同姓であっても、祖先の始まりが例えば遠く離れた地であり、同系血縁でなければ、かまわないが、それでも抵抗感はある）なので、夫婦は別姓である。そこで母の姓を書く。なお、「顕」は直系の祖先への敬称で、以前は「皇」字（「大」の意）を使っていたが、朝廷への遠慮から「顕」に代わったという。

この「顕」は亡き人に対するものであるので、亡き人を表わす「故」の感じがある。それを感じたのであろうか、短歌を作り続けている台湾の人々の短歌集『台湾万葉集』（孤蓬万里編・集英社・一九九四年、一八〇頁）に、興味深い短歌がある。「顕」を〈冥界に行く・面影が立ち顕われてくる〉という意味に表現して、こう歌っている。「盂蘭盆《うらぼん》に蟬捕《せみと》る勿《なか》れと戒めし祖母顕《た》つ今は我も祖母なり」。

この神主に魂・魄を依りつかせる招魂再生儀礼が、儒教流に言えば祖先祭祀なのである。

現代日本語の冠婚葬祭（儒教では「冠昏喪祭」）の「祭」とは、祖先祭祀を称するのである。このごろの冠婚葬祭入門書・手引書では、神道の村祭りや仏教（?）の地蔵盆まで含めて書いているものがあるが、誤りである。中国仏教は、この神主を祭ることすなわち祖先祭祀を取り入れたのである。そして神主を位牌と称し、先祖供養をすることになったのである。当然、日本仏教もそれに従っている。

さて、それでは魂を呼ぶと〈この世〉に帰ってくるのはなぜであろうか。

それは、中国人の世界を見る見かたに関係してくる。中国人は、感覚的世界の実在を大前提とするので、足で踏みしめる大地が存在することを認める。この世に常なるものはないとする無常観の仏教では、大地すら夢幻である。しかし、中国人は大地の存在を認めたそのつぎ、図1に示すように、天を円形のドームとして見る。これは、視覚の世界を実在とするからである。自分の目で見える範囲（青空、星空、曇空など）を天とする。本当は次頁の図2のように点線を含んだ卵型として見るのであるが、今は眼に見える範囲に限っておこう。このドームは、昼は太陽が通り、夜は星座でちりばめられている。この円形と

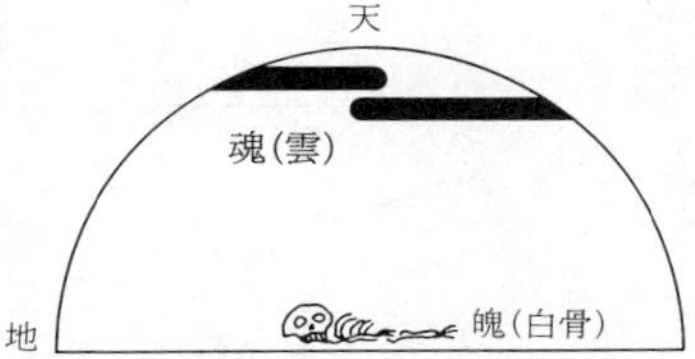

図1　魂・魄はこの世にある

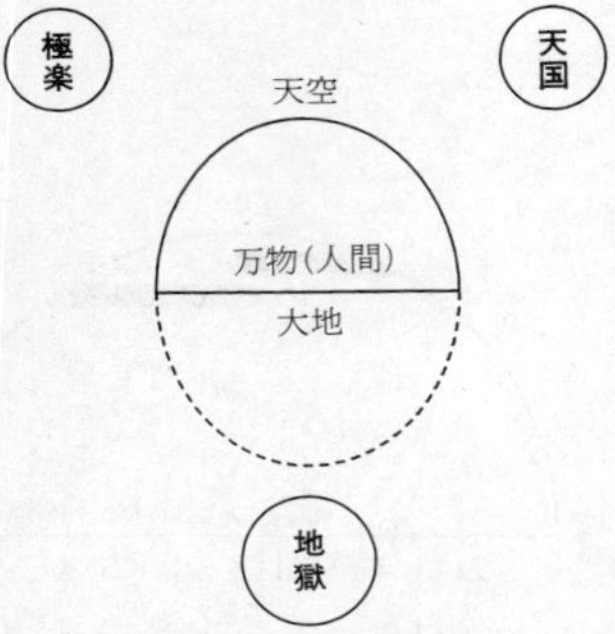

図2　中国人の空間感覚

しての天と直線としての地とで囲まれた線の中、すなわち天下・地上の限られた有限の空間をのみ中国人は信じたのである。視覚を信じて、見えるところが天であり、触覚を信じて踏んで確めえたところが地である。当然、有限の天地間である。中国人には無限の空間という感覚はない。だから、この天下・地上以外のその他のところ、例えばキリスト教の言う天国・地獄も、仏教が言う極楽・地獄も、中国人にとっては存在しない、無関係な世界でしかなかった。

だから魂はどんなに上へ上っても、天空のドームの線のところでストップするのであり、その線を越えて外に出ることはない。すなわち、天国や極楽には行かない、いや行けない。魄もまた、地下といっても地表に近いところに白骨として在るだけなのである。魂も魄も天外・地外へ行くことはないのであって、生きている人間や万物と同じく、〈この世〉の中にいるのである。だから、呼べば〈この世〉の戸のところに帰ってくることができるのである。

魂も魄も、〈あの世〉ではなくて〈この世〉にいる。草葉の蔭に、確かにいるのである。

シャマン（この場合は儒）が魂・魄を呼び寄せる自信を持っているのは、大半の一般の者が実は図1のような魂・魄として理解している、すなわち魂・魄が〈この世〉にいるので、呼べば帰ってくると大半の者が思っていることを踏んで、そういう互いの合意の上において魂降《たまおろ》しをしているのである。シャマンに魂降しをする能力などはない。魂は〈この世〉にいるので、呼べば帰ってくると一般の人々が思っていることを前提にして（悪く言えば利用して）、魂降しのパフォーマンスをしているのである。

霊能者も、広い意味でのシャマンである。霊能者の言動はシャマンと同じである。霊視をしてほしい人（つまりは、霊が〈この世〉にいることを信じている人）に向かって、「それそこに、あなたの三代前のお祖父《じいさん》の霊が見えます」と言っているのは、霊能者に魂降しの能力があるのかどうかそれは別として、霊の存在を信じている人がさらにいっそう信ずるように刺激しているのである。

霊能者が活躍するのは、図1のような世界を信じている中国人、いや広くは朝鮮民族、日本人を含んだ東北アジア人の心の動きにみごとに乗っているからである。いわば、東北アジア人は自分の信じていることを、霊能者のパフォーマンスを通じて確認しているのである。だから、図1のような世界を信じていない物理の先生などが霊能者をインチキだといくら罵倒しても、それを信じている人の心を動かすことができないのである。

因みに、鬼について余談をしておきたい。この鬼《き》はあくまでも死者の霊魂のことなのであるが、日本では死者とは関わりなく、角《つの》を生やし、虎の褌《ふんどし》をした恐ろしい顔つきのオニとして描かれている。なぜか。

伝説に依れば、唐代の画聖といわれた呉道玄が、玄宗皇帝に求められて初めて描いたという。東北の方角に鬼がたくさんいるという説（『山海経』・『論衡』訂鬼篇）に基づき、そこを鬼の出入りする鬼門とする。この東北は、十二支の配列で言うと（北が子《ね》で、時計の針の回りかたで右へ回ると）、丑寅《うしとら》に当たる。そこでこの丑《うし》（牛）寅《とら》（虎）にひっかけて、牛の角を生やし虎の皮の褌を描いたとのことだ。他愛ない話である。また、その顔つきは虎の顔ではなくて、呉道玄がそばにいた猫の顔を描いたとも言われている。動物の種類として猫は虎と同じ系統だから、まあ似たようなものである。日本でよく描かれているオニの顔は、よく見ると確かに猫の顔つきである。もし丑寅の正反対の方向、西南の未申《ひつじさる》（裏鬼《うらき》門《もん》）に鬼がいたとすると、鬼は羊（未《ひつじ》）の角を生やし、猿（申《さる》）の皮のフンドシをすることになったかもしれない。例えば『地獄実有説』（隆円・享和三年）では、この牛虎《うしとら》説を本気にしてそれで説明している。なお『易』の睽《けい》（別の読み方は「き」）という卦《か》䷥は、見た目の形が鬼《き》（要するに猫）の顔の形とされている。

(5) 儒教と東北アジアと——シャマニズムの世界

儒教の発生はシャマニズムにある。死者の魂降《たまおろ》しである。しかも魂（精神）降しだけではなくて、魄（肉体）も呼びもどす。そして神主《しんしゅ》に依りつかせ、〈この世〉に死者を再生させる。招魂（復魄）再生である。

招魂再生——私はこう命名したが、魂降しは現実生活にもどるわけではないので、「再生」ではないのではないかと言われたことがある。しかしその意見は、二つの点で私と観点が異なる。一つは、「生」の意味の理解のしかたである。例えばインド諸宗教の言う「輪廻転生」の場合、「生」とは言っているが、それはあくまでも考えかたとしての生である。観念としての生である。信仰としての生である。輪廻転生をして本当に再生することを、だれも事実として客観的に一般的に証明することはできない。しかし、それを信じているものにとっては、事実となる。招魂再生の場合も同じことである。死者の魂・魄が現世に帰り、この世に再生するという考えかたであり、観念であり、信仰なのである。その意味において、輪廻転生の「生」も招魂再生の「生」も、同じく信仰としての「生」である。ともに物体的、物質的な「生」として証明し得ないものである。同じことは中国が生んだ独特の宗教である道教の、「不老長生」の「生」についても言える。道教は不老長生を説くが、信じていないものにとっては、その「生」もまた観念的なものである。

輪廻転生と言うも、不老長生と言うも、招魂再生と言うも、それぞれ信じているものにとっては真実の「生」であるが、信じていないものにとっては一つの観念、考えかたにすぎない。キリスト教は〈永遠の生命〉を説くが、それも同じことである。

いま一つの問題は、よくある〈後世の判断による理解〉である。われわれはこの二十一世紀に生きている以上、今の時代の諸条件に制約されていることは言うまでもない。それはやむをえないのだが、やはり心すべきは、現在の価値基準で以前の時代のことを判断するとき、誤解を生じかねないという点である。例えば「法」の本字は、「灋」という難しい字である。これは「水（氵）」と「廌」と「去」との三部分から成っているが、中心は「廌」である。これは一本の角《つの》を持つ羊または鹿（獬豸《かいち》と言われる）であり、罪を犯した人間が誰であるかが分かる神秘的能力のある動物として信仰されていた。いわゆる神判《しんぱん》に使われていた動物である。この文字が作られたころ、人間の有罪・無罪を決定するとき、容疑者をこの動物の前に立たせ、それに突かれた者を有罪、突かれなかった者は無罪としていたようである（瀧川政次郎『法律から見た支那国民性』大同印書館・昭和十六年、七六頁）。

今日の刑事訴訟法の論理的で精密な手続きから見れば、メチャクチャな審理であるが、当時においては神判が正しい審理方法なのであって、後世の判断でそれは審理ではないと言っても当たらない。同じく、古代人が考えている生や死を、今日の自然科学的な合理主義で判断するわけにはゆかない。彼らの大半は、招魂によって本当に再生すると信じていたからである。

さて、招魂再生というシャマニズムは中国においてはもちろんのこと、朝鮮半島にも日本列島にも広く存在していた。だいたいシャマニズム（英語）ということば自身が、ツングース族（シベリア東部や中国東北部に住む民族、例えば満洲族）の宗教者を表わすサマン（シャマン）から来たことばであることは周知のことである。

もちろん自然環境も習慣も異なるから、各地域、各民族においてシャマニズムの表現方法はそれぞれ異なる。しかし、超自然界や超自然的な存在に接することができる点では共通する。だがそれらシャマニズムの大半は、単にシャマニズムのレベルにとどまった、或いはとどまっているのに対して、儒教は後に天才孔子の手を経て家族道徳につながり、さらに中国に皇帝制が確立した前漢王朝時代に政治理論を作るまでに大成して、以後、内部発展を続けながら、中国を支える大文化として存続した。

このように、シャマニズムを基盤にして歴史を動かす大理論体系を作ったのは、世界においておそらく儒教だけであろう。また、個人のみならず政治・社会レベルまで含めてそれに対抗できる理論や文化は、少なくとも東北アジアには現われなかった。だから、朝鮮半島や日本列島において固有のシャマニズムが存在してはいたであろうものの、儒教理論が輸入されてくると、その力に対抗し得ず、呑みこまれてゆかざるをえなかった。いや、感覚や行為等が同一或いは類似的であったので、受け入れやすかったと考えるほうが妥当であろう。事実、例えば白川静は、中国古代と日本古代との共通する感覚や行為を論証している。もちろん、まったく儒教化したわけではないが、別《わ》けても儀式上の諸礼、すなわち儀礼について儒教を取り入れざるをえなかった。儒教は儀礼について、詳細な体系と理論とを持っていたからである。

また政治的・外交的関係からも、儒教文化を取り入れざるをえなかった。例えば中国の後漢王朝時代、建武中元二年（西暦五七年）に倭の奴国が朝貢し、時の皇帝であった光武帝から「漢委奴国王」という金印を与えられたという有名な史実がある。これは正式の朝貢であるから、中国の儀礼に基づいた行動であったに違いない。朝貢とは、未開人が最高文化を有する中国皇帝の文化の恩恵に浴することの表現である。その最高文化のイデオロギーが儒教であったのだから、朝貢以前において、倭としては儒教ならびにそれに伴う文化を学習せざるをえなかったと考える。倭の諸国に儒教を理解した人々（中国人を含めて）がいたに違いない。

西暦三七五年、百済《くだら》から王仁《わに》が日本に遣わされ、『論語』を伝えたとする『続日本紀』の記事がよく引用され、それをもって『論語』や儒教の伝来とする人がいるが、それは現存文献のみを信ずる悪しき文献実証論である。西暦五七年に正式の外交関係が存在している以上、奴国の国使は正式の国書を呈したはずである。そうした国書の文章は、儒教的教養に基づいて書かなくては、対応する中国の官僚に嗤《わら》われることになる。私は考古学者にこう言っている。西暦前の中国文献、それも儒教文献が必ず日本に来ている、いつか必ずその遺物が出ますよ、注意して発掘してくださいよ、と。

日本の神道は、もちろん日本古来のシャマニズムの発展したものである。その独自のもの、例えば〈けがれ〉を忌《い》むことの強調といったものは残しつつも、しかしその儀礼は儒教儀礼の色彩が濃い。

例えば儒教では、正門から祖先の神主を蔵《おさ》めた宗廟（みたまや）に向かって、神道《しんどう》というみちが作られている。韓国に今も残る李王朝の宗廟がいい例であるが、正門から宗廟に向かって方形の黒い塼《せん》（かわら）を敷きつめた一本の道がある。幅は一メートルぐらい。この道は、宗廟に蔵めた神主だけが通ることのできる道である。例えば李王あるいは王妃の葬儀が終わり、新しく建てられた神主を宗廟に蔵めるとき、新神主を戴《いただ》きつつ、この神《しん》道《どう》を通る。

韓国の成均館（李王朝時代の都の大学）の孔子廟（孔子の神主を祭った廟）の場合も同じで、門から孔子の神主を蔵めた大成殿（廟）に至る神道がある。もしなにかの都合で、この神道を横ぎるときは、黙ってまたいだりしてはいけない。拝礼してから渡ることになっている。それほど神聖な道である。

さて、日本の神社の場合も同じである。鳥居をくぐり、本殿に向かうとき、その道のまんなかを通るべきではない。なぜなら、そこは神の通る道だからである。当然、道のまんなかを避けて、横に寄って歩くべきである。しかし現在、〈神道〉のこういう基本的な約束は、ほとんど守られていない。例えば、大臣などが伊勢神宮や靖国神社などに参拝するとき、テレビの画面を見ていると、ずかずかと道のまんなかを歩いている。不作法なことである。

なお儒教では、神聖な場所以外でも、一般に謙遜の表現として、「行くときは道に中せず（真中《まんなか》を歩かない）」（『礼記』曲礼上篇）ということになっている。

(6) 祖先祭祀と先祖供養と――儒教と仏教との融合

死者の魂・魄をその命日の日に招き寄せるとき、儀式場に依りつくべき場所が必要である。そのために儒教は神主を作り、それを立てた（かつては当該者の頭蓋骨をかぶった依り代が立っていた）。こうして依りついた魂・魄は、その儀式が終わると、式場に立てた神主から離れて元の場所に帰る。魂は天上へ、魄は地下へと。天は広く、魂はそのまま浮遊しているが、魄は管理場所である墓へ帰る。あとに残った神主は宗廟へ、或いは祠堂《しどう》や住居内の祠壇へ移し、安置する。後には、安置したその場所において儀式が行なわれるようになる。これが儒教の祖先祭祀の大筋である。その間の種々の儀礼が、こと細かに定められている。それが儒教の礼というものである。儒教はそういう礼を体系的に作っており、儀礼の宝庫でもある。

因みに、中国大陸の場合、中華人民共和国は中国共産党が政権を担当後、祖先祭祀や展墓(墓参り)を否定する方向であったため、祖先祭祀や清明節という時期に行なわれる展墓が衰えてきたことは事実である。もっとも、二〇〇七年十二月十四日の中国国勢院令五一三号によって清明節を公式休日と認めることになった（エリック・シッケタンツ「死生学DALSニューズレター」二七号・東京大学大学院人文社会系研究科）。やはり祖先祭祀・展墓を単に迷信として切り棄てることができないということであろう。共産主義といえども。

さて、西暦紀元開始のころを想像すると、中国の文明が朝鮮半島（西暦前二世紀の前漢王朝のとき、すでに武帝が衛氏朝鮮を滅ぼし、平壌附近に楽浪郡を置いて統治した）、日本列島（前節に記すように後漢王朝に朝貢した）に比べて、先進的であったことは否めない。とすれば、中国、朝鮮半島および日本、すなわち東北アジアにおいてシャマニズムを共通したものとして見るとき、シャマニズムを基礎にして体系化された儒教文化を朝鮮半島・日本列島が受け入れたのは当然のことであった。

そのように、儒教が東北アジアにおいておそらく普遍化していた一～二世紀ごろ、仏教が中国に伝来した。この仏教を生んだ南アジアのインドと、儒教を生んだ東北アジアの中国とは、イデオロギーに共通するものはない。とりわけ死生観は決定的に異なる。当然、仏教と儒教との両者は衝突した。

因みに、インド仏教は西方に展開することができなかった。西方の中近東以西は、一神教（ユダヤ教・キリスト教・イスラム教）の教勢が強く、異教徒集団の仏教は、排除された。

一方、東南アジアでは仏教は広がった。同地域は仏教に対抗できるだけの文化がなかったからである。その結果、東南アジアにインド仏教の古い形のものが残存し続けて今日に至っている。

さて東北アジアでは、仏教と儒教との衝突だけではなかった。同じころ、中国において道教という中国独自の宗教が盛んになりつつあったので、この道教も加わって三者が鼎立し、衝突し、抗争することになった。

道教というのは老荘思想などを取りこんだ宗教であるが、その死生観に特徴があった。中国人は現実に執着するので、その死生観も現実と密着するものでないと中国人の心を動かさなかった。その中国人の心を最初に動かしたのが儒教のシャマニズムであったが、魂・魄が神主という板に依りついて再生する招魂再生は、実際は観念上のものであるし、その永遠性というのも、祖先祭祀あってのことである。もし子孫が祖先祭祀を行なってくれなければ、現世に帰ってくることができない。そういう欠点があった。

そこで、中国人が最も望むもの、すなわち楽しいこの世にいつまでもいつまでも長く生きていることができることを、さらに現実的に主張したものが道教であった。彼らは儒教の招魂再生、仏教の輪廻転生に対して不老長生を唱えたのである。

儒教の招魂再生

仏教の輪廻転生
道教の不老長生

この三者の死生観を比べると、意図するものが異なる。仏教は輪廻転生という〈苦しみの連続〉から解脱して、仏となることを目的とする。道教は不老長生という死生観自身が目的となっており、それを達成できたものが、例えば仙人である。しかし儒教は、死生観としては招魂再生であるが、それが目的ではない。そういう考えかたを基礎として、現実に生きてあるうちに到達しようとする目標は聖人である。

言い換えれば、仏教は生死を越えて仏に成ろうとする。道教は生死を一体化して、仙人に成ろうとする。儒教は生きてあるときに聖人に成ろうとし、死後は祖先祭祀によって生の世界に回帰する（儒教には、さらに肉体の永遠化という考えがあるが、それは後述する）。

不老長生——それは人間の見果てぬ夢である。全世界のどこにおいても、その夢は今も続いている。中国人にももちろんある。代表的な例は、例えば秦の始皇帝である。方士《ほうし》という神秘的な宗教者を何度も使って、永遠に生きることのできる薬を求めさせている。もちろん、そのような薬を得ることはできなかった。

しかし不老長生は、魅力ある教義である。不老長生を唱える道教の信者は激増した。以来、今日に至るまで、中国人において道教信者は非常に多い。

もっとも、不老長生と言っても、ただ祈るだけではない。不老長生を可能にする食物（キノコなど）や薬を身体に取り入れたり、山林など空気や水のきれいな環境のよいところに住んだり、（今日の気功術などのような）身体の運動をしたりする。その上、祈禱という超常的な呪術も使う。この道教流の不老長生術には現代の医療、薬療、スポーツ療法、食餌療法、さらには精神的療法の原形があり、ひいては今日のオカルトの多くともつながっている。

日本の神社、寺院における現世利益《げんぜりやく》のための祈禱の大半は、道教系の祈禱からきている。儒教においては、基本的にはそういう現世利益的祈禱はない。

つまり道教は、個人の苦しみの救済、それも現実的、具体的な苦しみである病気や老衰や死からの救済を、これまた具体的に即物的に教えるものであるから、しかもこれを通じて不老長生となることができると主張するのであるから、信者が増えたのは当然であった。仏教に救済をすがるよりもはるかに即物的、現実的な救済であった。

さて儒教を中に置いて、新興の道教（ただしその原形は古い）、新来の〔異国の文化としての〕仏教の三者の鼎立は、やがてしだいに融和へと変化してゆく。それは、信者の増加とともに道教や仏教の教団が成熟し、現実的になっていったからである。すなわち教勢を伸張させるには、抗争ばかりしていたのではだめであることを知っていた。仏教側としては、儒教と抗争するよりも、すでに普遍化している儒教の本質的なものを取り入れることによって、儒教信奉者の自分たちに対する抵抗感をなくしてゆこうという考えかたである。

そのとき仏教が最も注目した点は、死生観という本質的な問題であった。儒教の死生観から生まれてきている祖先崇拝に基づく祖先祭祀が中国人に普遍的であるので、それを取り入れる必要があった。

祖先祭祀の導入——その具体化とは、㈠神主を建て、招魂するシャマニズムを認めること（すなわち神主をまねて位牌を作った）、㈡墓を作り、形魄を拝むことをなんらかの形で認めること（仏教においては、遺骨を拝むことなどはありえない。釈迦の遺骨だけは特別に神聖視して残したが、それは偉大なシャカへの想い出、敬慕を表わしていたからである）、㈢儒教式喪礼を取り入れた葬儀を行なうこと、等である。

輪廻転生の論理から言えば、仏教においては墓の必要もないし、祖先祭祀をする必要もないし、墓や祖先祭祀の出発点となる葬儀の必要もないはずである。しかしその三者がなければ、シャマニズムに溢れた東北アジアの人々を納得させることは不可能であった。現に、日本においてキリスト教の教勢が伸びないのは、こうした三者、とりわけ前二者を認めないのが大きな理由の一つである。日本人はキリスト教信者であっても、〈家の宗教〉の意識が抜けないのである（本書三六八頁の「あとがき」中の写真参照）。韓国においてキリスト教信者は増えているが、上記三者は生きたままである。

中国仏教は、儒教の神主も墓も祖先祭祀も取り入れた。そこがキリスト教と異なる点である。ただし、三者の根本となる祖先祭祀の理由をこう編みだした。祖先祭祀はインド仏教にはない考え方であるので、例えば『盂蘭盆経《うらぼんきょう》』という偽経（インドに原典がなくて、中国において作りだされた仏典）によってこう述べた。

釈尊の弟子の目連《もくれん》は、神通力を持っていたのでいろいろな世界を見ることができた。或るとき、自分の母親が、輪廻転生をしているうちに、あろうことか餓鬼の世界で苦しんでいるのを見た。そこで、その母親を救い出す方法を釈尊に問うたところ、僧侶によって盛大に経典を読誦《どくじゅ》することを教えられたので、そのとおり行なうと、母は救われたという。これは目連の孝心に基づくものだとし、ここから先祖を供養する〈お盆〉という行事が行なわれるようになった。そういう話が描かれている。

こうした偽経である『盂蘭盆経』を創り出すような努力を通じて、仏教は儒教的雰囲気を導入したのである。ただし、よく考えると、さすがに儒教の死生観そのものを取り入れたわけではない。仏教流に言えば、目連の母は、生前の行ないがよくなかったので解脱することができず、死後、輪廻転生の苦しみを続けることとなる。そして、六道すなわち六つのコースの内、なんと餓鬼の世界へ落ちたのであり、そこからの救済なのである。儒教風に、目連の母の魂が天上にフワフワと漂っていたわけではない。

つまり仏教の先祖供養は、六道の内の悪いコース（畜生・餓鬼・地獄）に落ちた先祖を救うためのものである。それを具体化するには位牌（神主）を建てて、命日やお盆のときに、その位牌に先祖の魂を依りつかせるというわけである。しかし、ここのところに、実は論理の飛躍がある。

儒教であると、天上の遊魂が神主に依りつくのであり、これは可能である。しかし仏教であると、人間世界とは全く別の畜生界・餓鬼界・地獄界に落ちた先祖の魂を呼びよせて、位牌に依りつかせることとなる。それなら目連説話風に、畜生界・餓鬼界・地獄界に落ちた先祖を一度で救済できるはずであるから、二回目を行なう必要がない。しかし何度も何度も先祖供養を行なっているから、たとい位牌に依りついた先祖の魂も、先祖供養の法要が終われば、再びあのいやな畜生界・餓鬼界・地獄界に帰らなくてはならないことになる。いや根本的に考えると、この目連説話に基づくお盆の行事は、やはり儒教流祖先祭祀である。と言うのは、輪廻転生を本当に信じているならば、魂（意識）が死後にどこへ行こうと、そんなことを気にする必要はないはずである。にもかかわらず気にして、救おうということは、やはり祖先祭祀という観念から抜け出すことができないことを意味しており、儒教的発想を出ることができないでいると言える。

さらに言えば、中国仏教はいざ知らず、中国から渡ってきて独自の展開を選んだ日本仏教では、信者たちは教義や論理はひとまず横に置いて、先祖の魂が畜生界・餓鬼界・地獄界にいるなどとは絶対に思っていない。それどころか、仏なみに極楽浄土に座《ま》しますと思っている。或いは（実は圧倒的にそうなのであるが）、儒教風に祖先の魂は天上に浮遊したり、草葉の蔭にいると思っているのである。だから、位牌に依りつく先祖の魂は、極楽浄土から、或いは天上から、或いは草葉の蔭から、なつかしい自分たちの家に帰ってくるとひっくるめて思っている。その日は、各個人としては命日の日であり、みながいっしょのときは、お彼岸やお盆のときである、と。だから命日やお彼岸・お盆が終わると、静かにもとのところ（極楽浄土や天上などのどこか）にお帰りになると思うので、安心しているわけである。畜生界や餓鬼界や地獄界へ帰るなどとは断じて思っていない。つまり仏教信者一般においては、祖先に対して、儒教風の招魂再生の観念で接しているのであって、仏教風の畜生界・餓鬼界・地獄界に苦しむ先祖の姿をイメージしているわけではない。

また東北アジアの儒教文化圏の人々は、自分の祖先が生前に悪業を行ない、畜生界以下の世界に落ちているなどとは絶対に思っていないし、仮に他人からそう言われたとすると怒るであろう、名誉毀損ものになるであろう。僧侶は先祖供養のとき、施主である当家の先祖の「滅罪」（罪滅《ほろ》ぼし）のためと述べているが、その仏教的ありかたをどれだけの日本人が理解しているであろうか。

さて、つぎに墓であるが、この位置づけは、仏教側としてはなかなか難しい。輪廻転生の立場にある仏教としては、本来、不要なものだからである。しかし現実には、墓は儒教文化圏において重要なもの。その第一の理由は、土葬にせよ納骨式土葬にせよ、形魄を残しておかなければ、招魂再生のときに魂が帰ってこぬことになり、困るからである。だから儒教文化圏の東北アジア人は、遺体を残すことに異常にこだわる。例えば、「日本と欧米ではこんなに違う『遭難死』観」（『週刊朝日』一九九二年七月十日号）は、高山の登山において遭難し、死がはっきりとしたあとは、欧米人は遺体の捜索や収容はしないが、日本人は命がけで、しかも巨額の費用をかけて捜索を行なった例を伝えている。例えばアメリカのマッキンリー（六一九四メートル）で三人の日本人が遭難したとき、アメリカのABCテレビのリポーターがこう質問している。「三人の死は確認ずみなのに、どうして行くのか。冬のマッキンリーが怖くないのか。それでも行くのは日本のShintoism《シントーイズム》（神道）の影響か」と。これに対して、救出者の或る日本人がこう答えている。「いやShintoismと言うより、むしろBuddhism《ブッディズム》（仏教）だし、仲間意識だと答えたんですが、不思議そうな顔をしていました」と。

しかしこれは、「仏教」という曖昧な表現ではなくて、正しくは「儒教を取り入れた日本仏教」と言うべきであろう。

さて、墓に納める白骨（肉体のまま土葬しても最終的に求める形は白骨）であるが、これは魂（魂気）ではなくて魄（形魄）のシンボルである。だから墓に対して、そこに魂があるとして〈鎮魂〉をするなどということは、まことにお門違《かどちが》いであり、絶対にありえないのである。

しかし、死者の直接的遺物である白骨に対して、なんだかそこに魂が存在しているとする誤解は中国人においても絶えずあり、墓すなわち魄に対して鎮魂の儀式をすることがあった。そこでそれに対して、中国の長い歴史において何度も禁止令が出されている。

この誤解は非常に起こりやすく、現代であれば、日本人の多くがそうであろう。すなわち〈魂が白骨に存在している〉と。魂魄ともに墓に在ると思っている。

日本仏教においても、そうした誤解をしていないとは言えない。例えば浄土宗の或る寺の境内にある墓を修復するために、墓塔を移動することがあり、その仕事の前に法要を行なった。それは埋葬者の魂（魄ではなくて）を抜き、丸い小さな懐中鏡に魂を蔵める〈お性根抜《しょうねぬ》き〉という儀式である。逆に、修復後、墓塔を元の場所に安置してから行なう法要があった。これは、前に懐中鏡に蔵めた魂を元の埋葬者のところへもどす開眼《かいげん》法要であり、〈お性根入《しょうねい》れ〉という儀式である。私はこの両法要に業者とともに参列したが、日本仏教と言うよりも、日本人の感覚としては、だれしもみな墓を魂の安息所としているのではないかと思った。

本書は、「はじめに」の冒頭に、友人がその妻から墓を作らぬと言われて狼狽した話から書き出したが、墓に対する日本人のこの感覚、すなわち己《おのれ》の遺物である遺骨に己の魂の安息所を意識する感覚、さらには墓そのものを死後の安息所とする感覚——それは儒教から言えば壮大な誤解なのであるが——に基づいて、われわれは生きている。

このように、先祖供養・墓という儒教風を取り入れ、その様式化を徹底した日本仏教は、葬儀もまた儒式を取り入れていることは言うまでもない。葬儀のときの祭壇を見るがいい。柩《ひつぎ》を置き、白木の位牌を建て、死者の写真を添える。それは、事実上は死者のための設営である。仏教者として拝すべき最も大切な本尊（彫像であれ絵像であれ）は、最奥部に、あたかも飾りもののように置かれている（名号なら掛けられている）だけである。ときには棺や祭壇に隠れて、ほとんど見えないこともある。もっと驚くべきことがある。東京における場合、寺院ではなくて会館等において行なわれる〈仏式葬儀〉において、本尊が置かれている（法軸・名号が掛けられている）ことがほとんどない。関西では置かれ（掛けられ）ているが。東京の導師ら僧侶は、本尊抜きであるとき、いったい何に対して読経をし法要をしているのであろうか。

あえて言えば、いったい本尊に対して祈りを捧げ、死者を輪廻転生の苦しみから救ってくださいと、葬儀参列者のだれが思っているであろうか。大半の参列者は本尊を拝まず（本尊が在《ま》しまさぬときもあり）、死者の棺を、位牌を、特に写真を拝んでいる。それは亡き人を想うことであり、ことばを換えれば儒教流の招魂再生をしているのである。

(7)〈生命の連続〉の自覚——孝と利己的遺伝子と

死への態度は、状況によって異なる。ふだんは漠然とした不安にすぎないが、病それも重病は死の恐怖へ引きずりこむ。しかし人間は、死を避けることができない。必ず死ぬ。死――その不安や恐怖を和らげる説明として、儒教は招魂再生を説いた。今日流に言えば、慰霊である。儒教文化圏の人々、東北アジアの人々、中国人・朝鮮民族・日本人は、慰霊によって心が落ちつく。

日本において、個人や団体によって建てられた慰霊塔は無数にある。いや、国家自身も建てる。最近の例では平成四年十二月二十三日、厚生省（当時）はシベリア抑留中に死亡した旧日本兵らの慰霊塔を、ロシアに建てることを決めている。

この慰霊塔はもちろん死者、あえて言えば〈人間の死者〉のためのものであるが、人間とは別に、日本人のアニミズム信仰に基づく独特の慰霊塔を持っている。この世の形あるものは無機物であれなんであれ、すべて生命を持っているとするアニミズムの考えかたは、東南アジアの人々において強烈であるが、われわれ東北アジア人にも共通している。万物どれも生命を持っているということは、同時に魂を持っていると考えることになる。すると、その物が死ぬとき――いや物であるからその機能が停止するときと言うべきか、そのとき、そこに擬似的に人間と同じ死を認め、その慰霊を行なうことに抵抗感はない。例えば裁縫に使って折れた針の魂のために、古くから針供養を行なっている。大阪天満宮では、境内にある吉備《きび》社（吉備真備《きびのまきび》を祭る）の前に大きなコンニャクを置き、そこに使い古した針や折れた針を刺して感謝と慰霊の供養とをし、併せて裁縫の上達を祈る。そうした針供養は、日本全国の各地で行なわれている。眼病に功徳のある、奈良は壺坂《つぼさか》寺の眼鏡《めがね》供養、NTT（日本電信電話株式会社）の電話帳供養（大阪の今宮戎《えびす》神社）、果ては〈不幸の手紙〉を回収して、「ふみの日」（毎年七月二十三日）に名古屋市内にある葉書塔で焼却し、供養するという（岐阜県の北方郵便局）。これらは新聞記事に出ていたものを、私がたまたまノートしたものにすぎない。おそらく全国に多種多様のいろいろな供養があるに違いない。

物に対してこのような慰霊を行なうのであるから、人間に対しては言わずもがなである。そうした慰霊を十分に行なわなければ、遺族は承知しない。死者四十二人を出した信楽《しがらき》高原鉄道事故のあと、遺族の希望で、慰霊のために事故現場附近では列車を徐行運転し、弔笛を鳴らしていた。しかし三回忌法要を終えたことを節目《ふしめ》に、同鉄道会社が徐行や弔笛を中止しようとしたとき、遺族の会の世話人はこう言っている。「三回忌というのは仏事上のことで、事故の傷や罪が消えるわけではない。慰霊の気持ちを込めた徐行のはずで、遺族としては心外だ」と（毎日新聞・平成五年五月十五日号）。

輪廻転生という立場だったら、四十九日たてば魂はどこかに転生しているはずなのに、三回忌が終わってもまだ霊が休まらないと言う。この世話人は、完全に儒教的立場である。霊は三回忌ぐらいでこの世から消えるのではなくて、今もこの世に座《ま》しますのだ。事故のあった場所で慰霊（列車の徐行や弔笛がそれである）をずっと長く、おそらく、できれば永遠に行なうことを求めているのであろう。まさに「仏事上のこと」ではすまさないと言うわけである。後述するが、三回忌の期間（満二年間）も儒教からきたものである。

事故があると合同慰霊祭が行なわれるが、或る精神病理学者は「いつとはなしに習わしとなりつつあるこの種の慰霊に疑問を持った。……加害者が合同慰霊祭をいそぐ心理には、犠牲者も遺族も、そして我々も、共に災厄に遭ったのだから、事故に早くひと区切りを付け、元の日常に戻っていこうという戦術が隠されている」と言う。

浅薄な見かたである。慰霊を望む気持は、遺族側がより強いのである。それも加害者の絶えざる慰霊――ありていに言えば〈永遠の慰霊〉を望んでいる。日航機墜落事故後に〈昇魂之碑〉を建て、現地で慰霊祭が催されている。これは断じて仏教的発想ではない。まさに儒教的発想である。なにはともあれ、もしまず合同慰霊祭を開催しなければ、遺族が絶対に承知しないのである。精神病理学者某の言う「加害者の戦術」などということ以前の問題なのである。

慰霊――招魂再生の第一の目的は、これである。死を前にして恐怖に怯《おび》える人に対して、「心配しなくても、あなたをみなが忘れずに必ず呼び降します」という招魂再生の約束があるとき、死は怖いけれども、死後の安心感が生まれるのである。

この〈招魂再生の誓い〉を、現代のことばに翻訳するとすれば、〈亡き人の想い出を語る〉ということである。自分がこの世に生きていたことを、人々、特に〈親しい人々〉の記憶にとどめてほしいという願望に対しての、まごころをこめた答えである。それも可能ならば、〈想い出を永遠に語ってほしい〉のである。その願望を、みずからもいろいろな形で表わそうとする。例えば、自分史を綴って残そうとする。或いは胸像を作って、自分が創立した会社や学校に建てようとする。或いは財団を作り、自分の姓を冠して世の役に立てようとする。しかしそういうことのできる人は、恵まれたごく少数の人々である。多くの人々は、つつましい無名の生活を送って人生を終える。日々の暮し——それは大切なことである。その日々の暮しを全うして人生を終える。それでよい。しかし、人間としてきちんと生き、そうした人生のあと、だれが自分を想い出してくれるのであろうか。

友人がいる。後輩がいる。しかし、やはりより強く、切なく想い出してくれる人とは、家族である。親族である。血のつながった人々である。儒教はもちろん、こういう常識に従う。招魂再生すなわち祖先祭祀を行なうのは、〈子孫である〉と。

とすれば、子孫を持つことが重要な意味を持つ。子孫——その代表は、己《おのれ》の子どもである。孫である。その意味では子が必要となる。しかし儒教が言おうとしているのは、なにがなんでも自分の子どもを持たねばならないということではない。そんなケチな話ではない。よくこの辺が誤解されている。儒教が言うのは、基本的にはあくまでも一族なのである。一族に子孫があればそれでよいのである。そのことをよく示すのが、排行《はいこう》という考え方である。

排行とは、一族において親なら親の世代、子なら子の世代、そういう或る世代を一つのグループとして扱い、そのグループの長幼の順に数字をつけて区別することである。例えば自分の子と同世代の甥《おい》や姪たち、彼ら自身で言えば、いわゆる〈いとこ〉同士を一つのグループとして、生まれた順に一、二、三……と数字をつけるわけである。だから〈いとこ〉グループで十二番目に生まれた者は、十二郎と呼ぶ。唐代の大文人であった韓愈《かんゆ》の文章に、「十二郎を祭る文」がある。自分の甥の死を悼んだ弔辞であるが、切々と胸を打つ名文である。

なるほど自分の子どもに対しては愛情が濃いであろう。しかし己《おのれ》の子どもだけでなくて、甥や姪という一族に対しても愛情を持つべきことを儒教は言うのである。この徹底から、中国人・朝鮮民族では、養子も同じ姓である一族から選ぶ。この点、血のつながりのない異なった姓の養子が、養家先の姓に改姓して同姓となる日本とは大いに異なる。ただし日本では婿養子と言うように、たいていは家つきの実の娘があるので、養子と娘とが結婚し子孫が生まれてゆくならば、血はやはり続いている。

もっとも、儒教の立場を狭くとって、どうしても自分の血のつながる子ども、それも男子を求めるという極端な立場を抜けきれないこともあった。例えば朝鮮半島に、シバジ(代理妻)という慣行があったという。男児のない上層階級の場合、或る女性が当主のために秘かに男児を生み、また秘かに、正妻が出産したように見せかけて赤ん坊を引きとる形である。映画にもなったことがある。

しかしそれは、前近代社会の上層階級が、教条主義的に儒教に従った結果であって、今日においてはナンセンスである。もっとも、儒教における前近代的部分を今も守っているのは韓国である。例えば養子についても、厳しい制約を設けている。すなわち、まずその家の当主（養父となる人）と同姓で、しかも始祖が同じでなければならない。たとい李という姓が同じであっても、その始祖が異なるとだめである。しかも、世代数が合わなければならない。すなわち養子は、親族の世代において、養父の次（すなわち子の世代）の世代にあたる者でなければならない（朝倉敏夫の文・渡邊欣雄編『祖先祭祀』所収・凱風社・一九八九年、四四頁）。もし養子が養父と同世代の人だったら、或いは、次の次の世代（養父から言えば孫世代）だったら、世代という統一性が破れるからである。結局、選ぶ範囲は非常に狭くなる。しかし日本における養子は、こうした制約はほとんどない。だから親戚と言っても、姓の異なる外孫が養子になったりする。今後は、韓国も日本の婿養子という形を取り入れ、自分の娘と結婚した異姓の娘婿をその家の養子（姓は旧姓のままでいい）として認め、〈生まれた子は娘の姓を継がせて家の継承を図る〉という方向もまたありうるであろう。と言うのは、韓国において、女子一人だけという家庭がこれから出てくる。男女同権の現代であるので、養子に関して、例えばそういう解決が可能であろう。

さて子孫、と言うよりも子孫を含めた一族が祖先祭祀を行なうわけであるが、祖先は過去であり、子孫は未来である。その過去と未来とをつなぐ中間に現在があり、現在は現実の親子によって表わされる。親は将来の祖先であり、子は将来の子孫の出発点である。だから子の親に対する関係は、子孫の祖先に対する関係でもある。そこで儒教は、㈠祖先祭祀をすること、㈡現実の家庭において子が親を愛し、かつ敬うこと、すなわち敬愛すること、㈢子孫一族が続くこと、この三者を併せて〈孝〉と表現したのである。

孝と言うと、たいていの人は、子の親に対する絶対的服従の道徳といった理解をしている。しかしそれは、孝の不十分な理解である。あえて言えば、誤りだ。儒教はけっしてそんなことを言っていないからである。ずっと述べてきたように、中国人（ひいては東北アジアの人々）はこの世を五感いっぱいに生き、楽しいと思っているがゆえに、死を不安に思い、恐怖している心に対して、儒教は死後の慰霊を教えたのである。招魂再生ということによって、懐しいこの世に再び帰り来ることができる、と。そういう死生観と結びついて生まれてきた観念が孝なのである。すなわち死の観念と結びついた〈宗教的孝〉なのである。一般に理解されているような孝、すなわち子の親に対する服従といったような〈道徳的孝〉をはるかに超えたものなのである。

道徳的孝から宗教的孝へ——頭のこの切り換えをしなければ、儒教を理解することはできない。この宗教的孝こそ、儒教の本質だからである。

さて、この死の観念との結びつきは、つぎに新しい観念を生みだす。それは、死を逆転した〈生命の連続〉という観念である。それはこういう意味である。

祖先祭祀とは、祖先の存在の確認である。もし祖先がないとすれば、現在の自分は存在しない。祖先があると意識することは、祖先から自分に至るまで、確実に生命が連続してきたということの確信となる。のみならず、自分という個体は死によってやむをえず消滅するけれども、もし子孫・一族ありせなば、自分の生命――現代生物学流に言えば自分の遺伝子は、存在し続ける可能性がある。すると、現在、生きているわれわれは、自分の生命の過去の絆《きずな》をたぐってゆくと、例えば百年前にみなといっしょに生きていたということである。いや、百年前だけではない、千年前、一万年前、十万年前もわれわれはいっしょだったのであり、以来ずっと、いっしょに生きてきたということなのである。そしてこれからも、子孫を通じてもし生命が続いてゆくとすれば、百年後もいっしょに生きている可能性がある。百年だけではない、千年後も一万年後も、われわれはいっしょに生きてゆく可能性がある。不思議なことだ。われわれは個体ではなく一つの生命として、現在とは言いながらも、実は過去をずっといっしょに生きてきたのであり、これからもいっしょに生きてゆく運命を共通にする生物なのである。しかも、過去も未来もすべて現在が含みこんでいる。儒教はそれを言うのである。すなわち〈孝〉とは、現代のことばに翻訳すれば、〈生命の連続の自覚〉のことなのである。言いなおせば〈永遠の現在の自覚〉である。ここにおいて、〈死〉を見る眼が〈生〉を見る眼へと一気に逆転する。死の意識から、広大な生の意識へと逆転する。これが儒教の死生観なのである。

この儒教の死生観は現代生物学の重要な概念である利己的遺伝子という考えかたと、偶然ながら似ている。

利己的遺伝子とは、イギリスのリチャード・ドーキンスという生物学者によって唱えられた現代の学説である。それは、こう述べる。生物の肉体（個体）は一つの乗り物にすぎないのであって、生き残り続けるために、生物の遺伝子はその乗り物をつぎつぎと乗り換えてゆくというのである。なぜなら、個体には死があるので、生殖によってコピーを作り、つぎの肉体を残し、そこに乗り移る。それは、自己の複製をつぎつぎと作ってゆくことであり、それを最大目的とするところから、その行動には、いわゆる利己的なものがあるのは当然ということになる。また、自分の遺伝子が次の世代にどのくらいの割合で伝えられているかということで、愛情の度合いも異なるというわけである。自分の遺伝子が相手において多ければ多いほど、愛情が深くなる。例えば母親からしてみれば、わが子の中の二分の一は確実に自分の遺伝子である。そこでドーキンスはこう言っている。

多くの種では母親は父親より自分の子を確信できる。母親は、目にみえ、触れることのできる卵や子供を産む。彼女には自分の遺伝子の持ち主を確実に知るチャンスがあるのだ。あわれな父親ははるかにだまされやすい。だから、父親は母親ほど育児に熱をいれないのだと考えられる。……同様に、母方の祖母は父方の祖母にくらべて自分の孫に強い確信をもっているので、父方の祖母より強い利他主義を示すのだと思われる。これは、祖母が娘の子供には確信がもてるが、息子は妻に裏切られているかもしれないからだ。母方の祖母は父方の祖母と同じくらいに孫に確信がもてる（加地注――自分の実の娘のそのまた実子であるから、外孫には自分の遺伝子の四分の一が確実に伝わっているという意味）。なぜなら、両者とも確実な一世代と不確実な一世代を期待できるからだ。同様に、母方の叔父は父方の叔父にくらべて姪や甥の幸福にはるかに関心があり、一般に叔母と同じくらいに利他的であるはずである（後引書一六七頁）。

このような〈自分の遺伝子の割合〉に応じて愛情を持つことは、動物の実際行動において、つぎのような例があるとして、こう述べる。

トリヴァースは、配偶者に遺棄された母親がその後どんな行動をとりうるかを考察している。彼女にとって最も有利な手は、別の雄をだまして彼にその子供を実子と「思いこませ」て養育させることである。子供が胎児でまだ産まれていないうちであれば、この手もさほど難しくはないかもしれない。もちろん、当の子供は、母親の遺伝子を半分ゆずりうけているが、だまされやすい養父の遺伝子は一切ゆずりうけていない。雄におけるこの種のだまされやすさは自然淘汰においては非常に不利である。

実際自然淘汰は、新しい妻をめとった直後、継子《ままこ》の可能性のある子供をすべて殺してしまうような手をうつ雄に有利に働きうるのである。マウスで……雄の分泌するある化学物質を妊娠中の雌がかぐと、流産を起すことがある。雌が流産を起すのは、以前の配偶者のものとは違うにおいをかいだ時に限られている。雄のマウスは、この方法で継子の可能性のある胎児を殺し、しかも新しい妻が彼の求愛に応じられるようにしてしまうのである。……ライオンにも似た例が知られている。群れに雄ライオンが新たに加わると、彼はそこにいる子供をすべて殺してしまうことがあるという。おそらく、その子供たちが彼自身の子でないためと思われる。

必ずしも継子を殺すことなしに、雄は同じ効果を達成することができる。雌との交尾に先だって、雄は雌に長い求愛期間を強要することができる。この間雄は他の雄が雌に近づくのを追い払い、しかも雌の逃亡を阻止するのだ。こうすることによって雄は、雌がおなかの中に小さな継子を宿しているかどうかを確かめることができる。もし継子がいれば雌を棄てればよいのである。交尾に先だって雌が長い「婚約期間」を要求したがる理由をあとで考えるが、雄もまた同様にそれを要求する一つの理由が、ここでは明らかになったわけだ。もし他の雄との接触から雌を隔離することができるなら、長い婚約期間の存在は、雄が、知らずに他人の子供に恩をほどこす羽目に陥るのを回避する助けにもなるのだ（後引書一三五頁）。

リチャード・ドーキンスの『利己的な遺伝子』（増補改題『生物=生存機械論』日高敏隆ら四人の訳・紀伊國屋書店・一九九二年版）は、遠からず現代人の必読書の一つとなるであろう。この大冊を読み終えて、私は、現代生物学の冷徹な生物観が、儒教の死生観、人間に対する生命観と通底するものがあることに、深い感銘を禁じえなかった。

儒教の孝――〈生命の連続の自覚〉を主張する儒教は、こう言っている、子は親の肉体のコピーであると。これは、ドーキンス説との偶然の一致であるが。

儒教の重要文献の中の一つが『礼記《らいき》』である。その中に、招魂復魄再生の儀式、祖先祭祀の儀式について体系的に論じた、「祭義篇」という一篇がある。そこにこう述べている、「身は父母の遺体なり」と。このことばを文字どおり訳すと、「私のこの肉体は、父母が遺した身体である」。現代日本語では、死者の身体に対して、露骨に「死体」とは言わず、そこに或る敬意をこめて、「亡くなられた方の身体」という意味で「遺体」ということばを使っている。犬や猫などのペット動物は「死体」と表現すべきであるが、ペットの葬儀を商売にしている業者が「遺体」と称するようになっているほど、現代日本語では、「遺体」は「死体」の敬称のようになってしまっている。しかしそれは、転用されてゆくうちにできあがった意味・用法にすぎない。

「遺体」ということばの元来の意味は、「遺《し》んだ体《からだ》」（死んだ体）ではなくて、文字どおり

「遺《のこ》した体《からだ》」である。例えば「遺言《ゆいごん》」という語がある。これはけっして「遺《し》んだ言葉」（死んだ人の言葉）という意味ではなくて、「言葉を遺《のこ》すこと」であり、「遺《のこ》した言葉《ことば》」という意味である。

では、だれが「遺した」のかといえば、それは死者となった先代に決まっている。「遺体」とは先代の死者が「身体《からだ》を遺《のこ》す」ことであり、結果として「遺《のこ》した身体《からだ》」のことである。すなわち「亡き親が遺《のこ》した身体《からだ》」のことである。それは、いま、ここに、生きて在る自分である。具体的に言えば、子である。

中国古代には、もちろん〈遺伝子〉というような概念はない。しかし、現代科学において細かく分析された結果としての遺伝子ということではないが、具体的な肉体を持つ子を、父母の複製として自覚しているのである。

＊建築学者の上田篤氏が興味深いことを述べている。「（建築物の）保存という概念は、明治までは日本社会には全くなかったんです。……それまで日本にあったのは開発的保存という観念で……火事で焼けたら、前と同じ様式で、前より大きな立派なものをつくる。西洋では個体の死を永遠化しようとする個体永遠化主義なんだな。だけど日本は遺伝子というものを次々と残していけばいいじゃないか、という遺伝子発展主義で来ていたんです。だから京都の町も七十年おきぐらいに大火があって、そのたびに町は良くなっている」（『THIS IS 読売』一九九四年五月号、一八一頁）。

「遺体」とは、父母の身体の複製である。複製、コピーとは、疑似的同一物である。だから、「身は父母の遺体なり」と述べたあと、続いてこう述べている。「父母の遺体を行なうや、敢《あえ》て敬せざらんや」と。この「行」は、「用《もち》いる」とか「使《つか》う」とかという意味であり、「敬」とは「慎しむ」とか「警《いまし》める」とかいった意味である。上文を訳せば、「父母の遺《のこ》したこの身体、すなわち自分の身体を使う（用いる）とき、慎重にしないでおれようか」である。では、その何を「慎しむ」とか「警《つつ》しむ」のかと言えば、身体を傷つけたりしないように慎重に行動するということだ。

これらのことばを述べたのは、孔子の弟子で、孝のすぐれた実践者とされる曾参《そうしん》という人物である。曾参は『論語』の中に、つぎのような有名なことばを残している。死を迎えた曾参がその弟子たちにこう言った。私の足を見てみよ、手を見てみよ、身体を大切に扱ってきたので傷つけたあとはない。わが一生は、『詩経』の「戦戦兢兢《せんせんきょうきょう》として恐れ慎しむこと〔その態度は〕、深い淵をのぞき、めくるめくときのように、また、薄い氷を踏み破りはしないかと思うように」という言葉どおり、慎重に行動してきた。いま自分は死を迎える。その今、こうして、父母からいただいた身体を傷つけることなく、お返しすることができる。もう私には、身体を傷つけてはいけないと恐れ慎しむ必要はないと。

それを、『論語』はこう記している。「予《わ》が足を啓《ひら》け、予が手を啓け。『詩』に云う、『戦戦兢兢トシテ、深淵ニ臨ムガゴトク、薄氷ヲ履《ふ》ムガゴトシ』と。今より後、吾〔は、その恐れ慎しむことを〕免《まぬか》るるを知るかな。小子《しようし》（弟子たち）よ」と。また『礼記』祭義篇には、こういうエピソードも載せている。曾子の弟子の楽正子春という人物が、足を傷つけたことがあった。その傷は治ったのに憂えた容子《ようす》であり、数個月も家から出ようとしなかった。弟子たちがなぜかと問うと、こう答えた。曾先生は、「父母〔が私の身体を〕全《まった》くして（完全な形で）、之《これ》（私）を生めり。〔だから〕子〔はその身体を〕全くして、之を帰す。孝と謂うべし」とおっしゃっていた。〔にもかかわらず足を傷つけたりして〕その教えを守ることができなかったので、反省しているのだと。

この、自分の身体は父母からいただいたものであり、それがどんな身体であろうとも傷つけることなく大切に取り扱うのだという立場は、『孝経』という、儒教の重要文献の中にきちんと記されている。すなわち、「身体髪膚《しんたいはつぷ》、これを父母に受く。あえて毀傷《きしよう》せざるは、孝の始《はじめ》なり」と。

『孝経』という文献は孝について書かれたものであるが、その最終章は「喪親章」という章であり、親の死について述べたものである。孝が死の問題と深く結びついている以上、死——それも実感するのにいちばん切実なものである親の死について論じているのは、当然のことである。日本人は死をただひたすら縁起のよくないものとして扱うが、中国人はそうではない。孝が死と結びついた宗教性を本質としていることを、『孝経』の中ではっきりと示しているのである。

以上、述べてきたように、儒教はその死生観の行きつくところに〈生命の連続の自覚〉を見出している。整理すると、こういうことになるであろう。

まず第一は、死の恐怖を乗り越えるものとして、死後に子孫が遊魂（浮遊している自分の死後の魂）と形魄とを呼びもどしてくれ、なつかしいこの世に帰ることができる。この招魂再生という祖先祭祀は、〈精神（魂）の永遠〉という可能性を教えるものである。

そのつぎは、己《おのれ》という個体は病気や老衰等によって死滅しはするけれども、己の遺伝子を載せた子孫の肉体が存続することによって、肉体の消滅という恐怖もまた解決される。すなわち、子孫が続くことによる〈肉体（魄）の永遠〉という可能性を教えてくれる。

遊魂と形魄と子孫と――形は変わるけれども、己の精神と肉体とは、永遠に〈楽しいこの世〉に〈現在として存在し続ける〉可能性があることと、その自覚とを説くのが儒教であり、そのキーワードとして〈孝〉が存在するのである。

(8) 輪廻転生と招魂再生との併存――日本仏教の特色

仏教――もとよりそれはインドで生まれ、長くインドにおいて指導的な立場にあったことは言うまでもない。しかし、十一世紀にイスラム教徒による侵略と破壊とを受けて以後、急速に衰え、代わってヒンズー教が擡頭《たいとう》し、現在では、インドにおいて仏教は、一般的にはほとんどその姿を見ることができない。これは事実である。

一方、中国ではどうか。中国の仏教も、一一、二世紀ごろの伝来以後、指導的地位に就《つ》く時代もあったが、唐代の八、九世紀を境にして下降線を辿り、十二世紀に朱子学が登場した宋代以後は振るわない。朝鮮半島においては、一三九二年建国の李王朝五百年間は朱子学全盛であり、仏教は衰退してしまった。インド・中国大陸・朝鮮半島における現代の仏教とは、ほとんど遺跡や観光という意味としてしか存在していない。

日本では、江戸時代に寺請《てらうけ》制度（いわゆる檀家制度）があって組織化され、寺と人とは一体化していた。しかし、中国や朝鮮半島の寺院はそうした行政組織化はなく、僧への個人的信頼といった面が強く、寺とは個人的な信仰によって結ばれていた。信者寺と言ってよい。だから、すぐれた僧がいなくなると、信者が寺に寄ってこなくなり、寺院が衰退することが多かった。また、仏教信者は仏戒どおり、食事において殺生しないことを守る。肉食しない。これもまた信者の拡大を難しくさせていた。

もっとも、中国へと伝来された大乗仏教系の経路以外、タイ、ミャンマーなどへと広がったいわゆる上座部仏教（かつて小乗仏教と称していた）があるが、それらは大乗仏教とは異質であり、インド仏教の原型の色彩をよく残している。しかし上座部仏教には、人みな仏性があるとする大乗仏教のような考えはない。修行をしている僧だけが救われるのであり、現在の普及範囲をさらに広げてゆく力はない。仏教が中国へ渡る途中の国チベットに残ったチベット仏教もまた、信者全体は少数である。

すると、現在においても仏教が一定の力を持ち、仏教系諸宗派全体ならば信者もおそらくは億をはるかに越えている地域は、世界において日本だけである。

その日本の仏教の場合、民衆に影響を与えてゆくのは、平安時代に始まる天台宗・真言宗という密教系仏教からである。それまでの奈良仏教は、むしろ学問としての仏教という性格が強く、例えば個人に対して祈禱によって救済するというような性格はない。密教系仏教——例えば真言宗の場合、道教風の祈禱が盛んである。

真言宗の開祖である空海は、天長元年（八二四年）二月、大旱魃《かんばつ》であったので、勅命により、神泉苑（京都市内の二条城の南側）において〈祈雨《きう》〉すなわち雩《あまごい》（雨乞い）の儀式を行なっている。そしてみごとに雨を降らせた（以下、史実や資料については三浦章夫『弘法大師伝記集覧』・高野山大学複刻本・昭和四十五年）。『太平記』（十二・神泉苑事）にも記されているが、『今昔物語』（本朝・付法伝）はこう記している。「俄ニ空陰《にわかそらかげ》リテ戌亥《いぬい》ノ方《かた》ヨリ黒キ雲出来《いでき》テ、雨降ル事《こと》世界ニ皆普《みなあまね》シ」と。この功績により、空海は少僧都《しようそうず》という位に任ぜられている。また天長四年五月にも、宮中の大極《だいごく》殿・清涼殿の二殿において雨乞いをしている。やはり数刻の間、大雨が降り、その功績により大僧都に昇任している。

以上は道教流の祈禱であるが、空海は先祖供養の法事の導師もしていた。天長四年七月、亡き左大臣・藤原冬嗣の一周忌の法会があり、空海は願文を書き、供養している。その願文は漢文で書かれており、空海の詩文集『性霊集《しょうりょうしゅう》』に収められている。興味深いことに、漢文であるからことばづかいも中国流である。一周忌のことを指して「小祥」と記している（原形では「大祥」と誤記）。「小祥」（或いは「大祥」）とは、儒教の喪礼における一つの段階を示す（本書一一〇頁に後述）。

空海は天長五年、師の勤操《ごんそう》の一周忌法要があったとき、また天長六年、三嶋助成という人の亡き娘の一周忌法要があったとき、それぞれ導師を務めたらしい。そのときに詠んだ文章が、『性霊集補闕鈔』に残っている。このように、真言宗は成立の初めから空海自身により先祖供養を行なっている。もちろん、空海から先祖供養が始まるわけではない。例えば空海の生まれたときより十七年前、聖武天皇の一周忌（七五七年）が行なわれている。

こうした平安仏教は、儒教・道教を取り入れた中国仏教が日本に根を下した出発点となり、以後、儒教流の祖先祭祀に基づく先祖供養や道教流の現世利益に基づく祈禱が、日本仏教の大きな柱となってゆく。

こうした非インド仏教的な流れを批判した代表的人物が親鸞である。親鸞の死生観はインド仏教に回帰している。彼はインド仏教流に、自分の死体は物体にすぎないので、死後は鴨川《かもがわ》に投げ棄て、魚に食わせよという有名な遺言をしている。彼の開いた一向宗、現在の真宗・浄土真宗では、本来、儒教流の先祖供養などないはずである。だから、祖先祭祀に欠かせぬ神主、すなわち先祖供養に欠かせぬ位牌を建てないのが本当である。聞けば、正式には位牌は用いず、法名（仏道生活に入った者がいただく名）を記す法名軸を掛けるとのことである。

浄土系では、衆生を救い給うことを本願とする阿弥陀如来にすがり、浄土に往って生きる、生まれる、すなわち〈往生する〉ことが信仰の根本である。それは自力で解脱して成仏するわけではないが、浄土に往き、そこで生きることを可能とするのであるから、輪廻転生はない。ましてて、遊魂のための先祖供養に用いる位牌や、形魄のための墓は不用である。ただ一心に阿弥陀如来にすがって念仏を唱えるのが、本当の信者である。

しかし現実はどうであるのか。京都は東山にある大谷本廟を取り巻く累々たる墓石群、あの大墓域の中にある墓——真宗信者の墓を見るとき、宗祖親鸞の気持に反してでも墓を作る日本人の心の中にある魂・魄への思い、先祖供養、墓参りという心情を確かめざるをえないのである。

人は言う、先祖供養や墓は、江戸時代の寺請《てらうけ》制度（いわゆる檀家《だんか》制度）や家父長制による家制度から来たものであり、封建制の名残である、と。

愚かな解釈である。浅薄な理解である。寺請制度や家制度があって、先祖供養や墓が生まれたのではない。先祖供養や墓への本質的要求は、江戸時代よりもはるか以前の昔からずっとあったのである。日本人（ひいては東北アジア人）のその本質的要求に対して、それぞれの時代や社会のシステムが関わってきただけのことなのである。

魂（祖先祭祀・先祖供養のための神主・位牌）・魄（墓）に基づく宗教性は、西暦前の古くから現在に至るまで、微動だにせず東北アジア人の心の中に流れている。いわば歴史の深層を、ずっと流れ続けているのである。そして深層にあるこの宗教性が、各時代によって形を変えて表層に現われてくるのだ。その各時代は、もちろん、その時代の社会構造に基づいている。

例えば江戸時代では、幕藩体制・封建制のさまざまな要求の具体化として、魂・魄に基づく宗教性が寺請制度の中に姿を現わしているにすぎない。例えば個人主義の現代は現代で、家ではなくて、個人が自由に宗教を選択しようとしている。だから、いわゆる新宗教に多くの信者が生まれている。しかし、その新宗教の教義をみるがいい、その大半が唱えているのは先祖供養ではないか。お墓の重視ではないか。魂魄の神秘性と通底するオカルトではないか。

或る宗教学者や社会学者は、新宗教の流行に対して「現代の不安の現われである」と評している。

愚かな解釈である。こういう類型的で陳腐な解釈はまったくピントはずれであり、あえて言えば俗論である。老若男女を問わず、魂・魄に基づく宗教性を持つ日本人は、魂・魄に対して納得のゆく説明をしてくれる宗教があれば、そこへどっと流れゆくのである。

「現代の不安」など関係ないのである。だからこそ、われこそは日本人のその要求に応えようと、つぎからつぎへと新宗教が生まれてきているのである。

もちろん、新宗教への信仰まではゆかない者もたくさんいる。新宗教への信仰の一歩手前、予備軍である。そうした人々は、魂降しをする霊能者に対して魅力を感じ、ファンとなっている。霊能者番組の高い視聴率は、こうした予備軍によって成り立っているのである。この予備軍は、日本人ほとんどと言ってもよいであろう。

新宗教や霊能者の盛況は、魂・魄に基づく宗教性の現代における現われであり、今後も絶えることなく新しいものが登場し続けるであろう。

その際、新宗教は、招魂再生の他に輪廻転生も説く。この二つの並存は、平安時代以来の日本仏教の姿であり、日本人に最も受けてきたからである。この招魂再生と輪廻転生とは、相容れないものなのであるが、日本人は平気で併存させている。もちろん論理的ではなくて、心情的な了解であるが。

仏壇を見るがいい。最上段に座《ま》しますのは、本尊である。本尊は、宗派によって異なる。例えば真言宗系では大日如来が、禅宗系では釈迦如来が多く、真宗系では阿弥陀如来、日蓮宗系では法華経《ほけきょう》マンダラである。その下の段、全体で言えば中段には、過去帳や位牌が並んでいる。すなわち、輪廻転生という死生観と、招魂再生という死生観との並立を表わしている。仏壇であるから、仏が最上段に座《ま》します。朝、この仏壇に向かい、本尊に花を捧げて拝み、お経《きょう》を読む。どんなお経でもかまわない。短くてもかまわない。お経は仏のことばであるから、それを読むということは、仏のそのことばに従いますという誓いである。そして、輪廻転生の苦しみから救ってくださいと祈る。中段に座します位牌に向かっては、まず暗い天にいる遊魂がこの仏壇に至る道を迷わないようにと、灯明をあげて導く。さらには線香を焚《た》いて遊魂を招き、位牌に依りつかせる。すなわち招魂再生を行なう。こうして現われた祖先に対して慰霊する。それは、「御先祖さま、お早ようございます」と挨拶をしていると言ってもよい。それが終わると、灯明の火を消す。やがて線香の火が消えると、祖先の霊魂は、再び遊魂と化して帰ってゆく。これが、仏壇に向かうわれわれの姿なのである。ただし、それでは魂のことばかりであって、魄はどうなっているのかという疑問が起こることであろう。当然である。そのことについては後述する。

花・灯明・線香——それは花瓶・燭台・香炉という三つの道具、すなわち三具足《みつぐそく》と言われているが、それらを使っての拝礼は仏教儀礼とされているにもかかわらず、実は儒教の儀礼が入っているのである。そのことについて、次節において述べることにしよう。

(9) 花・灯明・線香

招魂再生——これを、殷王朝（西暦前約一七〇〇年～前約一一〇〇年）の時代やそのつぎの周王朝の初期といった古代中国において、実際にはどのように行なっていたのか、細かいところはよくわからない。しかし、周王朝も後期、形式が整いはじめてからの大筋はつぎのようである。

例えば魂や魄について、儒教の重要文献の一つである『春秋左氏伝』（昭公七年）はこう記している。当時、諸侯の一つであった鄭《てい》国の宰相の子産という人物が、或る人の質問に答えてこう言っている。人間がこの世に生まれるとき、最初に形づくられるもの、すなわち形を魄と言い、魄ができてから、そこに陽の神気が付くと魂となる、と。

すなわち形魄と魂気との二つが、その順番に現われるとする。この子産のことばに対して、後に、儒教においていろいろと補強する解釈が加えられる。例えば、順番としては形そして気であるが、実際には同時に生まれ出てくるとか、生きてある人間の魂を神《しん》と言い、生きてある人間の魄を気と言うとか、形に付く霊を魄と言い、気に付く神を魂と言うというふうに諸説があり、それ自身が研究のテーマとさえなっている。いずれにしても、精神と身体との二つに分けて考える心身二元論であったことにはまちがいない。

因《ちな》みに、上引の話が生まれた「昭公七年」とは、孔子の祖国である魯国の君主であった昭公の、七年目の治政に当たることを意味しており、孔子はまだ無名の十八歳、西暦前五三三年のときであった。ついでに言えば、このときインドの釈尊は三十三歳。苦行を続けていたころである。なお、鄭国の子産は名宰相であり、孔子が理想としていた政治家の一人である。

さて、この魂・魄という見かたは、もちろん子産の独自の考えかたではなくて、当時すでに一般的なものであった。魂・魄を依りつかせる神主を立てる話などが出てくる。子産は、そうした魂・魄の意味づけをしていた知識人の一人である。もちろん、こうした魂・魄観は、死者の頭蓋骨そのものを扱っていた、はるか遠い昔から続いてきた観念である。

この魂・魄は、それぞれ天上・地下へと分離して行ってしまっているので、それを呼びもどす。その儀式を、『礼記』祭義篇はこう記している。

魂気・神気を降すために捧げた犠牲の血と、脂《あぶら》と蕭《しょう》（ヨモギ）とを混ぜたものを焼く（燔燎《はんりょう》する）。この火の光と香りとが天に昇り、魂気を下に呼ぶ。また動物性のもの（犠牲の肝・肺・心臓などの内臓や頭）や植物性のもの（黍《もちきび》や稷《きび》など）を供え、クロキビで作った酒に鬱鬯《うっちょう》という香草を加えたものを献ずる。

献じて香気を上に昇《のぼ》したその酒は、地上に撒《ま》く。なぜかと言うと、その香りが地下（淵泉すなわち黄泉）にも通ずることになるからである。そうなるとパイプが通じるので、地下の陰気すなわち魄が帰ってくることができることになる（『礼記』郊特牲篇）。

この、香気を天にあげること（燔燎・烟燎・焚香）、また地へ通ずること（灌鬯《かんちょう》）、この二つの重要作法は受け継がれてゆく。例えば朱子の『家礼』という重要文献がある。これは実際は朱子の弟子の手に成るものらしいが、それはともかく、朱子学が東北アジアの指導的イデオロギーとなった十三世紀以後の冠婚葬祭の原則書となったものであり、この『家礼』がそれまでの不統一を改め重要な標準となったのである。だから、朝鮮半島では李王朝時代、日本では江戸時代、よく読まれ、よく研究された本である。

この『家礼』にいつのころからか、分かりやすいようにと、だれかの手で図が付けられた。その「家礼図」の内の、祖先祭祀のときの図を見ると（図3）、中央に「香案・茅沙《ぼうさ》」というものがある（第一章扉図参照）。「香案」とは、香を焚くための香炉を置く案《つくえ》のことである。すなわち香気を上げるところである。韓国のソウル市にある成均館（本書六三頁参照）では、香木（瑞香・本香）を削ってばらばらにしたものを使って香を上げている。

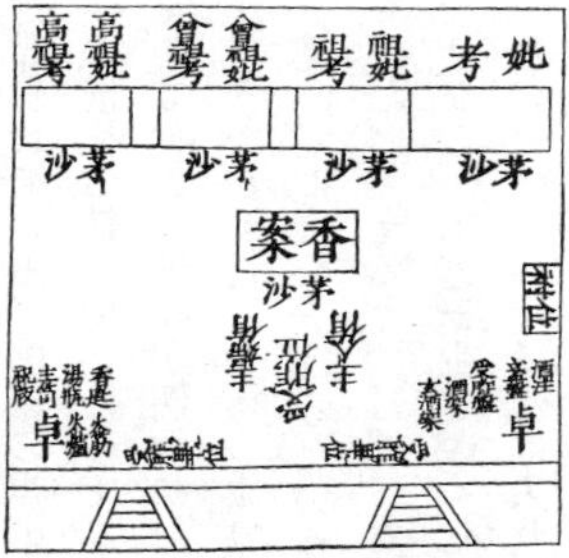

図3　祖先祭祀の説明図

「茅沙」の「沙」とは砂である。「茅」は植物のチガヤである。すなわち皿の上に砂を入れ、その上にチガヤを置いている。このチガヤに酒を注ぐのである。砂は大地の象徴である。太古では実際に地上に撒いたのであろうが、儀式として様式化するうちに、上述のような形式となったのであろう。ただし正式には、皿の底には七つの穴をあけることになっており（『家礼会通』）、それは酒が皿にとどまるのではなくて地上に撒くこと、或いは地下に通ずることを表わしている。韓国で現在行なわれている、国家の規則に基づくしかたがそれである。すなわち現代にまで、魂・魄への儀礼は続いているのである。

さて、この儀礼が儒教において重要なものである以上、中国仏教はそれを無視することができなかった。と言うよりも、積極的に取り入れたと考える。すなわち、魂に対して物を焼いて香気を上げるということから、線香を焚くこと、〈上香〉(香を上げる)の儀礼ができたと考える。では魄に対する灌酒《かんしゅ》はどうか。これは、仏教が受け入れるはずがない。なぜなら、輪廻転生を説く仏教の建てまえ上、死者の肉体を取りあげるわけにはいかないから、魄については受け入れられなかったのであろう。それに、酒は仏教において禁ずべきものである。飲酒は罪悪を引き起こす原因とされ、「不飲酒戒《ぶおんじゆかい》」が仏教にある(藤原暁三『仏教と酒——不飲酒戒の変遷に就て』日本基督教婦人矯風会少年禁酒軍発行・昭和八年)。

しかし、魄を蔵《おさ》めた墓がある。この墓参りは、儒教では清明節《せいめいせつ》(旧暦の春分から十五日目に始まり三月《さんがつ》前半の十五日間。今日の太陽暦では四月の五、六日ごろ)のころ、墓を掃除して墓参りを行なう(古代の儒教では、こうした墓参りはなかった)。しかし日本仏教では、清明節のときではなくて春秋の彼岸や盆に墓参りをすることが、江戸時代ごろから普及してゆく。日本では、この仏教流墓参りが、魄への接しかたとなっていったのではなかろうか。すなわち、仏壇の位牌に対して線香による祖先の招魂を行なうこと、墓参りによる復魄をすること、この二つに分離されたものの、その二つが並行して行なわれている。仏壇と墓とに分裂はしているが、魂・魄に基づく死生観が仏教儀礼を通して残っていると考える。すなわち、日本人は仏壇に向って魂と出会い、その後、墓参りして魄と出会う。これは魂と魄とに対して別々に出会うことである。中国や韓国にみるような、魂・魄を合体させるという儒教の正統的出会いとは異なっている。

諸橋轍次《もろはしてつじ》はこう解釈している。焼香は『礼記』郊特牲篇・祭義篇にあるしかた（前述）の名残、或いは転化したものであろうとして、清朝の左暄《さけん》の『三餘続筆』の説を引いている（『支那の家族制』大修館書店・昭和十五年、一三九頁）。この焼香の意味から言えば、現代日本の葬礼において、死後、葬式の終わるまで線香の火を絶やさないようにしているのは、魂降しを継続している意味であろう。

つぎに灯明であるが、儒教では特に宗教的意義の解釈はない。例えば、死後、故人に官位の追贈があるとき、神主に記した以前の官名を書き改める儀式を行なう。そのときの式次第を書いた文「主人　祠堂《しどう》に入る」の注にこうある。「主人以下、各々盛服《せいふく》〔を着る〕。祠内（祠堂内）、香燭《こうしょく》を点《とも》す」と。これは、香炉の中の炭に火をつけることであるが、燭台（ふつうは香炉を挟んで左右一対）に灯をつけることを特に記しているわけではない（『家礼会通』）。ただ、孔子を祭る釈奠《せきてん》の祭りのとき、例えば台北の孔子廟では夜明け前から諸儀式を始めるが、最初、正門を開き、火を点した提灯《ちょうちん》を竿につるして門外に行き、再び門内に入る。すぐ門を閉じる。この提灯は孔子の魂気を、道を迷わぬよう暗闇から案内するものとされている。こうして孔子の神主を置いてある大成殿に迎え入れた孔子の神霊に対して、「上香酹酒《らいしゅ》（香を上《あ》げ酒を酹《そそ》ぐ）」・「焚香献酒（香を焚《た》き酒を献ず）」等々、要するに香りを上げ酒を献じて〈降神〉（魂おろし）する。鬼神は幽暗のところにいるので、明るい光で〈この世〉に導くということを行なっているのであろう。逆に、釈奠の礼が終わると、再び火を点した提灯を竿につるして、大成殿を出て正門に行き、門外へ行く。そのあと、すぐ門を閉める。すなわち、再び案内役である光に乗って、孔子の神霊（鬼神）は元の幽暗の場所へ帰ってゆくことになる。

日本では、お盆のとき、迎え火、送り火という行事をする。お盆の始まる八月十三日、オガラを焼いて火を作り、その火でろうそくに火を点す。そのろうそくの火を家に入れ、仏壇に安置し、線香に火を点《つ》ける。この火を案内役にして祖先の霊が家に辿《たど》りつき、線香の煙に乗って位牌に依《よ》りつくのである。逆に、お盆の終わった翌日の八月十六日には、仏壇のろうそくの火を家の外に持って出て、その火でオガラに火を点す。送り火である。この送り火に乗って、お盆のときに家にもどってきた祖先が再び幽暗の世界に帰ってゆく。八月十六日の京都の大文字焼きとは、町ぐるみの大スケールの送り火のことである。

灯明は、幽暗の場所にいる鬼神（祖先）が現世に帰るときの案内役である。もちろん、それだけではない。実用的な意味もある。まず第一は、照明の役目である。儀式は夜明けにすることが多く、祠堂内が暗くては作業ができない。例えば、儒教の重要文献の一つである『周礼《しゅらい》』には、天府《てんぷ》という役職の者の仕事の一つとして、「祖廟の中〔において〕、沃盥《よくかん》する（手を水で洗う）とき、燭を執《しょくと》る」ことを定めている。これは、祖廟の中で沃盥をする役職の人がいて、それを行なおうとするとき、その人たちのために照明をするのである。第二は、香炉の左右に燭台を置くのはバランスという美学であるが、香炉のすぐ横にあるということは、香燭すなわち香炉の火が消えたときにすぐ火を点《とも》すことができる火種としての役割もあろうかと思う。今日と異なり、火はすぐ起こせるものではないから、いろいろな火種の意味もあっただろう。例えば儀式で読みあげた文、祝文と言うが、儀式としてこの祝文を焼くときの火種にも使われたのではあるまいか。だから、火にも神聖さを要求している。穢火《えか》（意味未詳）や灯から漏れ落ちた油などは使ってはいけないという注意もある。ついでに言えば、香炉に入れる灰は、かまどで使った灰を使ってはいけないとする（『家礼会通』祀神礼儀）。日常生活の煮炊《にた》きに使った薪《まき》の灰ではだめだということである。

因みに、周王朝の時代、娘の結婚の日から三日間、灯を点した。それは、娘が結婚して家を離れること、すなわち骨肉が分離し、思いがやまないことを意味する。「孔子曰く、女《むすめ》を嫁《とつ》がせし家、三夜 燭《しょく》〔を点すこと〕を息《や》めず。相ひ離るるを思へばなり」（『礼記』曾子問篇）と。

最後に花であるが、これは儒教とは関係がない。インドの習慣である。この花は、本尊に捧げる重要なものである。インドは気温の高いところであるから、一年中、花が咲いているので花を準備しやすい。儒教の発生した黄河流域は比較的寒いところであるから、一年絶えずとなると、花は得難い。そういう面があるだろう。日本でも、高地にある高野山では、花でなくて高野槙《こうやまき》という植物の葉を供える。これは、花を得にくいところから来た、花の代替物であろう。

このように見てくると、仏壇を前にして、最上段の本尊に対して花を捧げて祈り、中段の位牌に対しては、灯明をもって祖先を幽暗のところからこの世に導き、線香をあげて位牌に依りつかせ、回向をする。すなわち、〈本尊と花と〉、〈位牌と灯明・線香と〉、という組み合わせである。そして花入れ・香炉（線香用）・燭台（ろうそく用）の三者を合わせて三具足《みつぐそく》と称して重要な祭具としている。われわれの日本仏教は、こういう形で、輪廻転生のインド仏教と招魂再生の儒教とを、仏壇においてみごとに併存かつ融合させているのである。われわれは仏壇に向かって、毎朝、仏に祈り、そして祖先と出会っている。毎朝――ここには、大きな意味がある。それは、家族の連帯を実感せしめる行為だからである。

私は、日本の家庭において仏壇の持つ意味は重要であると思っている。輪廻転生と招魂再生との矛盾を問う必要はない。われわれは、論理的には整合していなくても、すでに心理的に感情的に整合して両者に接しているのであるから、そのままでよいのである。ただし、輪廻転生のインド仏教と招魂再生の儒教との併立、併存であることは、知的に理解しておくべきである。それはそれとして、と言うよりも併存を現実として認めて、そのつぎが大切である。

「そのつぎ」とは、仏壇の持つ意味である。もし、家庭がただ単なる個人の集まりであったとするならば、それはもう家庭でもなんでもない。家をホテルとして利用しているだけのバラバラの家族にすぎない。一部のはねあがりの人物は家庭・家族を否定し、そういうバラバラの個人になることを良しとしているようであるが、愚かな話である。そうしたバラバラゆえに起こっている悲劇の数々を見るがよい。浅薄な個人主義（実は利己主義）・自由主義の名の下にバラバラとなった家庭に未来はない。性急に無縁社会とか孤族とかといった見かたをするのではなく、その前に、上に述べてきたような、仏壇や墓の意味を心得るべきである。

仏壇の前に座って、静かにお経をあげてみよ。仮に『般若心経』一巻を読誦《どくじゅ》してみよ。子は親の後ろに座り、親の読誦を聞く。子は親の背中になにも感じないであろうか。親子はなにも語らずともよい。二人でお経をあげる、それでよいのだ。

親は子に語るがよい、輪廻転生を、招魂再生を。親とは何か、子とは何か、家族とは何か、結びあっているものとは何か。そういう〈家を語る〉場において、日本には仏壇がある。仏壇がその家の精神的中枢、精神的紐帯となるであろう。個人宗教に立つ欧米には、こういうものはない。

日本仏教の最後の砦《とりで》は、家庭の仏壇に在る。寺院がなんであれ、宗派がなんであれ、家の仏壇に比べれば、そんなものは大して重要でない。日本の家庭を支えうる最大の方法として仏壇がある。それを失ってしまっては、なんの寺院であり、なんの宗派であろうか。家の仏壇を失なってしまっては、日本仏教に未来はない。

⑽ 沈黙の宗教——〈家の宗教〉としての儒教

仏壇の前に座ってみよう。心が落ちつく。心が和《なご》む。本尊が座《ま》します。祖先の位牌が並ぶ。自分にとって想いの深い肉親の位牌がある。

遠い遠い昔、中国は古代では、死者の肉体を野ざらしにしてできるだけ早く腐敗させる。後には遺体の管理を目的に土をかぶせてしまったので、腐敗は遅くなったが、ともあれ白骨化させる。大陸性気候のため、空気が乾いている中国黄河流域では約二年かかるという。日本ならば湿気が多くて腐りやすく、もっと早く白骨化する。

この経験的に知った二年間ということが人々の記憶に残り、二年たって白骨化したとき、臨終に始まった〈死〉がここに終わると考えた。いや、〈生〉が終わると言うべきかもしれないが。

こうした実際経験からであろう、人の死後の満二年目に重要な区切りをつけることになる。ただし儒教では、こういう日数の考えかたがある。「生《せい》（誕生）には来日《らいじつ》（翌日）より与《かぞ》え、死（死亡）には往日《おうじつ》（前日）より与《かぞ》う」（『礼記』曲礼上篇）と。これは、年齢は誕生日の翌日から、命日は死亡日の前日から数えるという意味である。と言うのは、生まれた赤ちゃんに対しては、この出生の将来におけるさらなる幸福を期待してであり、死者に対しては、ずっと以前へと生前を追慕するという立場に立つからであるという。そこで、死亡の場合、例えば、平成五年一月九日に死亡したとき、命日をその一日前の一月八日とする。すると、二年後の一月八日（仮の命日）が丸二年目（二十四個月）となるが、その翌日の一月九日（真の命日）は二十五個月目に当り、数え年で言えば三年目となる。そこで、満二年プラス一日をもって「三年之《さんねんの》喪《そう》」と称し、この日をもって、完全白骨化したとして、正式にはこの日をもって葬ることになる。もう一度述べると、特別に増やした一日を満二年間に加えると、足かけ三年すなわち足かけ二十五個月、数えの二十五個月・三年ということになり、それをもって完全に死の行事を終わるとして、〈三年の喪〉という区切りを定めることとなった。

数え年三年、実質は満二年目のこの日をもって、凶礼である死の諸儀式が終わり、以後は祖先祭祀という吉礼を受けることとなるので、この〈三年の喪〉の終わった日を「大《たい》祥《しょう》」と呼ぶ。「祥」とはおめでたいことである。「大」は「非常に」という意味である。すなわち大いなるおめでたである。この大祥に至る一年前、つまりは死の前日から数えて満一年目、すなわち死から足かけ十三個月、数えの十三個月後にも、儀式を執り行なう。この日は、死の儀式が一年たって順調に行なわれていることを意味しており、「小祥」(小さなおめでた)と呼ぶ。大祥よりは、格を一つ低くしているわけである。この大祥(三年の喪)・小祥が仏教に取り入れられて、大祥は三回忌、小祥は一周忌と呼ばれ、重要な法事となっている。死者の命日を祥月命日《しょうつきめいにち》と称するのも、この大祥・小祥の「祥」字からきている。なお、埋葬してほぼ百日後に卒哭《そっこく》(時を選ばず哭《な》くことを卒《お》わる)の礼が行なわれ、ここから吉礼が始まる。神道では、これを取り入れて百日祭というものを行なっている。

もっとも儒教では、ことばが二十五個月とか、十三個月となっているのを踏み、死後二十五個月目の、或いは十三個月目の一月《ひとつき》の内で佳き日を選んで、その日を大祥・小祥に当てるというふうに変化してゆく。現代の日本仏教も、参加する人の都合に合わせて一周忌や三回忌を行なっているが。

話をもとにもどすと、白骨化したあと、頭蓋骨になにか神秘的なものを感じたのであろう、それを廟《みたまや》に安置し、その他の骨は埋葬した。しかし、やはり頭蓋骨は気味が悪く、マスク(魌頭)に代わり、さらに板の神主へと変わってゆく。こうして頭蓋骨は特別扱いされなくなり、他の骨とともに埋葬されるようになる。神主を安置した建物が宗廟であるが、近世では祠堂と言う。しかし、そういう別棟《べつむね》の宗教的建物を持つのは身分が高いものだけであって、身分の低い家では神主のために一室をあて、室内に祠壇《しだん》を作って安置場所としたり、或いはふだんは単に箱の中に蔵めていた。

この祠堂が日本仏教では仏間（自分の守護仏すなわち持仏《じぶつ》を祭る部屋・持仏堂）となり、さらにそのミニチュアとして、或いは祠壇をモデルとして、本尊と位牌とを安置した仏壇が作られていったのであろう。例えば福井県の永平寺では祖堂と称する部屋があり、そこには多くの位牌が並べられている。

この仏壇であるが、今日の業者は派手に、また複雑に作り、高額の値段で売っている。愚かなことである。仏壇は、要はその仏像（彫像であれ絵像であれ）に開眼法要を行ない、位牌とともに安置する場所である。どうして高額なものを作る必要があるのだろうか。仏壇は美術品ではないのである。

また、仏壇の中の作りかたが実際的でない。すなわち本尊の安置場所（上段）は広いが、位牌を安置する場所（中段）が狭い。その上、複雑に出入りしているので、掃除が大変である。仏具もシンプルでない。これでは、よほど信心深くなければ、管理が面倒なので人は遠ざかってしまう。私のような受戒した者でさえ、掃除を面倒だなと思うことがあるくらいである。それを信心が足らぬと罵るのは現実的でない。逆に、人々が親しみやすいように、仏壇の内部の造りを掃除をしやすいように、もっとシンプルにすべきである。それをゴタゴタと造り、高価な仕上げをして大金を取ろうとするのは、仏壇業者のまちがいである。

官職についていないときは、「顕考学生府君神主」。

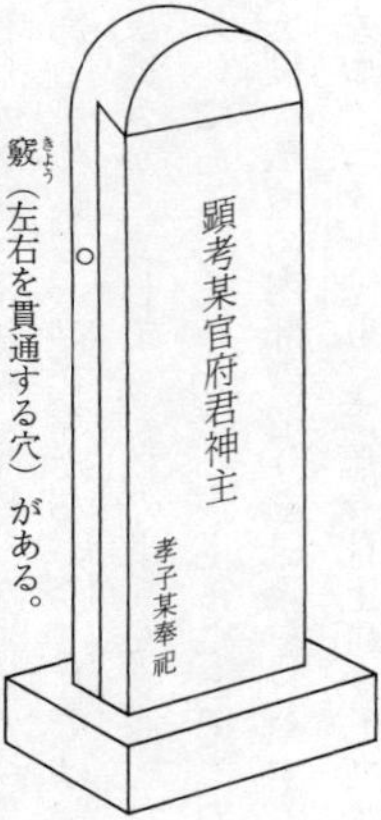

図4

竅《きょう》（左右を貫通する穴）がある。

前身（前から見ると長方形だから「前方」）。

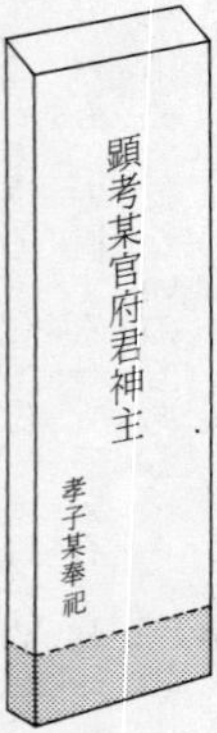

図5A

右の板を、左の板（主身）に横から滑り込ませて嵌める。前に倒れないように、嵌め込む上部は平面ではなくて、上へ切り込んである。

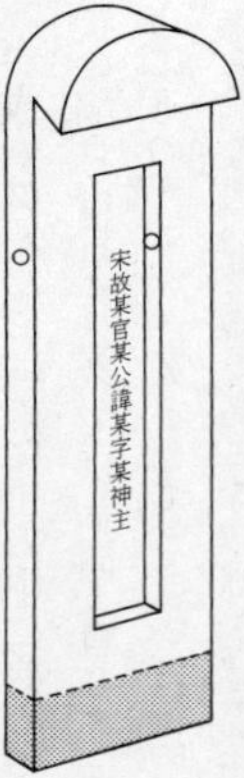

図5B

生于某年某月某日某時
諱□字△（○氏）●享寿若干
死于某年某月某日某時

図6

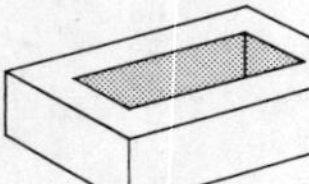

図5C

趺（台の中央に前後の板を合わせて差し込める穴を底までくりぬいてある）。

図5D　正面から見た神主の上部

主身（後ろの板は、前から見ると上部が円形となっているので「後円」。円形には作りにくいので、実際には、図5Dのように上部は直線で、左右の角のところを丸くして、円形であることを象徴している）。

つぎに戒名であるが、儒教の神主との関わりを示すと考える。神主（本書一一二頁の図4）は台（趺《ふ》）に板を差しこんであるので、台から抜くと、二枚の板（図5のA・B）からできている。その前方の板（図5A）を横にずらしてはずすと、後方の板の中心部がくりぬかれて凹形となっている（図5B）。この凹んだところを坎中《かんちゅう》（または内函）と言う。すなわち隠してあるわけで、この坎中のところに記す内容は、例えば『家礼』の図では死者の官名・諱《いみな》（本名・死者の生前の名）・字《あざな》（成人後の名）を記して、その人物の神主であることを示す。例えば宋王朝の時代であると、はじめに「宋」と記し、以下、「故○官◎公諱□字△神主」（○・◎・□・△にそれぞれに当たることばを入れる）と記す（図5B）。これがふつうのようであるが、『家礼会通』の例では、父母の神主の坎中は図6のようになっている。

その図6において、●は数え年の死亡年齢。○氏の○は母の姓（夫婦別姓である）であり、父のときは記さない。なぜなら、父の姓は神主を祭る家の姓と同じだからである。

この『家礼会通』の例を見ると、仏教における位牌の裏面に記す内容、すなわち俗名（諱・字に当たる）・死亡日時・行年とほぼ同じであり、神主をまねたことが分かる。

この神主（神位）の外面の板（坎中を覆う前面の板）に書く内容は、どの人の場合も原則は同じであるが、異なるところは、その死者が官職についていたとき、その官職名を記す点である。官職についていないときは、その個所に「学生」と記す（本書五三頁参照）。そして左下に、例えば「某」というところに名を記して「男某奉祀」（男《だん》某 奉祀《ほうし》す）とか、「孝子某奉祀」（孝子某 奉祀す）と記す。日本仏教の位牌も、裏面に「某建之」（某 之《これ》を建《た》つ）と記す。なお大夫（高級官僚）以上の者には、朝廷から特別に諡《おくりな》（死者の生前のありかたによってそれを示すことばを選び、死後に贈る名）を賜う（官からではなくて、私的に贈るときもあった）。例えば、朱熹（朱子）の諡は「文」。だから「朱文公」と呼ぶ。皇帝にも死後に贈る。例えば、宋朝の皇帝、神宗の諡は二十字「体元・顕道・法古・立憲・帝徳・王功・英文・烈武・欽仁・聖孝」という長いものである。皇帝は近世では十六字が多いが。当然、神主にもこれらの多くの文字を記すこととなる。臣下は、こういう諡を賜わったとき、神主を朱色の漆で塗り、金字すなわち文字は黄金で記す。今日では、仏教の位牌において金地に黒字で書くものもあるが、一般的には黒地の漆塗りに金字で書くものが多い。このような形式を考えると、仏教の位牌の諸形式も儒教の神主のそれをまねていると言えよう。

神主の外面に記す形式もまた、位牌に影響を与えたと考えられる。位牌の形式には一応の原則がある。例えば真言宗信者の私の戒名の場合、「恵光院孤剣文伸居士」である。院号（恵光院）・道号（孤剣）・戒名（文伸。浄土系では「法名」）・位号（居士）と定まった形に基づいている。他の諸宗派にも、それぞれ定則がある。もっとも、戒名を下さった私の師に、私の雅号が「孤剣楼」であるので、そのことばを入れていただきたいとあらかじめお願いして、「孤剣」という文字を取っていただいた。

戒名・法名は、仏弟子としての名である。しかし真に仏門に入る覚悟があれば、戒名・法名がなくてもかまわない。どうしてもと言うならば、自分の名を音読みして戒名・法名に充ててもいい。例えば私の場合、「伸行《のぶゆき》」を「伸行《しんこう》」とか「伸行《しんぎょう》」とかと。道号は、修行ができた者に与えるものらしい。私など赤面の至りである。院号は、今日では菩提寺への寄与の大きさを表わす。私の場合、菩提寺と深い関わりがある。菩提寺と特別な関係を持たないときは、院号がなくてもどうということはない。菩提寺と深い関係もないのに院号を求めるのは虚栄である。

すると、日本仏教における位牌の表に記すことばは、或《あ》る一定形式に基づきつつも、各個人の特定の事情を加味したものであり、儒教の神主と異なり変化に富んでいる。特に本名の漢字を入れることが多い点である。儒教風に言えば、本名は諱《いみな》(忌《い》み名)と言うように、本来は隠すべきものではあるが、日本仏教では隠さない。いや、日本人自身がそうである。それどころか、家でも祖先の名と同じ漢字を子孫の名に与えてゆくのは(例えば徳川家では、「家康」の「家」の名をつけることが多い)、中国・朝鮮半島では絶対にありえないことである。

それでは、仏教では、なぜ儒教のように変化をつけるところを少なくしないのかという疑問が起こることであろう。もっともである。実は、結論を先に言えば、日本仏教における位牌は、その人だけの特定の個人的なものであり、一度、位牌を建てると、その内容が変わることはない。戒名には個人的事情が強く反映されており、万人共通のような定則を作りにくいのである。ところが儒教の場合、内函（坎中）の中身は絶対に変わらないのであるが、外面（神主の表）は変化してゆくのである。と言うのは、儒教では、当主は、自分の父母・祖父母・曾祖父母・高祖父母の四代前までと始祖との九基（その他の親族もあるが、一応、別にして）、或いは始祖を除く八基を祭ることになっており、高祖父母の一代前より以前の神主は祭らないことになっている。どうなるのかというと、例えば当主が死亡すると、その亡き当主の新神主を建てることになる。この新神主は、つぎの新当主にとって亡き父としての神主となる。すると、一つずつ繰りあがり、前当主の父の神主は、新当主からすれば祖父の神主の位置に移る。同じく前当主にとっての祖父の神主は、新当主にとって曾祖父の神主となり、前当主にとっての曾祖父の神主は新当主にとって高祖父の神主となり、結局、前当主にとっての高祖父の神主ははみ出してしまう。そこで、そのはみ出した神主は廃することとなり、始祖の神主の中にくりこみ、合祀するのである。このように、新しい神主が生まれるたびに一つずつ繰りあがって、高祖父母の神主は始祖の中へ移動するのである。

そのたびごとに、移動する神主の外面（表）を書き改めることになる（官職を受けた場合があるので、同一表現とは限らないから）。これは面倒である。そこで、神主の外面には直接に文字を書かないで、紙に書いて貼ったりした。また、紙榜といって低い階層の者は紙で神主を作った。或いは板の上に白い粉を塗り、そこに墨で記した。四代前までの神主の外面（表）の内容は、そのときの当主との血縁関係を示すことに重点があるのであって、個人的事情は問題ではないのである。

つまり、祖先祭祀という時間的連続が重視されるところから、儒教の神主もそうした時間性の中に位置づけられており、新当主が登場するごとにそれに伴う移動があるので、神主の外面には定型や原則が必要となっているわけである。これに反して日本仏教の位牌の場合、すなわち仏教の先祖供養では、先祖の個人個人の事情が重要であり、供養はそのときの当主との関係からなされるのではなくて、死者個人に対して、ああ、この亡き人の十三回忌であるからとか、あの亡き人の三十三回忌だからという形で行なわれるのがふつうである。そういう法事以外のときでは、すなわち日常的には、例えば「回向《えこう》加地家先祖代々一切之精霊《いっさいのしょうりょう》」というふうに唱えて供養を行ない、亡き父母以前のすべての祖霊をひっくるめている。このように、日本仏教の位牌では個人性が強く、そのため故人の個人的事情が、位牌の文字面に強く反映されているが、儒教では祖先からの連続という〈家の宗教〉としての性格が強い。

いわば儒教の神主の外面が〔官職についた人は別として〕普遍的・抽象的・〈家《いえ》〉的であり、序列が厳しいのに対して、日本仏教の位牌の表は、故人の性格や一生の行状や本名の漢字などを考慮して戒名をつけるなど個別的・具体的・〈個〉的であり、序列がやかましくない。輪廻転生には縦に時間が流れる観念（すなわち序列を重んじる観念）がなく、円環的であり、無差別に横にてんでんばらばらに広がるような観念につながるのである。民俗学（柳田国男『先祖の話』）では、死者の霊は年忌法要が増えてゆく経過を通じて、しだいに祖霊から祖先へ、さらには神へと昇格してゆくなどとよく書かれているが、儒教ではそのようなことはない。当主から数えて五代前以前の祖先はすべて、始祖の廟《みたまや》（神主を祭るところ）に入るというだけのことである。ところで、或る仏教学者はこう言っている。

遺体を大事にし先祖墓をつくる日本人は、伝統的に先祖を尊ぶ儒教文化なのか。家を中心とした祖先崇拝を重視しているかに見える日本人ですが、そうとも言い切れない。先祖を尊び、伝統的慣習を固守する韓国や台湾とは比較にならない。日本人の祖先崇拝はせいぜい子供の時に目にした祖父母くらいまで。身近な具体的な関係を大事にする。そういう意識からは出ない（松濤弘道・毎日新聞・平成四年二月六日号）。

この意見は歴史的でない。韓国や台湾の場合は、儒教の立場から、制度として始祖と四代前までの祖先祭祀を行なってきたのである。しかし日本では、日本仏教が、江戸時代に寺請制度（いわゆる檀家制度）の下に先祖供養を管理したため、儒教式の四代前までを祭る制度がなく、前述したように死者個人のための先祖供養の性格を強め、その結果として「せいぜい祖父母くらいまで」の先祖供養に終わっているにすぎない。韓国や台湾ほど祖先崇拝が盛んでないというのは、日本仏教の管理のしかたが儒教式でなかったところから来たものにすぎない。

以上、述べてきたように、儒教の祖先祭祀は、日本においては日本仏教の中で生き続けて、今日に至っているのである。

ところで、人は言う、儒教には寺院や神社のような教団組織がないではないかと。

そのとおりである。儒教はそれぞれの家において存在するものであり、その諸儀礼は、家において行なうべきものなのである。その重要な儀礼は冠・昏（婚）・喪（葬）・祭であるが、家において行なうのがかつてはふつうだった。ところが、広い家に住むことが困難という住宅事情や、参列者（特に葬式）が血縁者や近所の人々すなわち地縁者などであったものが、しだいにその家の当主や当事者の関係者に限定されるというふうな傾向となってきたため、個人の住宅において冠婚喪（葬）祭の儀礼を行なうことが減り、今日では、結婚式・披露宴などは家の外で行なわれることがふつうとなりつつある。しかし、それは会場を外に移したという物理的移動にすぎず、実質は依然として、家で行なっていた意識や感覚のままである。だからホテルで結婚式・披露宴を行なっても、太郎と花子との結婚ではなくて、あくまでも〇〇家と△△家との結婚式・披露宴である。葬式も、しだいに自宅外で行なわれることが増えつつある。しかし祭祀は、依然として家で行なうのがふつうである。なぜかと言うと、家の仏壇を中心にして先祖供養を行なうからである。もっとも、そうした法事後の食事は自宅外ですることが増えつつあるが、これは法事を主催する家の家屋の事情に依るのであって、祭祀自身は、まだ自宅で行なうのがふつうである。

確かに儒教には教団組織はないが、各家庭において執り行なうという形で、全国に広く行き渡っているのである。つまり、儒教とは教団宗教や個人宗教ではなくて、〈家の宗教〉なのである。家であるから諸儀式の主宰者は職業的宗教者ではなくて、家における最高責任者がそれに当たるのである。

しかし何度も記すように、儒教の祖先祭祀は日本仏教の先祖供養と融合しているので、現実には仏壇が中心となる。①祠堂（宗廟）や祠壇と持仏堂・仏間や仏壇と、②神主と位牌と、③神主の外面に書く題字と位牌の表に書く戒名と、等を比較したり、細かいところを見ると、実質的には、日本では家にある仏壇が儒教の諸儀礼を行なう核となっている。そして、仏壇がその家の精神的紐帯となっているのである。家ごとにある仏壇——これが日本の家族を安定させているのである。

もっとも、かつて農村社会が中心であったころは、次男以下は分家して近所に住み、本家と共同で農作業を行なうことが多かったため、仏壇は本家のみにあり、次男以下にはなく、法要は本家に集まって行なうという形が多かった。しかし、諸事情の変化した今日、次男以下もそれぞれの家に仏壇を安置することになるのがしぜんである。

このように、儒教の祖先祭祀は日本では日本仏教の先祖供養の中に溶けこんでいるため、人々は気づかないでいる、いや、知らないままでいる。まして教団を持たない儒教は眼に見えない。今日では、家の当主には主宰者の意識が乏しいし、また主宰する論理（死生観に基づく冠婚喪祭の必然性など）を知らない。しかし世の人々は本能的に知っている、家の持つ重みを。

顧みれば、明治維新後、わが国政府が外交において解決しなければならない大問題は、条約の不平等性の修正、すなわち治外法権の限定、関税自主権の確立であった。しかし、相手の欧米列強は、その改正を可能にする条件として、欧米と同等の刑法・民法等の公布を挙げた。そのため、明治政府はまず刑法を作り、続いて民法を作ろうとしたが難航した。家族の概念・実態が、欧米の個人主義と異なり、儒教的な一族主義であったからである。そこで、苦心をし、次のようなみごとな妥協点を見出した。すなわち、一族主義と言っても、実態は世帯の集合である。そこで、一族というくくりではなくて、一世帯というくくりをして、それを独立の単位としたのである。そして、その世帯のリーダーとして戸主を置いた。そこから戸主権が生まれる。この戸主が率いる世帯家族は、伝統的な儒教的一族主義と、近代的な欧米的個人主義との中間に位置する。明治人の苦心の結果である。そのような工夫によって、伝統的家族主義と近代的個人主義とのバランスを図ったのである。極端な一族主義でもなく、教条的な個人主義でもない絶妙のバランスをとりつつ、明治以後の日本は進んだのである。

そして敗戦後、個人主義中心の日本国憲法成立後に民法の改正が行われ、家族主義を退け、個人主義となってゆく。それを表わすのが、憲法第二四条「婚姻は、両性の合意のみに基づく」であり、戸主権の廃止であった。

しかし、それは、欧米近代思想の押しつけであり、日本人いや東北アジア人の死生観に基づく家族観と異なるものである。もちろん、最善のありかたではない。日本人の伝統的家族観を残しているのが民法相続編第八九七条である。相続が発生し、祭祀（祭具を含む）の承継については、「慣習」（例えば長男とか、墓地に近いところに住んでいるとかといった事情）によるとしているが、その慣習で決まらない場合、どうするかと言えば、民法はこう述べている。「家庭裁判所が定める」と。すなわち、国家がその家の祭祀を保証しているのである。これは非常にすぐれた〈国民性の把握〉である。明治人が日本人の死生観を十分に理解していたと言うべきであろう。

しかし、今日、欧米近代思想を旗印に個人主義を唱える人は、イエ（家）を憎んで絶えず否定している。すべての悪はイエにあるとする。果たしてそうなのであろうか。明治二十九年制定の旧民法に基づく、いわゆるイエ制度は、個人主義の普及の下に、確かに法的根拠を失っている。しかし、家族自身は依然として存在しているのである。

もちろん、その家族とは個人主義に基づく、夫婦を中心とする核家族であると言いたいであろう。しかし、法に基づく家制度は否定されても、その基盤となっていた、祖先祭祀（先祖供養）に基づく家族の意識（私の言う儒教の宗教性の意識）は消え去ってしまったわけではなくて、依然として存在しており、今度は、それが逆に現代の核家族の上に、さまざまな形で露わとなっているのである。それを図式化すれば、例えば次頁の図7のようだと言える。

すなわち、まずDの流れがあり、歴史を貫流している。そのDの流れが、例えばA・B・Cという、その時代、その社会それぞれの要求に応じて浮上して形を整えたとき、AのころにはEが、BのころにはFが、CのころにはGが姿を現わしていたのであり、E・F・Gそれぞれは、A・B・C三代それぞれから生まれてきた時代の子であり、それぞれその時代において支持されていた。だから、もしFを見るならば、Bの立場でFを見るべきであり、Cの立場からFを見て批判するのは論理的ではない。

真宗大谷派では、「家の宗教から個の自覚の宗教へ」という運動をしている。人間各自が阿弥陀仏の本願にすがるという信仰へと集約してゆく真宗としては、阿弥陀仏に対する個の信心を強調せざるをえないので、この運動は当然であった。阿弥陀仏と信者個人との関係というありかたである。だから、阿弥陀仏と個人との間にある家族は越えることとな

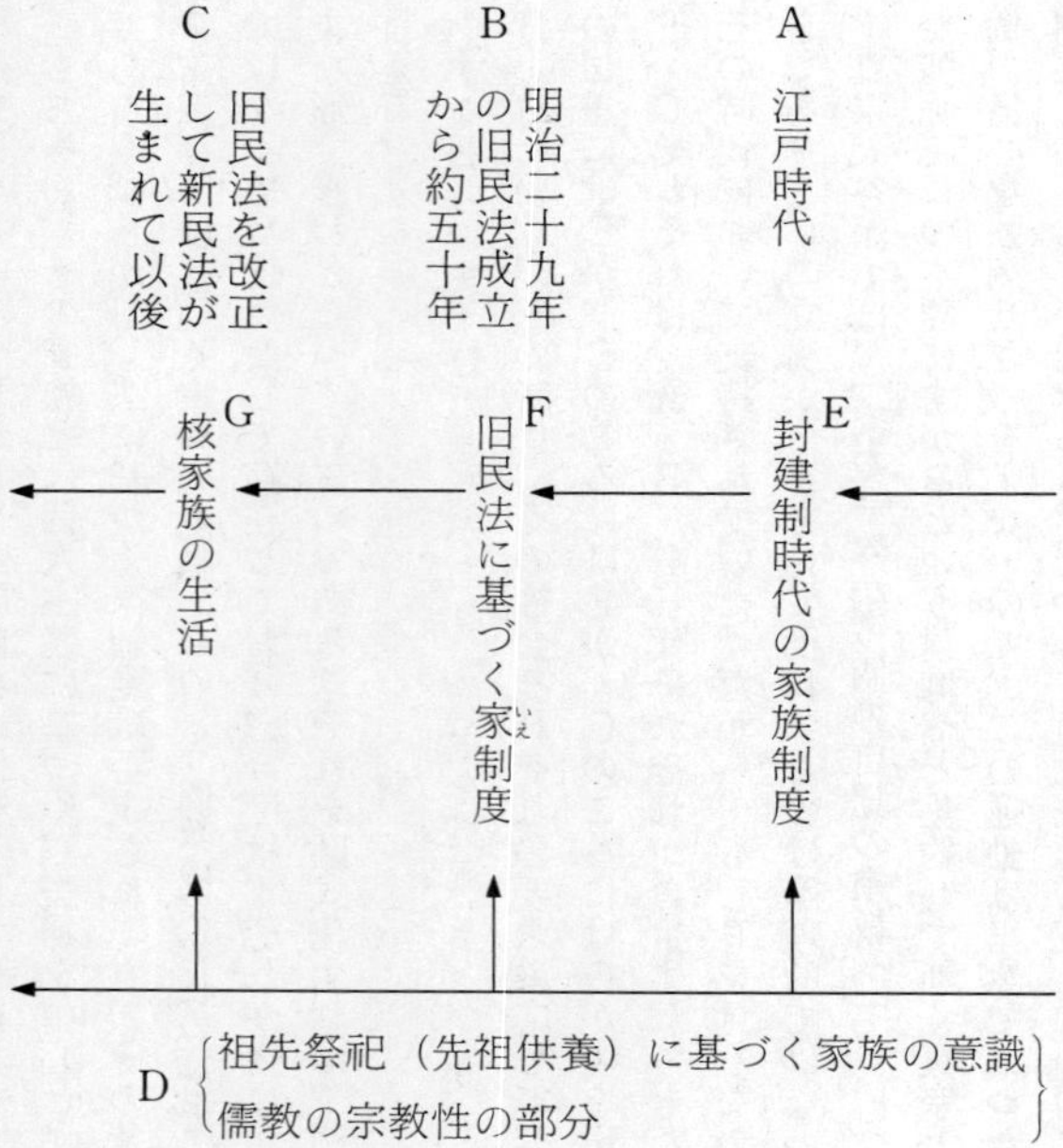
A
江戸時代
B
明治二十九年の旧民法成立から約五十年
C
旧民法を改正して新民法が生まれて以後
E
封建制時代の家族制度
F
旧民法に基づく家《いえ》制度
G
核家族の生活
D
祖先祭祀（先祖供養）に基づく家族の意識
儒教の宗教性の部分

図7

る。その点はキリスト教と似ている。

しかし、伝え聞くところでは、この運動にはかなりの壁があるとのことである。すなわち、真宗は死に対して、最もインド仏教的立場をとるのではあるけれども、現実はどうであるか。大谷本廟を囲む累々たる大墓域がある。一部の末寺では位牌も作る。あえて言えば、儒教流に家が主体となって先祖供養をし、墓参りを行なっているのである。すなわち〈家の宗教へ〉と傾斜していっている現実があり、〈個の自覚の宗教へ〉となかなか進まないという状況があるとのことである。

だからであろう、真宗大谷派の心ある僧たちは、私に儒教の話を真剣に求めなさる。私は、同派僧侶の研修所である教務所に、儒教という〈家の宗教〉について話しに行った。金沢、仙台、そして東京へと。「家の宗教から個の自覚の宗教へ」という運動が今ぶつかっている壁こそ、〈家の宗教〉という感覚の根深さなのである。

儒教は〈家の宗教〉である。各家庭にすでに存在している宗教である。ただ、儒教はみずから語ろうとはしない〈沈黙の宗教〉である。そのため誤解もされ、無視もされ、嫌われもし、古いもの、前時代のものという浅薄な切り棄てられかたをしている。

果たしてそのようなものであろうか。儒教の持つ、数千年をしたたかに生きてきた凄みを人々は知らない。儒教は東北アジア人の心の奥底にあるものをつかみ出したからこそ、東北アジアにおいて、ずっと生き続けてきたのである。微動だにしていない。この〈家の宗教として生きている沈黙の儒教〉を、私は説き続けたい。

第二章　儒教の構造

中央が家の庭（院子）となり、周囲が建物で構成された家（北京等に現存）。四合院という。中国北部において元代に登場し、明・清時代に発展した。しかし、解体されるものも多く、今日、その保存が議論されている（『中華古文明大図集』より）。

(1) 宗教性と道徳性と

学生たちに仏教のイメージを図で表現させてみたことがあった。すると、大半の学生は円を描いた。

つぎに、老荘思想のイメージを描かせてみた。実は道教のイメージを描かせたかったのであるが、道教は日本人にはなじみにくいので、代わりに道教の大きな柱の一つである老荘思想で問うてみたのである。これはさまざまであった。これという定めのない線とか、点線とか、紙の端に小さな円をたくさん書くとか、と。

最後に、儒教を出した。結果は、全員が正方形を描いた。

儒教とは正方形である――これが一般の、儒教のイメージであろう。その正方形とは、堅実、まじめ、正義、重厚、まごころ、精進《しょうじん》、良心、謹厳、気品、威儀……といった気分を表わしている。これはいい意味である。しかし、その裏返しの意味も含められていよう。すなわち、堅苦しい、息抜きができない、おもしろみに欠ける、しんどい、冗談が言えない……といった気分であろう。

確かに、儒教の一部にはそうした堅苦しさがある。しかし実のところを言えば、儒教はもっと気楽な考えかたをしているのである。その大きな理由は、〈人間にとって可能なこと〉を説いているからである。例えば『論語』里仁篇に、こういうことばがある。

子曰く、君子《くんし》は言《げん》に訥《とつ》にして行《おこな》ひに敏《びん》ならんと欲す。（子曰、君子欲下訥二於言一、而敏中於行上）

この文を読むと、「孔子が言った。君子は発言（言《げん》）には慎重（訥《とつ》）で、行動（行）には敏速（敏）でありたいと」という意味にとれる。と言うよりも、もうすでにそういう意味で使われている。りっぱな人は口は達者《たつしゃ》でないが、すぐ実行に移すと。

名言である。模範としたい格言である。しかしふつうの人間は、このことばのようにはとてもできそうにない。朝、パッと起きる。パッと服を着る。パッと歯をみがき、パッと顔を洗う。パッと仏壇を拝む。パッと食事する。そのあとはもうパッパパッパ、パッパパッパ。できませんよ、そんなこと。もしパッパパッパを続けると、一日でヘトヘトになり、ダウンしてしまう。そんなできそうもないことを、人間中心の儒教が言うはずがない。

陸徳明という八世紀ごろの人物は、こう解釈している。この『論語』の文中の「行」とは、一般の行動という意味ではなくて、徳行の場合という意味であると。

これなら分かる。例えばバスに乗るとする。もし「行」がさきほどのように「行動」という意味であるとすると、こうなる。バス待ちの順番もあらばこそ、先にパッと乗って、空席をすばやく見つけてパッと座り、着駅までパッと眠り……ということになる。しかし「行」が「徳行」という意味であると、こうなる。バスが来た。順番を守る——これは「順番に乗るという暗黙の約束を守る」徳行である。自分の前の人が大きな荷物を持っている。すると、その人がバスのステップに足をかけて上るとき、ちょっと荷物の下を押してあげる——これは「苦労している人に手を貸してあげる」徳行である。バスに乗れば入口につっ立っていないで、奥の空いているところへ行く——これは「他人に迷惑をかけない」徳行である。自分が座ることができても、老人や妊婦がおれば席を譲る——これは「いたわる」徳行である。徳行において敏速であれ、そういう意味なのである。そういうことなら、ふつうの人間でも可能である。儒教が説く道徳とは、そのような性格——人間なら可能という性格のものなのである。

しかし大半の人の思っている儒教道徳とは、それこそ、とてもできそうにないようなものを行なうというイメージが強い。そうした気持と、一方、人間のあるべき姿という畏敬の念との二つが混じって、〈儒教とは正方形である〉となっているのであろう。儒教が人間にとって可能なことを説いているということは切り棄てられて。

そうした切り棄ての誤解はさしあたり別としても、儒教について説明したものの多くは、儒教とは道徳的なものであると説いている。もちろん、この説明は誤りではないが、不十分である。非常に不十分である。

では、何が不足しているのか。

それを考えるために、いわゆる宗教とされているものの代表である仏教やキリスト教の場合を考えてみたい。

仏教・キリスト教は宗教であると言う。もちろんそのとおりである。しかし学問としての仏教やキリスト教、すなわち仏教学・キリスト教学という分野は別として、現実の仏教・キリスト教すなわち信者と接している第一線の布教の実状を見ると、宗教活動と称してはいるものの、大半は実は道徳を説いているのである。

仏教の場合、法話というものがある。信者の集会や法事の終わったあとで、僧侶が信者に対して行なう講話であるが、それらの記録を読むと、大半は実は道徳を説いているのである。すなおな心を持て、思いやりを忘れるな、感謝の気持のままに、自己犠牲の精神が大切、目上の人には敬意を、時間をむだに過ごすな……と。

キリスト教の場合も同様で、神父も牧師も、信者に説く説教の内容は、現実の生きかた、ありかたに熱をこめている。

もちろん、仏教もキリスト教もそれぞれ最後には、仏の広大無辺な力や神の恩寵や愛などを説いているが、話の大半は道徳論なのである。

いや、実はここに狙いがあると言うべきであろう。庶民の大半は、いわゆる通俗道徳――日常生活におけるありふれた道徳が本質的に好きなのである。高いレベルの道徳、例えば人類愛などといったものにはあまり関心はないが、通俗道徳、例えば、早起きしましょう、挨拶をしましょう、一日に一回は反省しましょう、御飯は感謝していただきましょう……このような通俗道徳が好きなのである。とりわけ勧善懲悪、すなわち善き者・正しき者は必ず勝ち、悪い者・不正な者は必ず敗れるという話が大好きである。多くの人に受けているドラマ「水戸黄門」が、連続ものの人気あるコミックが、正義・友情・努力・勧善懲悪など通俗道徳を柱にしているのも当然である。宗教団体とは銘打っていないが、朝早く起きて集会する集団は、「実践倫理宏正《こうせい》」を唱えている。日本人がいちばん好きなことばは、「がんばる」と「話し合い」と「思いやり」とである。それは、「努力・和・恕《じょ》」という通俗道徳である。適当な挨拶のことばが見つからないときとか、つまったときは、「がんばりましょう」と言えばよい。答える側も「がんばります」と言う。たがいにかっこうがつく。

日本人宗教信者の気分の相当部分は、道徳的なものへの憧れである。もし仏教やキリスト教の法話や説教から道徳的な内容を削ってしまうと、何が残るであろうか。残るのは死生観である。仏教では、輪廻転生や三世（過去の世・現在の世・未来の世）の観念や浄土往生、即身成仏……であろう。キリスト教では、天国や永遠の生命や奇蹟や最後の審判……であろう。そうなのだ。最も宗教的な、宗教の本質は死生観なのである。死および死後の世界を語ることなのである。この〈死および死後の世界を語ること〉こそ宗教の根核であり、その他のことは、宗教が関わらなくとも担当できるものである。道徳論は仏教やキリスト教の立場から語らなくとも、他の領域例えば倫理学や社会学や人生論などの立場からでも語れることであって、宗教の占有物ではない。

いや、あえて言えば、仏教やキリスト教など諸宗教は道徳を語りすぎている。信者に対して、もっと死生観を語るべきではないのか。人々が宗教に最も求めているのは、それなのであるから。

例を挙げよう。従来、孝は道徳的なものと理解されていたので、かつて仏教やキリスト教の布教をするとき、日本人の国民道徳とされていた孝を無視することができなかった。そこでかつて仏教やキリスト教は、自分たちの宗教の中に、孝という道徳があることを力をこめて説きさえしたのである。例えば、仏教関係では福島政雄著『孝道の自覚と仏教』(天晨堂・昭和十六年)、キリスト教関係では松田明三郎著『孝道と基督教』(土肥書店・昭和十年)。中国では、古くからその努力が行なわれている。

比喩的に言えば、布教において、控え目に見て、仏教・キリスト教の法話や説教のせいぜい二割ぐらいが宗教的内容のもの、あとの八割は道徳的内容のものである。

仏教・キリスト教は宗教であるという観念が強烈であるから、その法話や説教中の大半の道徳性について、それが道徳論であるという事実を人々は見ようとしていない。いわば看板は宗教であっても、中身の大半は道徳論なのである。ところが儒教となると、とたんに中身は道徳論という先入観で見るものだから、儒教の宗教性については見ようとしないのである。それはおかしい。

仏教もキリスト教も、そして儒教も、ともに小量の宗教性と大量の道徳性を説いているのである。にもかかわらず、仏教やキリスト教に対しては宗教と見、儒教に対しては道徳と見ているのである。このような先入観は捨て去るべきである。

ここで、話をもとにもどそう。前述の、「儒教とは道徳的なものであるという説明は誤りではないが、非常に不十分である」という私の立場に話をもどそう。すなわち仏教やキリスト教と同じく、儒教には、宗教性と道徳性との両方があるという理解をしてこそはじめて十分だということである。従来の大半の儒教解釈では、儒教の道徳性だけを見て、宗教性を見てこなかった。そのため、儒教は道徳であるという観念が広まってしまったのである。この原因を作ったのは、実は大半の儒教思想家や中国哲学の研究者自身であったのであり、その他のだれの罪でもない。

儒教の宗教性を見ようとしないで、道徳性のみを見ていこうとしたのが、儒教思想史の大きな流れであるが、そのことは、拙著『儒教とは何か』(中公新書)において詳述してあるので、ここではくりかえさない。

比喩的に言えば、ヨーロッパにおいてキリスト教が長い生命を持ち続けて今日に至っているのは、現実社会を支配する道徳性を支えている宗教性があったからであるのと同じく、中国・朝鮮半島・日本という東北アジアにおいて儒教が長い生命を持ち続けて今日に至っているのもまた同じく、現実社会を支配する道徳性を支えている宗教性があったからなのである。

儒教のその宗教性については、本書がすでに述べてきたとおりである。儒教の道徳性は、この宗教性に基づいているという構造になっていることを、まず理解していただきたい。

〔**付記**〕儒教について陳舜臣氏と梅原猛氏との対談があるので、その一部をまず再録して示す（毎日新聞・一九九四年二月一日号）。

陳舜臣さん　阪大教授の加地伸行さん（中国哲学史）などは、儒教は宗教だと言っていますね。これまで宗教より一種の倫理だという説が強かった。特に祖先崇拝ですね。我々は子供のころから、親せきの人の名前を呼ぶのを間違うとしかられましたよ。父の兄弟は「叔」、母の兄弟は「舅」、そして同じ従兄弟でも同じ姓の者は「堂兄弟」、名字の違うのは「表兄弟」ということで、みんな呼び方が違う。それを間違えたらおやじに怒られた。

しかも、その時の怒られ方ですが、「野蛮人」と言われるんです（笑）。子供心にムッとしたものです。そうした呼び方は、朱子が作った『文公家礼《ぶんこうかれい》』というものに基づいている。ところがこの『文公家礼』が、日本にはあまり来ていない。あれは本来いっぱいあるはずなんです。だれもが手元に取って、昔の「歩兵操典」みたいに持つべきものなのに、少ないというのは、日本にほとんど伝わって来ていないんですよ。だから日本では同姓を娶《めと》ってもいいし、「おじさん」「おばさん」で全部片付いてしまう。結局、儒教と言っても、宗教として来てはいないのです。道徳律として来ている。

梅原猛さん　結局、孝や忠というのは人間の間柄のモラルです。これがその現代的価値を問われているんじゃないでしょうか。最近、中国や台湾で儒教を復興しようとする動きがある。今までのような忠とか孝という縦だけではいけない。横の関係を中心に、間柄のモラルを復興しようという動きがあるようですね。

牧野巽「日支親等制の比較」(『支那家族研究』所収・生活社・昭和十九年)に依れば、中国では〈親戚の者の死に対して自分との関係によって喪に服する期間を表わす制度〉すなわち喪服制が、そのまま〈自分と親戚の者との血縁関係を表わすもの〉すなわち親等制として使われている。だからいろいろな親戚があり、多様な呼びかたによって区別した。ところが日本では、喪服制と親等制とを分ける。そして、ほとんど形式的に、五等親までを含む〈五等親制〉をもって親戚の範囲としたから、親戚の範囲が狭く、呼びかたの多様性が不要であった。その葬儀においては、独立した狭い範囲の服忌制に従って喪に服した。ロキーの研究では、日本の親族呼称はハワイ的であって、父方・母方を区別しないが、中国のそれはダコタ的で、父方・母方をはっきりと区別すると言う。親族呼称はL・H・モーガンに始まり、その批判的修正をした学説にローイー（ロヰー）やキルヒホッフなどのものがあり、ハワイ島民の〈世代区分を問題とする型〉や、北アメリカ・インディアンのダコタ族の〈父方・母方双方を分けるとともに直系・傍系を区別する型〉などに分類する。

日本における親族呼称の場合、例えば『古事類苑』人部（吉川弘文館）が引く諸書の例を見ると、牧野説の主張がよく分かる。「人部二　親戚上」中の『箋注倭名類聚抄』から引く「親属図」を見ると、中国の親族呼称を基礎にして、和訓を載せている。その前言によれば、祖父・祖母はオヂ・オバ、伯父・叔父はヲヂ、伯母・叔母はヲバと呼び分けていたものが、後には混じってしまってオヂ・オバとだけになってしまったという。一般には漢字を使わず和訓で、「嫂（いろね〔あによめ〕）・再従兄弟（いやいとこ）・族昆弟（またいとこ）・曾孫（ひひご・ひいまご）・玄孫（やしゃご）・養父（とりおや）」というふうに、分析的に関係を表わすことばで表現することに努力はしている。

『文公家礼』について言えば、早く元禄十年（一六九七年）に浅見安正（絅斎《けいさい》）による訓点つきの和刻本が刊行され、朱子学関係者に読まれていた。もっとも、江戸時代では寺請制度（檀家制度）という、仏教寺院が喪祭に関わるという特殊事情があったため、一般に純粋の儒式による葬儀いわゆる儒葬がしにくかったので、『文公家礼』を庶民は常に必要とはしなかった。しかし招魂再生という儒教の本質は、日本仏教の中で受けつがれていっているし、庶民の実用教科書である『節用集』——その一種で私の手もとにある『倭漢節《わかんせつ》用無雙嚢《ようむそうぶくろ》』（天明四年版・一七八四年）を見ると、「服忌令」の項に、親属関係の服忌内容が詳細に書かれている。これは、『文公家礼』中の家礼図における服制図（牧野説の言う喪服制）に当たる。また、日本における礼作法について詳しく述べている。因みに、同書はハングルも記載している。庶民はこういう百科全書を使っていたのである。なるほど『文公家礼』には、冠・婚・喪・祭の次第を記している。しかし通過儀礼の場合は、その慣習や仕方を地域の人や家族が心得ているのがふつうであり、また喪・祭は寺院が指揮するので、なにも『文公家礼』と首っ引きで行なわなくてはできないというものではない。

なお『文公家礼』において最も問題なのは、喪・祭である。『文公家礼』は朱子たちの考えに基づいて作られたものであって、喪・祭に関する中国古代の最重要文献である『儀礼』や『礼記』の関係部分と必ずしも一致しないので、中国において諸批判や研究も多い。日本においても同様であり、江戸時代の儒者は『文公家礼』の手直しをしている。その例を、森鷗外の『礼儀小言』から引いてみる。文中の「わたくし」とは鷗外のことである。

わたくしは……儒葬《じゅそう》のいかなるものなるかを知らんと欲《ほっ》した。

わたくしは先《ま》ず朱子《しゅし》の家礼《かれい》を復読《ふくどく》した。それから諸書《しょしょ》に就《つい》て略我邦《ほぼわがほう》の先儒《せんじゅ》の云《い》う所《ところ》を窺《うかが》つた。わたくしの他日《たじつ》の覆撿《ふくけん》に便《べん》せむがために、雑記帳《ざつきちょう》に抄録《しょうろく》して置《お》いた書《しょ》は下《しも》の如《ごと》くである。熊沢蕃山《くまざわばんざん》の葬祭弁論《そうさいべんろん》（寛文七年丁未）、中村惕斎《なかむらてきさい》の追遠疏節《ついえんそせつ》（元禄三年庚午）、浅見絅斎《あさみけいさい》の喪祭小記《そうさいしようき》（元禄四年辛未）、中井甃庵《なかいしゆうあん》の喪祭私記《そうさいしき》（享保六年辛丑）、大蔵《おおくら》、村士《すぐり》、二氏《し》の二儀略《ぎりやく》（天明八年戊申）、其他《そのた》猶《なお》水戸《みと》義公《ぎこう》の世《よ》に藩士《はんし》に頒布《はんぷ》したと云《い》う葬礼儀略《そうれいぎりやく》、荻生徂徠《おぎゆうそらい》の葬礼略考《そうれいりやくこう》、天野信景《あまののぶかげ》の祭儀抄等《さいぎしようとう》があった。

諸儒《しよじゆ》は各《おのおの》其学派《そのがくは》を同《おな》じうせず、その宋学《そうがく》に対《たい》する態度《たいど》に徑庭《けいてい》はあるが、皆朱子《みなしゆし》の家礼中時《かれいちゆうじ》代《だい》を異《こと》にし国土《こくど》を異《こと》にするがために行《おこな》ひ難《がた》きものを除《のぞ》いて、多少《たしよう》の斟酌《しんしやく》を試《こころ》みた。

(2) 儒教と現代と

現代はもちろん民主主義の時代である。いつの時代でもそうであるが、或る時代には或るイデオロギーが支配する。現代であると、民主主義というイデオロギーが支配していることになる。

そこで、そのイデオロギーはその時代における正義となり、この正義に反するものは、誤りと宣伝される。〈民主主義に反するもの〉が本当に誤りなのかどうかは分からない。ただ、文化的指導をしている民主主義側から誤りだと宣伝し、排除するわけである。当然、前近代社会において支配的であったイデオロギーなどは、常に批判の対象となる。例えば

〈封建制時代を支えるイデオロギーは儒教である〉として、儒教を徹底的に否定するわけである。それどころか、なんだか古ぼけた時代遅れに見えるものがあれば、それがなんであれ封建制の遺物として、そんなものはあの旧弊の儒教から生まれたものだと勝手に決めつける。そういう人には、いわゆる知識人が多い。特に学者先生である。

そこで私が、そういう人に「本当に儒教のことが分かった上でものを言っているのですか」と質問してみると、ほとんど無知であることがすぐ分かることが多い。早い話が、日本では結婚すると女性の姓が男性の姓に変えさせられ、女性を男性の家に押しこめてしまうのは、儒教に基づくイエ制度によるものだなどというメチャクチャな議論をする、学者と称する人がいる。儒教が同姓不婚（夫婦別姓）を原則とし、結婚は異姓同士であり、結婚後、女性が自分の姓を変えることはないという事実を知らず、なんでも儒教が悪いのだという話に寄せてしまう愚論は、今も後を絶たない。

そういう愚かな人に限って、こう反論する。儒教において結婚しても姓を変えないのは、男女同権の思想から生まれたものではないので、今日の男女同権思想から唱える夫婦別姓のほうが価値が高いのだと。

何を言うんですか、男女同権先生。儒教の同姓不婚という原則が生まれたのは、西暦はるか以前の時代であり、今日の民主主義イデオロギーがないのは当たり前である。

また、その同姓不婚の形成にはいろいろな理由があるが、その一つの理由は、近親結婚による生物学的弊害を避けるところにあったのである。これは健康管理上の問題であり、今日から見ても妥当な科学的選択なのである。例えばこの理由を取りあげ、近親結婚を避ける生物学的科学的に健康な夫婦別姓と、男女同権思想に基づく夫婦別姓とを比べて価値の上下など測ることができるものであろうか。もちろん何世代も時間が経っているので、実際には生物学的には弊害はないであろう。しかし、例えばそういう理由を一つに持って夫婦別姓を貫いてきている儒教社会としては、それは長く続いてきた文化（生きかた）なのであって、それを近代の男女同権思想によって批判するのはおこがましい。男女同権思想による夫婦別姓は、一つのありかたにすぎないのである。

いや、もう一歩つっこんでいえば、現在の夫婦別姓論者は大きな矛盾を孕んでいるのである。それはこういうことである。男女同権という観点から夫婦別姓を唱えているとすると、では自分の生まれた家、すなわちいわゆる実家の姓になぜそんなにこだわるのであろうか。それはつまりは、実家という〈家〉（あんなにイエ制度を否定するにもかかわらず）から離れることができないことを意味しているのではないのか。なかには、夫の家の墓に入りたくない、実家の墓に入りたいという女性もいる。これなどは典型的である。実家の〈家〉の姓をゆるぎない定まったものと考えている。また〈あの世〉は〈この世〉にあり、死後も〈この世〉の生活の延長と考えている、まさに東北アジア人的感覚である。

或いは実家の姓にこだわるということは、つぎのような別の展開となる。実家の姓にこだわって夫婦別姓を主張するとき、もし実家の父母が夫婦別姓であるとすると、実家の父の姓を名乗るというのであろうか、それとも実家の母の姓を名乗るというのであろうか。仮に父の姓を名乗るとすると、その人の母の立場とは何なのであろうか。また仮にどちらでもいいとすると、実家の姓なるものは、なにも一定していないということになってしまう。

夫婦別姓を主張する以上、実家の夫婦、すなわち父・母もまた別姓であるべきである。すると問題は、そのとき子どもがどういう姓を名乗るのかということになる。一定年齢以下の子どもには姓を選ぶ判断力はない。とすれば、親が決めることとなる。その決めかたは、相当に難しいことになるであろう。男女同権ならば、夫婦それぞれが自分の姓を冠することを主張して、決まらなくなる。

仮に、生まれた子どもが夫側の姓を名乗ることとすれば、実家の姓とは要するに父親の姓というだけのことになってしまって、それでは男女同権に基づく夫婦別姓とならないではないか。

結局、男女同権に基づく夫婦別姓を主張するとすれば、それを徹底化し、姓を不要とするというところまで行かなければ、首尾が一貫しなくなってしまう。果たしてそこまで考えているのであろうか。もしそこまで考え、姓を廃止することを主張するとすれば、人々はだれも支持しないであろう。

すこし話が横にそれたが、儒教的夫婦別姓（同姓不婚）は、血縁の異なったものが結婚し、生まれた子どもは夫の姓にして血縁の系統を同一化し連続化するという、いわば儒教の生命観に基づいた考えかたであり、論理は一貫している。これは儒教の本質から来ているものであり、その起源は封建制時代よりも奴隷制時代よりもまだ以前にあり、単なるイデオロギーではなくて中国人の文化（生きかた）そのものである。それは中国人の原感覚に基づく超歴史的なものであり、〈前近代的〉などという歴史主義でくくれるようなものではない。そういう歴史主義は、墓参りなどは前近代的だという判断と同類である。墓参りは東北アジア人のカルチュア（生きかた）であり、超歴史的である。それは、前近代的などという有限の歴史枠にはめこむことなどできない性質のものなのである。

そういうことを知らず、儒教を歴史化し、前近代的と規定し、いわゆる非近代的なものならなんでも前近代的な儒教の影響だなどという浅薄な判断をすべきではない。

さてそれでは、儒教は現代とどう関わっているのかということになる。

今日、儒教文化圏（中国・朝鮮半島・日本）内の国家において、しだいに儒教が力を失いつつあると論ずる人がいるが、それは浅薄な見かたである。〈儒教〉が力を失いつつあるのではなくて、〈儒教の中の道徳性〉が力を失いつつあると言うべきである。なぜなら、儒教の中の宗教性（祖先祭祀等）は依然として衰えていないからである。

周知のように、道徳には大きく分けて二種類がある。一つは、人類史上において時間・空間を超えて存在する普遍的なものである。例えば、「理由もなく人を殺さない」という道徳である。これは古今東西に通ずる道徳であり、儒教はもとより、キリスト教、ユダヤ教、イスラム教等々を背景とした各文化圏のほとんどにおいて共通している。だから、こういう普遍的道徳はどの文化圏の特徴でもないので、さしあたり除外しておく。

さて、もう一つの道徳とは、歴史的・社会的条件の制約の中で登場したものである。例えば、主人のいかなる命令に対しても絶対服従するということは、奴隷制の時代にあっては正しい道徳であった。主人に反抗したり、個人の自立を主張したりすることは、その当時においては道徳的に正しくなかったのである。しかし、個人の権利や自由を尊重する現代においては、そういう奴隷の道徳はまったく否定されている。そして現代では、現代に適応した道徳が新しく作り出されているのである。かつては身体障害者を差別し、人間としての位置づけをしないで、健常者が身体障害者に恩恵を与えるという立場であったが、そうではなくて、人間として共生してゆくという立場が現代の道徳として形づくられつつある。

このように、道徳は、普遍的道徳以外、絶えずその時代に適合した道徳を生み出しているのである。同じく儒教もまた、普遍的道徳以外、絶えず新しい儒教道徳を生み出してきた。当然、現代においても新しい儒教道徳を生み出す力を持っている。

前述したように、「現在、儒教が力を失いつつある」という嘆きが聞こえてくるが、その実は「現在、儒教道徳が力を失いつつある」ということであり、さらにつっこんで言えば、「現在、朱子学的儒教道徳が力を失いつつある」という意味である。

世には、儒教を道徳としてのみ理解する狭い解釈がふつうである。それも大体において、近世以降に大きな影響力を持った朱子学的道徳を、儒教道徳として理解している。しかし、それは歴史を知らない理解である。朱子学は皇帝制時代（それも科挙制の確立した時代）の儒教であり、現代社会においては、その歴史的・社会的・文化的基盤をほとんど失なっている。例えば日本朱子学の或る部分は特殊な傾向を帯び、主人に対する忠誠を強く求めた。確かに近世ならびに明治・大正・昭和前期の日本において、忠は国民道徳として生きていた。しかし第二次大戦後の社会制度の大変動の中で、主人への忠誠（その典型は天皇への忠誠）という道徳は、ほとんど完全に消滅してしまった。

しかし何度も述べてきたように、儒教の宗教性は東北アジア人の心の深層を流れ、しぶとく生き続けてきているのである。儒教の発生以来、数千年のスケールで生き続けて今日に至っている。この宗教性が母胎となって、その上を流れゆく歴史に向かって、あたかも周期的に噴出する温泉——間歇泉《かんけつ》のように噴きあがってきては、その時代に応じた道徳の姿を現わす。そしてそれが儒教の表層となる（本書一二四頁の表を参照）。㈠孔子の時代にはその時代に適合した道徳を、また後に、㈡儒教が一民間学派から国家のイデオロギーと化した経学《けいがく》（儒教重要文献の解釈学。キリスト教における神学と似ている）の時代にはその時代に適合した道徳を、㈢同じ経学の時代でも、科挙（国家が行なう高級官僚の採用試験）官僚が完全に国政を担当するようになった朱子学の時代にはその時代に適合する道徳を、それぞれ儒教の宗教性が作りあげていったのである。

例えば孝は宗教性を持つ一方、道徳性もある、儒教において最も重要なものである。ところが朱子学の時代になると、その地位がやや微妙となる。と言うのは、朱子の時代は、宋という中国の正統的国家が北方の金という国家の圧迫を受け、たいへん苦しい時期にあった。そのため、宗教道徳としての孝の他に、君に対する臣のありかたをはじめ大義名分とは何かなど、家族よりもより広い社会における道徳論が盛んとなりつつあった。

孝に対する朱子学のこうした微妙な立場が、やがて日本において別の展開を遂げる。すなわち、中国では為政者は必ず文官、とりわけ隋唐以後では科挙試験合格者であったのに反し、日本では、ほぼ同じころから武士が擡頭し、政権を担当するようになる。やがてその完成期として江戸時代を迎えたとき、為政者は完全に武士となる。そこで彼ら武士自身の道徳としても、また大義名分論や君に対する臣のありかたとしても、孝よりも忠を強く意識するようになり、江戸時代の日本朱子学は独特の展開をしてゆくこととなる。

そうした、江戸時代においては指導的立場として実際に機能していた朱子学が、前述したように、江戸時代とは歴史的・社会的・文化的に異なる現代において機能しないのは当然のことである。

だからと言って、「儒教が力を失ないつつある」とは言えない。と言うのは、現代には現代に適合する儒教道徳があるのであり、現代社会に適応する新しい儒教道徳を創り出す努力もまた必要なのである。

それは可能であるか。可能である。方法はあるのか。ある。では、どのようにすればよいのか。

その方法とは、儒教の宗教性を十分に理解することから始まる。儒教道徳（朱子学的道徳も含めて）は、突然に生まれてきたものではない。儒教の宗教性を母胎にして、そこから生まれてきたのである。だから絶えず儒教の宗教性の原理に立ちつつ、現代の諸問題を観察するとき、その対応のしかたや問題の把握や解決のしかたが見えてくる。すなわち儒教の宗教性から儒教全体を再構成（再解釈）して、現代社会における新しい儒教道徳を形成できる可能性がある。その具体的な実験的試みや、儒教的立場から現代社会をどう見るかという提言の例は、後出の「第五章　儒教から見た現代」（二六九頁以下）において述べることにしたい（その趣旨は本書二四二頁においても述べている）。

念のために付言すると、私は、かつて一度形成された儒教道徳（例えば朱子学的道徳）をそのまま現代に持ちこもうとするような復活論者ではない。今日から見て、御用ずみの古いものは棄て、残し得るものは残し、また現代の諸問題を観察して、現代にふさわしい新しい儒教道徳を検討してみようという立場である。その際、儒教の宗教性が原理となることは言うまでもない。

(3) 孝——宗教性と道徳性とをつなぐもの

儒教は二つの分野が基礎となっている。宗教性と道徳性とである。この両者の関係であるが、もちろん宗教性が道徳性の基盤となっている。道徳性は宗教性の原理を通じて登場するからである。その原理が異なれば、当然、表現も異なる。例えばキリスト教の道徳が、儒教の道徳と異なるのはそのためである。

では儒教の場合、その宗教性から道徳性へとどのようにつながっているのであろうか。そのつながりはいくつもある。しかし、その最も太いものは何かと言えば、〈孝〉である。ずっと述べてきたように、孝は祖先祭祀、生命の連続として子孫を有することという宗教性がある。ところが、祖先と子孫との中間に現実に親子があり、親子という関係に将来の祖先・子孫の姿が託されている。しかも親子は、日常生活を共にして生きている。これを一言で言えば、家族を構成している。すなわち儒教において、家族の大いなる柱は親子である。父母と子とから成り立っている。その根拠は、生命の連続という宗教性にある。

これに反して、現代の家族は、法的には個人としての男女両性の結びつきということになっている。これは欧米近代思想の個人主義に基づくものであるから、夫婦が柱となる。大きな相違である。〈生命の連続〉観に基づく、親（父母）と子とから成り立つ家族と、個人の独立という個人主義に基づく、夫と妻とから成り立つ家族とでは、家族のありかたが根本的に異なる。前者の親子中心の家族観からは、必然的に子孫が生まれることを期待するし、後者の夫妻中心の家族観からは、夫妻の幸福が優先される。

それでは、夫妻中心の家族観には宗教性がないのかというと、そんなことはない。と言うのは、個人主義は個人の独立ではあるが、なにも突如そういう立場が出てきたわけではない。キリスト教社会においても、東北アジア社会と同じく家族は大切なものであり、親子の関係もまた濃密であろう。ただ、そういう家族間の結びつきを越えて、また家族間の愛情の関係以上に、神と個人との関係が重要なのである。キリスト教の神は唯一最高絶対であり、その神を畏れ、己《おのれ》に対して自立・自律・自己責任の精神を課す。それをそうせしめるのは、そうせよと命ずる抑止力としての唯一最高絶対神が存在し、その神を信じ従うからである。西欧において、個人が家族を越えて神と関わる、そういう関係が一七〇〇年も続けば、個人という意識が強固になってゆくのは当然である。キリスト教社会の中心である欧米人の個人主義には、そういう神への畏れと神への直接的な関わりという意識が、深層としてある。すなわち宗教性である。

それが個人主義として表層に出てくるとき、欧米近代思想の自由や平等と表裏をなしたのであろう。そういう歴史的な個人主義を、ただ表面的にことばだけ輸入し、法に取りいれ、普及活動をしてきた日本の場合、キリスト教のような唯一最高絶対の神を持たない以上、ただ一人の人間がいるだけとなり、神を畏れることがなく、つまりは抑止力がなく、己に都合の良いことに走り、必然的に利己主義になってしまう。そういう事例は、われわれの周囲に山ほどある。日本の今日の学校教育においては個人主義を教育しているが、実際は、利己主義を教えているにすぎない。すなわち日本の大半の学校は利己主義者の養成機関と成り下ってしまっている。

日本人の深層の意識から言えば、親子中心の家族観を持っておりながら、現実生活においては、欧米の物真似個人主義すなわち利己主義に基づく夫妻中心の家庭生活を送っているのが、日本のいわゆる核家族である。ねじれ現象の典型である。

さて、話をもとにもどすと、儒教の孝は宗教性と道徳性との両方を持っている。しかも、孝は親子という、家族の中心における道徳であるので、この孝が儒教の宗教性と道徳性とをつなぐものとなっている。ただし、つなぐと言っても橋やパイプのような形ではなくて、孝は宗教性と道徳性との両方を有しているので、宗教性と道徳性との重なりのところに位置すると言えよう。図8のような関係である。この図で明らかなように、宗教性の道徳性への現われは、まず最初、家族道徳として現われるということである。そしてこの家族道徳に基づいて、より広い社会（例えば地域）の道徳へと展開し、さらに政治へ、そしてずっと後には世界観へと体系を整備し、一大理論体系を作り出すに至ったのである。そのことは、以下の「第三章　儒教の表層——道徳性」、「第四章　儒教の世界像」において論じたいと思う。
ところで、儒教の場合、道徳性のことを礼教性とも言う。なぜか。道徳は人間と人間との関係のルールである。そのルールを、儒教では礼と称したのである。すなわち道徳という、本来、良心に基づく内面的なものを、中国人は形や数といった、具体的で眼に見えるもの、すなわち礼として見ようとしたのである。ここには中国人の現実的・即物的性格が現われている。

(4) はじめに物ありき

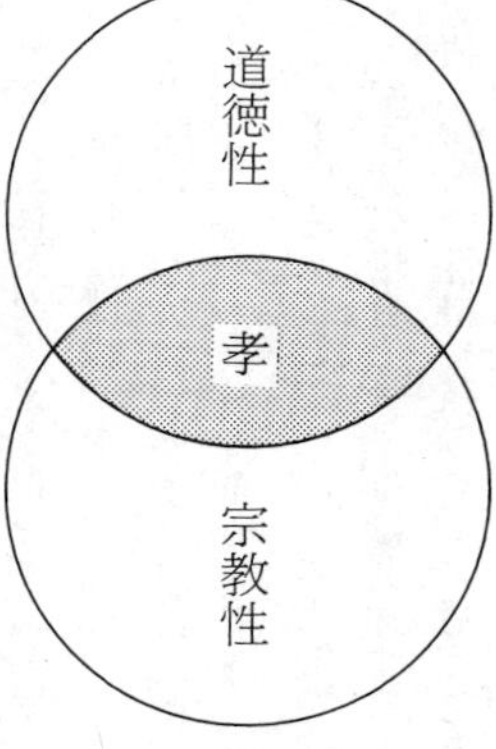

図8

儒教における、これまで述べてきた宗教性、そしてこれから述べようとする道徳性には、中国人の現実的・経験的・即物的性格がよく現われている。一般に中国人は現実的であり、即物的であり、具体的であると言われている。それが、やはり儒教にも現われているのである。

とすれば、中国人がなぜ現実的・即物的・

経験的・具体的な考えかたをするのかという点に目配りする必要があろう。そこで、儒教自身には直接に関係がないのではあるが、そのことを述べておきたいと思う。

この問題について、かつて私は『中国論理学史研究』(研文出版・昭和五十八年)において詳しく述べた。その研究の大要は『中国人の論理学』(中公新書・昭和五十二年)において述べているが、ここに、その大筋を述べることとする。

どの民族の場合でも、ほぼ共通するとされていることは、その民族の思考は、その民族が使う言語の性格や組み立てに負うことが大きいという点である。中国人の思考は中国人の使う言語に、日本人の思考は日本人の使う言語に負うというわけである。

中国人の場合、彼らが使っている言語の基本単位は漢字である。とすると、この漢字の性格が重要ということになろう。

周知のように、漢字は発生的には表意文字として出発した。もっとも現在使われている漢字の大半は、その後に増えた発音中心の漢字であって、文字の一部に表意的なものがある状態である。例えば「江」。その「工《こう》」は発音を表わすが、「氵」(さんずい)は水の意味を表わしている。こういう文字を形声文字という。「形」(表意性)と「声」(発音)との両方を持っているという意味であるが、表音文字に近い。

そういう形声文字と異なり、形がすべてという漢字がある。例えば「大」。これは人間が手を広げた姿であり、意味だけを表わしている。これを象形文字と言う。「形に象《かた》どった」（形を描いた）文字のことであり、いわゆる表意文字である。

数を比べると、表意文字である象形文字よりも、表音文字的な形声文字のほうがはるかに多い。しかし、形声文字は象形文字よりもあとから生まれてきただけでなく、部分とはいえ、依然として表意性（さきほどの「江」字の場合であると「氵」（さんずい））を曳《ひ》きずっている。

そのような意味において、中国古代、それも甲骨文字で表わされるような時代では表意文字が中心であり、表意文字を使った思考や感情の原型がまず形成されたと考えてよい。では、どういう思考や感情かと言うと、表意文字の成り立ちが示すように、まわりに在る物を写しとっているわけである。例えば牛を見て「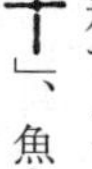・」、魚を見て「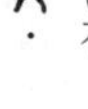・・・」というふうに。すなわち物がまずあって、それを写しだすのであるから、はじめから物の存在を前提とするわけであり、物はすでに在るものとして疑わないで話を進めるわけである。いわゆる素朴実在論である。つまり「はじめに物ありき」であり、そのあとに「ことばが生まれた」のである。『新約聖書』流の、「はじめにことば（理性・神）ありき」ではない。中国人にとって世界とは、物、物、物、そしてまた物で溢れている万物の世界なのである。中国人の感覚が現実的であり、経験的であり、具体的であり、即物的であるのはここから来ているのである。

物の世界——その万物の世界は、同時にさまざまな個物の世界であって、けっして抽象化された世界ではなかった。当然、個物に親しみを抱き、抽象的でなく具体的なものを好んだ。例えば、ここに一人の人間がいるとする。その人間についてどう考えるかと言うと、中国人の場合、どこの国の人間であるかとか、社会のどういう層の人であるかというように、上へ上へとその人間をくくってゆくような、すなわちその人間の属するクラスを問うてゆくような抽象化をしない。逆に、より個物化、より具体化してゆく。すなわち一人の人間がいると、「男か、女か」とか、「老人か、壮年か、子どもか」というふうに。

このように、中国人は具体的・現実的なものへの関心が強いから、五感の存在を認め、その楽しみを第一とすることになる。おいしいものはおいしいと言い、見てきれいなものはきれいと思い、耳に快いものは楽しむという調子である。だから毎日の生活、つまりは五感の生活を大切にするので、五感の歓びを第一とする。とすれば、この世は五感を楽しませてくれる楽しい世界となるわけである。それは、万物は夢幻とするインドよりは中国の方が経済的に豊かであったということでもある。

このように、中国人は〈この世〉を楽しいと思っている。五感の楽しみなどは夢幻のようにはかないものである、そういう執着は捨てよという仏教とは、根本的に異質なのが中国人である。

社会主義体制を事実上かなぐり捨てて、資本主義体制へと方針を切り換えて以後の中国大陸が生き生きとしているのを見れば、そのことがよく分かるであろう。

第三章　儒教の表層——道徳性

新郎が新婦の家に迎えに行く親迎（本書188頁参照）の、帰路の行列。轎（かご）は、仲人・新婦・新郎の順。提灯や松明をともしているのは、夕方すなわち「昏」（陰）であり、女性（陰）がそれとしだいに溶けあう「婚」を意味している（『清俗紀聞』東洋文庫版・平凡社）。

(1) 天と地と人と——礼の発生

生花《いけばな》には大きく分けて二つの系統がある。一つは現代流で、個性を尊重して自由に活《い》ける。華道の展覧会に出品しているものの大半はこの種の作品である。もう一つの系統は伝統系である。これはそれぞれその流儀が持っ

図9

ている規則に基づいたものであり、華道の伝統的約束ごとを守って活ける作品である。

その伝統系の一つである古流のグループの生花に、世界を象徴的に表現する約束ごとがある。図9のように、天枝《てんし》（真《しん》とも）・人枝《じんし》（流《ながし》とも）・地枝《ちし》（受《うけ》とも）という骨格を作るのが基本である。それら枝の位置は、天位・地位・人位を表わす。

この天・地・人を三才《さんさい》と言い、儒教では古くから世界を表現する要素として使ってきた。すなわち中国古代——ひいては儒教の世界観なのである。そのことはすでに述べたが、重要なことなので復習することにする。

本書五六頁の図2のように、中国人は、世界を見るとき、二本の線で表現する。青空、星空を示す天空を表わす半円形（厳密には点線部のはいった円だが）の線と、大地を表わす

直線とである。その二本の線の中に万物があり、万物の中で人間が最もすぐれたものとする。万物の霊長である。

世界をそういうふうに見ていたから、神《かみ》も仏も付《つ》けたりとなる。中心となるのは人間、人間、人間、そして人間なのである。天国をキリスト教が、極楽浄土を仏教が、地獄をキリスト教、仏教がそれぞれ説いても、中国人の考える世界のどこにも天国・極楽・地獄は存在しなかった。

中国人、ひいては朝鮮民族・日本人、すなわち儒教文化圏の人々においては、すべて人間が中心という思想があり、逆に、それが儒教の中に取りいれられたと言ってもよい。そのような人間中心である日本人の大半は、神仏を崇《あが》めるどころか、自分のために神仏を使っているというのが真相であろう。その典型が現世利益《げんぜりやく》のための祈りである。例えば商売繁昌という現世利益を神仏に祈るということは、形の上ではなるほど神仏に祈りはするものの、実は神仏に対して、商売繁昌の手助けをせよと命令しているのである。そのことはお賽銭《さいせん》に現われている。例えば「二九五一円」の小切手をお賽銭にする商売人がいる。これは語呂合《ごろあわ》せで「二九五一《ふくこい》」(福来《ふくこ》い)という意味であり、神仏に対して命令して使っている感覚である。現世利益の実体とはそういうものである。

江戸時代後期の大阪の町人学者、山片蟠桃《やまがたばんとう》(口絵の墓④に出てくる中井竹山の弟子。一方、麻田剛立に天文学を学び、地動説の立場を取った)は、徹底的に仏教否定をした儒者であるが、その大著『夢の代《しろ》』の跋文《ばつぶん》（あとがき）に「死したる跡にて」という詞書《ことばがき》（作品の成立や目的の説明）を書いて、歌をこう詠んでいる。

地獄なし極楽もなし我もなし　ただ有るものは人と万物

さて、そのように神仏はなくて天と地とがあり、その中間に万物と人とがいるという構成の儒教的世界において、いちばん問題なのが人間である。天も地も万物も、悪いことをするわけではない。なるほど自然災害は起こるけれども、高い立場で見れば、それはそれなりに道理のあることが多く（例えば洪水は地味を豊かにするなど）、一概に自然災害を悪とすることはできない。これに反して、人間はだいたいにおいて悪いことをするようにできている。人間の一生の欲に対する戒《いまし》めについて、孔子はこう言っている。

君子に三戒《さんかい》あり。少《わか》きときは、血気いまだ定まらず。〔そのために感情が不安定であるから、〕これを戒むること〔の中心は〕、色〔欲〕に在り。〔しかし〕その〔人が〕壮〔年に〕なるに及ぶや、血気〔がしっかりと安定して〕まさに剛〔盛〕なり。〔この時期では、〕これを戒むること〔の中心は〕、闘〔争〕に在り。〔やがて〕その老〔年〕に及ぶや、血気〔はもはや〕すでに衰え〔てしまい、あとは守る一方となるので〕、これを戒むること〔の中心は〕、〔利益・収〕得〔を求める心〕に在りと（『論語』季氏篇）。

身体が心を上回る青（少）年期の性欲、社会を担っている壮年期の権勢欲・地位欲、失なうことばかりを恐れての老年期の物欲という、老・壮・青（少）三時期の特徴的欲望を挙げているわけである。

そういう人間たちをそのままほうっておくと、なにをしでかすか分からないので、人間たちがいっしょにまともに生きてゆくためのルールが必要だとする。このルールのことを、儒教では〈礼〉と言ったのである。

人間と人間との間のルール――これにはいろいろなものがある。法律とか道徳とか慣行とかと。しかし、そういうふうに分別するのは近代的感覚である。いろいろな学問が〈分科〉してできた〈科学〉（分科の学）によって世界を見ようとするのは、最近のことであって、古代人はそのような分析的な見かたはなく、総合的に見ていた。それだけに、今日から見れば曖昧なところがあるのは否めない。中国古代の人々は、人間と人間との間のルールをすべて〈礼〉としてくくったものだから、現代人にはすこし分かりにくい。そこで、礼の内容にはどういうものがあるのか、つぎに示してみよう。加藤常賢『礼の起源と其発達』（中文館書店・昭和十八年、五二頁）が今日の学問分野との対比をしているので、それに基づきつつ、私の見解も加えて再構成してみた。上段が礼の内容であり、下段が今日における領域。

(1)刑罰……………………………………法律(刑法)
(2)君主と臣下との関係………………法律(身分法)
(3)喪に服することや一族に対する指導や祭祀権など……法律(民法・親族法・相続法など)
(4)喪儀・祖先祭祀の執行……………宗教(祖先崇拝など)
(5)諸侯の王に対する関係や諸侯間の関係……政治・外交
(6)長幼の序など社会的家族的道徳や習慣……道徳
(7)軍礼……………………………………軍事・経済

加藤はこう述べている。古代の礼は総合体であるから、今日の学問の分類のしかたでは、はっきりと区別できない。法律と見るべきところに宗教や道徳を含み、宗教と見るべきところに道徳や法律を含み、道徳に政治を含んでいる。すなわち礼とは、道徳・政治・法律・宗教・軍事・経済・儀礼などが混然として一体をなしつつ、社会のあらゆるものを統制する一種の制度或いは文化である。そして〈教《おしえ》〉とは、この礼を教えることである、と。礼は礼教でもある。

この礼の内、おそらく意外と思われるのは最後の軍礼であろう。しかし礼に含まれるのである。と言うのは、礼は五礼と言って、人間が社会の中で行なうことを五種類に分ける。祖先祭祀の礼などは〈吉礼〉、喪儀の礼などは〈凶礼〉、諸侯が王に会う礼などは〈賓礼〉、結婚などは〈嘉礼〉、その他に〈軍礼〉がある。軍礼は軍事演習の他、国境線を確定したり、堤防や都市建設にたずさわったり、土地の良し悪しや農地から領主の居住地までの距離の遠近などを測って、税金や徴兵の数量を決めたりするのである。いわば今日の財務省（かつての大蔵省）・建設省、大きく言えば、かつての内務省などの仕事も含んでいたと言ってよい。軍事は政治・経済の総合なのである。

しかし、賓礼や軍礼は王や諸侯の立場から必要なものであって、一般の人にとっての礼とは冠・婚・喪（葬）・祭（嘉礼・凶礼・吉礼）といった、生活上において欠くことのできない種類のものであった。大半の人々にとっては、この冠婚喪祭こそ、その学習を通じて人間と人間との間のルール、とりわけ道徳（慣習を含んで）を身につける機会に他ならなかった。

すると、礼は礼教であるという意味では、〈儒教の深層である宗教性〉の上に〈儒教の表層としての礼教性〉があるというのが、いちばん正確な表現なのであるが、「礼教性」ということばは、現代の日本人にはなじみにくいし、この〈礼教性〉の中心は実際には冠婚喪祭を通じての道徳性であるので、本書では、「礼教性」と言わずに、「道徳性」と表現しておく。因みに、拙著『儒教とは何か』では、「礼教性」と表現している。

この礼教性（道徳性）が家庭でも地域社会でも絶えず現われてくるものであるから、礼教性（道徳性）が儒教であると一般に理解されてきたわけである。

なお、いつも問題になるのは、礼における法と道徳との関係である。法と道徳との相違については、古来、多くの説がある。例えば、ドイツの哲学者カントの有名な説、法には強制力が有り〔つまりは刑罰が有り〕、道徳にはそれが無いという区別があるが、儒教には必ずしもあてはまらない。と言うのは、「道徳刑」とでも言うべき、〈道徳に反する者への刑罰〉があるからである。道徳が良心に基づいて行なわれ、強制されないものであるならば、たとい道徳に反することをしても、社会的に批難されることはあっても刑罰には処せられないというのが現代人の感覚である。しかし中国古代では、「道徳も法律も、共に慣習法から分化派生したもので、上代に於ては二者の間に判然たる区別が無かった」（荻原擴『支那道徳文化史』中文館書店・昭和二年、二一四頁以下）ので、親不孝者、血族と不和の者、戚・外親（血はつながっていない親戚）に親しまない者のみならず、師や長上を尊敬しない者、友人から信用を失った者、貧窮者に対して同情しない者は、刑罰に処した。もっとも、それがどの程度のものであったかその実態はよく分からないが、少なくとも道徳的批難にとどまらず、なんらかの法律的処置があったであろう。道徳に反することへの刑罰であるから、おそらくいわゆる〈見せしめ〉に近いものであろう。その流れがあるからであろうか、現代においても中国大陸では罪刑法定主義（あらかじめ各種の犯罪に対してそれぞれに課す刑の程度を決めておき、それに従う方式）ではなくて、〈見せしめ〉的判決がよくある。例えば窃盗罪でも、死刑になることがある。そこには犯罪への処罰の上に、反道徳的なことへの処罰が加わっている感がある。ただし古代の〈道徳刑〉は、一応は罪刑法定主義に基づいている。例えば唐の時代、父母が亡くなり喪中であるのに結婚する者に対しては、徒《ず》（懲役刑）三年としている（桑原隲蔵『中国の孝道』カルピス文化叢書・昭和四十年、五五頁）。

＊聞くところでは、中国大陸の裁判では、同じ窃盗罪でも、件数や金額の大きい常習的犯人に対しては、反社会性の程度がひどいというわけで反革命罪という罪状を窃盗罪の他に付け加えることがあるらしい。もちろん、他の犯罪においても同じ。すると、反革命罪を適用すると死刑となりうる。

或いは、私の考えであるが、つぎのようにも考えうる。法は、罪刑法定主義的な具体的な実際適用をなしうる実定法の意味、礼は自然法の意味として、法（実定法）と礼（自然法）との相違と考えることもできる。

このように、礼について述べ始めると、なかなか面倒である。しかし本書では、冠婚喪祭を中心とした礼とその礼の学習とを通じて得る、生活上の一般道徳について述べることにする。
さて、そうした礼は、どこから起こってきたのであろうか。有力な考えかたは、祭礼・儀礼からという立場である。例えば、「それ礼の初《はじめ》や、これを飲食に始む」(『礼記』礼運篇)とある。ここだけを読むと、礼が飲食という基本生活から起こったように見えるが、そうではなくて、祭礼のとき、祭る鬼神に対して穀物・肉・酒といった飲食物を、心をこめてお供えすることから礼が始まるという意味である。また別に、礼は家族社会・地域社会の礼から起こったという立場もある。

すなわち死者のための祭礼・喪儀の礼と、生者のための社会(家族・地域)的な礼との二つの起源説である。しかし、この両者がどのような関係にあるのかということについては、まだ学問的に十分に解明されてはいない。

ともあれ中国人は、礼を自分たちの文化、すなわち生きかたとして打ちだした。それを推し進めたのが古代の儒たちであった。儒はもともと宗教者であるから、喪礼や招魂儀礼は彼らの職業的技術である。また、礼は音楽とともに行なわれるので、儒は音楽も得意であった。そこで、儒は礼と楽とを重んじ、人々の冠婚喪祭に深く関わってゆくことになったのである。

そして彼らなりに、礼がなぜ起こってきたのかということを、世界と結びつけて体系的に説明するようになった。例えば、つぎのように言う。

天地合して、而《しか》る后《のち》に万物興る。それ昏（婚）礼は万世の始《はじめ》なり。……男女別《べつ》（家族社会の秩序）有りて、然《しか》る後に父子親《した》しむ。父子親しみて、然る後に義《ぎ》（一般社会の秩序）生ず。義生じて、然る後に礼作《おこ》る。礼作《おこ》りて、然る後に万物安《やす》し（安泰である）。別なく義なきは禽獣の道なり（『礼記』郊特牲篇）。

天地有りて然《しか》る後に万物有り。万物有りて然る後に男女有り。男女有りて然る後に夫婦有り。夫婦有りて然る後に父子有り。父子有りて然る後に君臣有り。君臣有りて然る後に上下有り。上下有りて然る後に礼義〔それを〕錯《お》くところあり（『易経』序卦伝）。

↓印を発生を表わす記号として使って示せば、天地↓万物↓生物としての男女↓家族社会のメンバーとしての夫婦↓家族社会の柱としての父子↓政治的社会としての君臣↓さまざまな上下関係↓礼儀（社会的ルール）という発生順序を述べているが、最も中心となるのが、〈男女↓夫婦↓父子〉というところである。

男女とは、生物としての存在である。それが、社会的に認知された夫婦となる。しかしそこにとどまらない。儒教の死生観は〈生命の連続の自覚〉であるから、夫婦となることにとどまらず子孫の存在が必要となり、父子（これは代表的表現であって、実は「親子」という意味）という関係に至る。儒教文化圏における家族は夫婦という単位を中心にするのではなくて、親子という単位を中心にするのである。その意味では、欧米近代の個人主義に基づき、日本国憲法第二四条「婚姻は、両性の合意のみに基づいて成立」する、夫婦を中心とする核家族とは、真正面から対立することになる。

もっとも、順序としては男女・夫婦がはじめであるわけであるから、そのことを儒教はもちろん認める。しかし、それは現代におけるような、個人主義に基づいての男女・夫婦という意味ではない。あくまでも生命の連続ということを基盤としているので、順序は夫婦の後ではあるものの、父子の関係が優先される。儒教における家族道徳においては、親子の関係が根本となる。

その際、孝が重要な徳目となることは言うまでもない。また、孝を家族道徳の根核とすることによって、儒教における宗教性と道徳性とが連結されるのである。

それでは、その孝が日常生活において現われてくる親子の間柄と礼とは、どのような関係にあるのであろうか。それをつぎに述べたい。

(2) 誰のために愛するか——別愛と博愛と

曾野綾子著『誰のために愛するか』という評論書がある。昭和四十五年から六年にかけてのベストセラーである。この本は主として若い女性のために、愛するとはどういうことかを説いているので、その〈愛する〉内容のほとんどは異性に対するものであるが、愛をこう定義している。「愛とは、その人のために死ねるか、どうか、ということである」と。

もちろん、「その人のためになら死ねると思う相手は、ごく少ない。しかし……人間の不思議さは、愛していない人をも愛する方法があるということだ。その知恵を、私は、私の先生であるカトリックの修道女から教えて頂いた。それは虚偽でも偽善でもない。なぜなら、人間はそれを批難できるほど強いものではないからだ」と。そして、その知恵を説いてやまない。「愛は……命そのものである。それだけに哀しくもしかも燦然《さんぜん》と輝いている」という信念のままに。

その人のために死ねるかどうか——中国古代、西暦前二世紀のころ、司馬遷という大歴史家が、その大作『史記』の中で、男について、また女について凄みのあることばを吐いている。

司馬遷は男のありかたについて、こう語っている。「士は己《おのれ》を知る者のために死す」と。男児は己の才能を評価してくれた人のために、生命を捧げても悔いないという意味である。生命は最大のものであるが、それは比喩でもある。例えば、〈己を知る〉その人の進退とともに辞職したり、不利な行動をあえて行なうというのも、〈己を知る者のために死す〉

ことである。

では、女性の場合はどうか。司馬遷は女のありかたについて、こう述べている。「女は、己を説《よろこ》ぶ者のために容《かたち》づくる」と。女性は自分を愛してくれる人のために化粧し、身綺麗にするという意味である。

男はその人のために死ぬ（進退をともにする）ことができる。しかし女は、その人のために化粧まではするが、そう簡単には相手のために死んではくれない。女は生命の誕生をあずかっており、生死についてはしたたかである。だからこそ、ふだん男女の間にいろいろな食いちがいが起こるのだ。まして男女の間の愛の問題となると、なかなか難しい。さてそれでは、儒教では、だれのために愛するのか、愛はどのように説かれているのであろうか。

それに答えるには、やはり儒教の深層すなわち宗教性から線を延長してきて、それがどのように表層に現われてくるのかを見るほかない。深層の宗教性と無関係に、表層が形づくられることはありえないからである。

その深層の核とは、何度も述べるように、生命の連続という意識である。それはつまりは、現実には親と子との関係であり、この関係を儒教は最も大切にする。当然、子が親を愛し、親が子を愛することが愛の最高ということになる。

ふつう、子の親に対する愛を〈孝〉、親の子に対する愛は〈慈〉（いつくしむ）と表現すている。すなわち孝は、儒教の表層においては、子の親に対する愛という形としてとらえられる。

だから儒教では、いちばん愛する人とは、いちばん親しい人、すなわち親《おや》であるとするのである。「親《おや》」とは「親《した》しい」ということである。すなわち親《おや》とは「親《しん》」（親しい）であり、「親《しん》」とは「愛」という意味である。「親愛」である。

そこで儒教は、親《おや》を最も愛しなさいと説く。「愛を立つるは親より始まる」（『礼記』祭義篇）とし、もし自分の親以上に他人の親（つまりは他人）を愛するとすれば、それは誤りであると言う。「その親《おや》（自分の親）を愛さずして他人を愛すること、これを悖《はい》（背）徳と謂ふ」（『孝経』聖治章）と。

背徳——これは厳しい。儒教はそこまで言う。なぜかと言うと、そのように愛の最高を決めておくと、これが基準となり、そのあと、愛の量を親しさに比例して決めることができるからである。ものごとに対する中国人の具体的な考えかたが、そこに現われている。すなわち父母を最高に愛するとすると、自分の兄弟への愛はこれよりもいくぶんか低めとなる。さらに伯父や叔母に対しては、もうすこし低い愛となる。というふうに、自分から見て親しさの度合い（実は血の濃度・遺伝子の共有度）に、愛が比例するとするわけである。つまり愛というようなつかみどころのないものに対して、それを比例式を使って量で表わそうというわけである。

と言うと、そんなバカなと思うかもしれない。しかし人を愛する気持は、その人と自分との親しさに比例するというのは、ごく常識的なことではなかろうか。事実、われわれは親しくない人、まして知らない人に対して愛しなさいと言われても、とまどってしまう。だれでもかれでも博《ひろ》く愛するというわけではない。親しいからこそ愛するのである。

ここだ、ここが肝腎なところである。われわれ日本人、いや中国人・朝鮮民族も含めて儒教文化圏の人間は、キリスト教的な〈博愛〉に対して、一般に抵抗感がある。博愛精神を持てと言われても、われわれはどこか空々しい気持になる。仮に分かったとしても頭の中だけであり、実行が伴わない。

もちろん、儒教にも「博愛・汎愛《はんあい》（汎《ひろ》く愛する）・相愛《そうあい》」ということばがある。しかしその意味は、キリスト教的な博愛とは異なる。儒教が言う「博愛・汎愛・相愛」とは、いきなり万民平等的にだれをもかれをも愛するというのではなくて、まず「人人《ひとびと》〔は〕其《そ》の〔自分の〕親《おや》に親しみ」（『孟子』離婁上篇）、「吾《わ》が老（自分の親）を老とし〔て愛し〕、以《もっ》て〔しだいに〕人（他人）の老（親）に〔愛情を〕及ぼし、吾《わ》が幼《よう》（自分の子ども）を幼とし、以て〔しだいに〕人（他人）の幼に〔愛情を〕及ぼす」（同・梁恵王上篇）ようにする。すなわち、自分に親しい親や子どもに対してまず愛情をつくし、それが十分にできたあとで、しだいに他人に愛情を及ぼしてゆけということである。それが、儒教のいう「汎《ひろ》く愛す」ることなのである。余力があれば、そのとき他人を愛するという意味の博愛である。『書経』伊訓篇「愛を立つるや惟《こ》れ親《しん》。敬を立つるや惟れ長（長上者）。家邦に始まり、四海（全世界）に終《お》ふ」ということばは、まさに、まず親《した》しい者を愛することから始めて、しだいに遠くに広げてゆけということばである。明治二十三年（一八九〇年）に登場した『教育勅語』中の「博愛〔これを〕衆に及ぼし」ということばは、儒教的博愛の意味をよく表わしている。しかも、この「博愛」をキリスト教的な〈万人への愛〉としての「博愛」（「友愛」という訳語のほうが妥当らしいが）と重ね合わせている。そのことによって欧米近代の在り方と連続させるという苦心の跡と私は見る。こうした博愛（相愛）が単なる観念でなくて実行され現実化されると、最高であることは言うまでもない。「民に相愛を教うるは……礼の至り（極致）なり」（『礼記』祭義篇）なのである。図10は、自分から見て親しさが遠くなってゆくにつれて、愛情の量が比例して少なくなってゆくことを表わしている。これが愛に対する儒教の考えかたである。

当然、最高量の愛は、自分に最も近い親となる。あとは血縁関係による血の濃度が、親しさつまりは愛の度合いとなる。

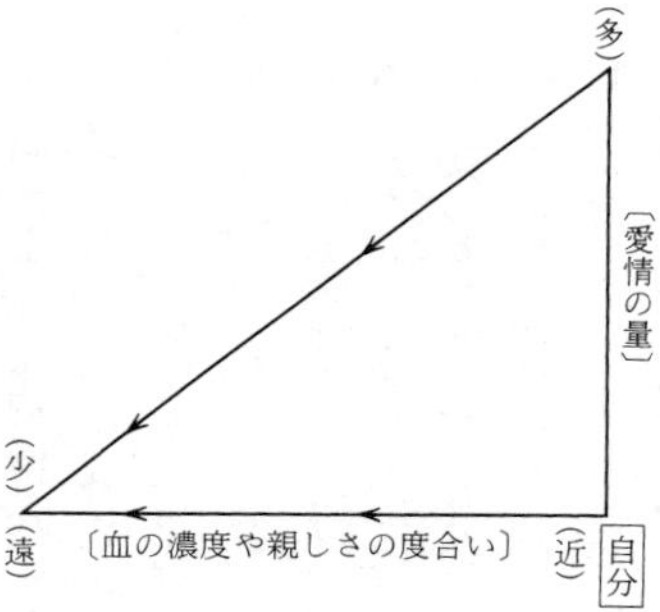

図10

この図のような比例関係、これが原則となって礼が定まるのである。そこで、さらにそれを具体化して、子の親に対するありかたを数字や作法など、眼に見える形の礼で最高規準を示す。その典型が喪儀に現われている。親は最も親しく、最も血が濃く、最も自分と近いので、同じく悲しみについても親の死を最も悲しむ。最高の悲しみは最高の愛の証《あか》しである。それを形で表わすとなると、親に対する喪儀における礼を最高度に行なうこととなる。ただし、華美にという意味ではない。例えば、悲しみを表わす服喪期間について言えば、父の死に対して喪に服する期間は、正式には最長の三年（実質は満二年）とする。中国人は現実的であり、即物的であり、具体的であるから、目に見えるように礼によって自分の悲しみ（すなわち愛）を表現する。礼とは動作であったり、数値であったり、実際に形式で表現することであり、他人にもよく分かるわけである。

父の死に対する悲しみを最高度に表現する結果、他の肉親の死に対する悲しみの表現すなわち喪に服する期間は、それよりも短くなる。例えば母の死のときは、すでに父が亡くなっている場合は三年（実質は満二年）、父が在世のときは一年（ただし杖《つえ》をつく。これは、悲しみのために立っていることができないことの象徴的表現）、祖父母のために一年（ただし杖は持たない）、自分の子や叔父のためには九個月というふうに。もちろん期間だけでなくて、着る喪服も異なる。そういったことについて、儒教にはたいへん細かい規定があるが、専門的なことなので省略する。

実は、このことは現代日本においても生きている。忌引《きびき》がそれである。忌引とは、血縁の者が亡くなったとき、家にこもって喪に服し、勤務や通学を公的に休むことである。有給休暇と同じである。日本の官庁、会社、学校のどこでもそれを認めている。それも父母のときの一週間を最高にして、叔父・叔母のときは一日にというふうに、休日の日数を血の濃さに比例して定めている。この忌引こそ、儒教の喪礼における服喪期間の現代版である。忌引は労働協約上の有給休暇ではない。儒教文化圏における慣行である。それどころか、もし忌引を取らずにすぐ出勤したりすると、逆にまわりの人からおかしいと思われるのである。あの人は親の喪儀をきちんとしていないとして。

この忌引の基《もと》となる規定は古く、大宝令（大宝元年・七〇一年）に始まり、公家《くげ》はそれに従った。武家の場合は、江戸時代に武家制服忌令（貞享元年・一六八四年）が定められ、その後、改正や増補があった。明治維新後、明治七年に公家の制が廃されて、江戸時代の武家制服忌令に拠っていった。学校については、明治四十四年に定められた。それらが今日に至っている。

＊藤川正數『礼の話』（明徳出版社・平成五年、一四〇頁）によれば、昭和四十三年、人事院規則十五―六「忌引」は、従来と異なり、配偶者のときは十日、父母には七日……というふうに、父母よりも配偶者が重くなるように改定している。個人主義に基づく憲法の精神によるものであろう。

礼とは、単なる習慣ではない。原則に基づいて、数値や動作などで具体的に表現したものである。ここには、中国人の思考が見られる。目に見える具体的な形にしようとするわけである。礼以外の、こういった発想の例を挙げよう。中国人は、例えば歴史上の人物を評価して、表に示したりする。『漢書《かんじょ》』の「古今人表」がそれである。すこし書き抜いてみよう。人間の評価を九段階に分けているが、その観点は主として道徳的見地からである。

上上 聖人	堯 舜 孔子
上中 仁人	孟子 荀子
上下 智人	子貢 曾子
中上	老子 墨子 韓非子
中中	孫子 列子
中下	秦の始皇帝 項羽
下上	
下中	秦の二世皇帝
下下 愚人	紂《ちゅう》 妲己《だつき》

或いは聖人の場合でも、金銭で評価をしたりする。前掲の表の例で言えば、明代の王陽明（陽明学を開く）は、堯や舜は一万鎰《いつ》ぐらいと言っている（『伝習録』上巻・九九条）。一《いち》鎰《いつ》は金貨二〇両あるいは二四両。一両は王陽明のころ三七グラムなので、仮に平均をとっ

て二二両とし、金《きん》の含有率が分からないのでいちおう一〇〇パーセントとするとすれば、金に換算すると約八・一四トン。一グラムを仮に現在二二〇〇円とすると、ざっと一七九億円に当たる。同じく孔子は九千鎰《いつ》と評価しているので、ざっと一六一億円に当たる。これが聖人一人の値段である。孔子の場合、二つの病院を持つ大阪大学（教職員約四五〇〇人、学生約二万一〇〇〇人）の経費（人件費を含む）の、平成四年度一年間の総額が約一千億円であるから、ざっとその六分の一と見てよい。もっとも、現代と明代とでは貨幣価値が異なるから、逆に一六一億の一〇倍とも一〇〇倍とも言えよう。

それでは、儒教における、こうした愛のありかたをどう表現すればよいであろうか。

私は「別愛《べつあい》」と独自に表現したい。「別愛」とは、「愛」する相手を区「別」すること、「愛を別《わか》つ」ことという意味である。

中国古代の思想集団、墨家は、「兼愛・相愛」ということを主張した。また、キリスト教の博愛に似ていて、「自愛」ということばを挙げてそれを否定した。しかし、「自愛」とは〈利己的に自分をのみ愛する〉ことであるから、そのような「自愛」は実は儒家の愛ではない。けれども、孟子が「墨氏（墨家）の兼愛は、これ父を無《なみ》す（ないがしろにする）」（『孟子』滕文公下篇）と言っているところを見ると、墨家が兼愛を主張して、儒家の愛すなわち私が述べるような意味での〈区別した愛〉、「別愛」を批判している、と孟子は考えていたようである。

＊辞書という、手がかりでしかない第二次的な書物自体を対象にするのは学問的でなくて、まったく気が進まないが、一般の人の利用度が高いので、あえて言えば、諸橋轍次編『大漢和辞典』は、どういう出拠に基づいたのか知らないが「別愛」ということばを挙げ、「自己を愛し自我に執着するものを別愛といった」と述べている。しかし私の使う「別愛」という語は、そういう意味ではない。愛を均質化しないで区別して、父母への愛を最高にして、親しさに比例して愛の量が定まるという意味である。また、同書は「別愛」の出拠を『墨子』とするが、『墨子』自身、ひいては中国のこれまでの文献にこの語はないようである。

人は言うであろう。別愛などというのは狭い愛であり、地球規模でものを考える今の時代に合わないと。しかし、果たしてそうであろうか。博愛というような、本来、神の立場でしかできないようなことを、凡愚で卑弱なわれわれが日常的に行なうことができるものであろうか。なるほど博愛とは聞こえがいい。しかし、できもしないことを言うのは誠実ではない。

儒教文化圏における別愛、親しい人は愛するが親しくない人は愛さないというのは、狭いように見えるがそうではない。もし、人間がそれぞれ自分のまわりの人に対して別愛を行なえば、だれかは必ず親しいだれかによって愛されるわけであるから、それを積算してトータルすれば、結果は博愛と同じであり、帳尻は合うではないか。〈生命の連続の自覚〉の延長線上にある別愛、この別愛に基づく礼の世界、すなわち儒教の世界の中でわれわれ東北アジア人は生きてきたし、結局はこれからもその中で生きてゆくであろう。別愛こそ、儒教文化圏におけるわれわれの心情に最も響くものである。

では、そうした礼（冠婚喪祭）が展開される場所である家族——中国の家族とはどういうものであるのか、それをつぎに述べたい。

(3) 血のつながり——宗族と家族と

中国の家族——と言うと、なんとなく大家族のイメージを浮かべるのがふつうだ。有名な話がある。ころは唐の時代、当時、四世代、五世代の同居は珍しくなかったが、張公藝という人物の家は九世代が同居していた。時の皇帝は張家に立ち寄り、同居生活のその骨《こつ》をたずねたところ、張公藝は「忍《にん》」という字を百ほど書いた。天子は感動して泣いたという（『旧唐書』孝友伝）。

＊九世代が同時に生活するというと、ありえないことのように見えるが、そうでもない。というのは、古い世代の当主とその末弟との母が異なり、その年齢差が、もし四十歳とか三十歳ちがいというふうに大きく離れていたとすると、たとい最高世代と現世代との間が九

代であっても、非常にまれではあるが、同時に存在しうる。

しかしこういう大家族は、一般的ではない。西暦前三世紀に始まる漢代では、人数はずっと少なくて、一戸の人口は五、六人から多くて十人前後であった。

この家族が冠婚喪祭を行なうのであるから、中国の家族についてスケッチしておきたい。スケッチと言うのは、なにしろ中国は歴史が長く、地域も広いのでそのすべてにわたって詳細に説明できないし、また、それは本書の目的でもないからである。しかし、古代から近代に至るまでのほぼ共通する大筋を知っておく必要があるので、以下に述べる（前引の牧野巽『支那家族研究』の「支那家族制度概説」などに基づく）。

まず第一は、中国では、政治を担当する士《し》大夫《たいふ》（士は中級の、大夫は高級の官僚層）以上の人々と一般庶民との間には、生活上、いろいろな相違があることを理解しておく必要がある。それはかつての日本でも同じで、江戸時代、武士と庶民とは異なった法や道徳の下で生活していた。また、儒教の建て前は士大夫以上の人たちに関するものであるから、一般庶民に対して、厳格にかつ詳細に規定を設けようとするわけではない。ただ社会の規範というものは、上層の人々を対象にして作ったものが理想とされ、力を持つことは否めない。なぜならそれが諸階層全体に対して、比例的に適用されてゆく傾向があるからである。

こういうことばがある。「礼は庶人に下らず、刑は大夫（高級官僚）に上らず」（『礼記』

曲礼上篇）と。これは、「礼の規定は一般庶民には適用されない。刑罰は庶民を対象とするものであり、大夫階層以上の人には適用されない」という意味である。これだけ読むと不公平なように見えるが、それは人権の平等を謳う現代の感覚である。このことばは、実は厳しい意味を持っている。すなわち、中国社会における大夫以上の者は教養を積み、人格を磨き、道徳的にすぐれた人物でなくてはならないという意味なのである。換言すれば、礼をきちんと守ることができ、刑罰を受けるような行為があってはならないという意味である。

別の解釈もある。礼には大夫に適用する刑がないためとか、或いは鞭打ちのような恥辱を受ける刑は加えないとかと。それでは、大罪あるときはどうするかというと、王や君主の使いが来ることになると、その前に責任をとって自決するわけである（陳立『白虎通疏証』）。

さて、そのつぎに理解すべきは、家族と宗族との相違である。宗族というのは、同一祖先から生まれてきた血族とその配偶者とを包む一族のことである。ただし分家してゆくものだから、必ずしも全員が同居しているわけではない。しかし、一族が近くに住んでいたらしい。「らしい」と言うのは、中国北部ではかつてそうであったが、後にはそうでなくなるからである。中国南部では、一族が近くに住んでいる場合が多い。例えば天野元之助の実地調査によれば、福建省の玉田という村では、一千余戸すべてが鄭《てい》という姓、仙坡《せんは》村の五百戸がすべて鄭姓、大渓村は五百余戸がすべて馮《ふ》姓……（清水盛光「支那に於ける同族部落」・『家』所収・河出書房・昭和十三年、三二四頁）。

この宗族は、家族から成り立っている。家族というのは、同居していて、財産を共同で使う人々のことである。すなわち同居同財の家族である。百五、六十人から成る大家族であっても、実質は多くの同居同財家族に分かれているという。だから、この同居同財家族こそ家族であり、その規模は、一家平均五、六人である。しかもその形は、西暦前三世紀の漢代あたりからもう始まっていたわけである。だから、父母、夫婦、未婚の子女、或いはその他の親戚それぞれ二人ずつくらいの家庭、現代日本で言えば、夫婦と子どもの核家族に夫の両親を加えた三世代家族といったイメージである。

さて宗族の責任者が族長であり、家族の責任者が家長である。族長は、一族の中で才・徳ともにすぐれている人が選ばれる。同一祖先すなわち始祖から始まって、その嫡系すなわち本家の子孫（長子）は、宗子《そうし》と言って一族の血の中心人物ではあるが、必ずしも一族の族長になれるとは限らない。ただし、宗子は祖先の祭祀の責任者となる。

一方、家族は長い歴史の中で各時代の宗子からいろいろな形で分家してゆき、独立して生活している。その各家族を束ねるのが家長である。

中国の家長は、古代ローマの家長のような、家族を刑罰として殺すことができ、奴隷として売ることもできたといわれているような絶対的権力を持っていない。法・道徳ともにそれは、父としてどうあるべきか、母として、子としてどうあるべきかという規定（権利や義務）ではあっても、家長としてとか家族のメンバーとしてのそれではない。すなわち、家族制度というよりも親縁（血縁関係）制度という意味のほうが強い。

つぎは、宗族と家族との関係である。一族の団結のために、近世では、宗族は一族の始祖を祭る祠堂《しどう》という建物を建て、宗子が主宰者となり、祖先祭祀を行なう。この祭祀に必要な費用は、一族が祠堂に農地を附属させ、その農地（祭田と言う）の収入を充てていた。一方、分家した家族ではさらに新たな分家が起こるが、礼の規定により、或る期間は一つのグループを作り、始祖以外、自分たちに近い四世前までの祖先（父母・祖父母・曾祖父母・高祖父母）を祭る。しかし、新しい死者が出て世代が下ってくると、古い神主（位牌）は始祖のいます祠堂に納め、合祀することとなる。広東省の或る祠堂では、一万以上もの神主があるという。

このように同一祖先で結ばれているので、一族という意識が強烈となる。だから、一族内で紛争が起こると、当事者はまずこの祠堂すなわち祖先に訴え、宗子や族長の公平な裁判を仰ぐことになっていて、宗子や族長をとばして、むやみに先に官庁に訴え出てはならないとしている。これは中国の長い歴史を貫く伝統、すなわち地方自治のありかたに基づいている。中国の歴代政権は中央政府の関わる範囲を限っており、地方自治を認めてきた。宗族が機能していたからである。

この宗族は、一族間の生活の相互扶助を行なうし、逆に、素行の良くない者は処罰や追放を行なう。或いは族譜（一族としての名を記載した系図。名以外に重要な個人情報も記載）から名を削るなど、実質的に力を持っている。もちろん一族のだれも保証人にならないので、保証人を必要とするまともな仕事に就くことは非常に困難となる。当然、一族から追い出された者の神主が祠堂に入ることや、同一墓域に墓を作ることを許さないのである。これは、中国人にとって最も厳しい処罰である。

冠婚喪祭の場合、大まかに言って宗族が深く関わるのは祭であり、冠・婚・喪は家族（一戸だけではなくて、或る分家グループとして）が関わると言ってよい。

だいたい以上のようなことが、中国の家族のスケッチである。西暦前から、つい六、七十年前までの二千年以上の歴史において、中国にいろいろな変化があったのは当然であるが、大きく捉えて最近にまで関わる、本書に必要な大筋についてはこのスケッチで述べてある。もちろん、この他に必要な知識もある。例えば西暦前の漢代から、相続は兄弟の均分相続であったことである。長子も次子も財産上は平等であり、財産が細分化されてゆく。そのため、大財産家が永く続かなかったわけである。

また離婚と言っても、そう簡単にできるものではなかった。結婚には費用がかかるので、農民の場合、やっと結婚できた妻を追い出してしまうと家内労働にもこと欠き、子も生めず、大きな損失を被《こうむ》るのは夫の方であった。貧しい農民は、妻の姦淫にも目をつぶらざるをえなかった（仁井田陞《のぼる》『中国社会の法と倫理』緒言・清水弘文堂・昭和四十二年）。

さて家族と言っても、士大夫以上と一般庶民とでは、律する規準が違うのではあるが、いちおう規準という意味で、士大夫以上の冠婚喪祭の姿をつぎに見てみたい。

(4) 冠・昏（婚）・喪（葬）・祭——礼の中心

書店に行くと、実用書というコーナーがある。「手紙の書きかた」とか「釣りのしかた」といった本がならんでいる。中でも、冠婚喪祭に関する本がずいぶんと多い。

＊葬は遺体を墓地に埋葬する儀礼のことであり、喪礼の一部である。現代日本語では「葬祭」と書くが、本書では「喪祭」と記しておく。「婚」も本来は「昏」である。

もっともである。ゴルフや釣りに関心のないものにとっては、その方面の実用書など一生縁がない。手紙の書きかたにしても、今は電話やメールがあるから、手紙が書けなくとも電話やメールで事が足りる。しかしどんな人でも、冠婚喪祭には必ず出合う。それも当事者となると、いささかあわてる。

私も結婚の仲人役を務めることになったとき、当事者として冠婚喪祭の本をつい立ち読みすることがある。しかしその大半は、仲人の服装がどうとか焼香のしかたはどうとかかと、形式を説くことに終わっているつまらないものばかりである。なぜそうするのかという理由の説明がない。例えば、仏式葬儀で中心となる本尊に対して、なぜ本尊があるのかという説明をした冠婚喪祭書は皆無と言ってよい。にもかかわらず、冠婚喪祭の手引書の要求があるのは、当事者の経験不足に原因がある。

冠婚喪祭は、本来、自分の家で行なっていた。或いは、いわゆる本家の部屋を借りて行なっていた。しかし今日の日本では、婚礼のほとんどが、葬儀のかなりが、家ではなくて会館や結婚式場やホテルといった施設において行なわれるようになってきている。冠礼は一月にある成人式の日、役所の主催に委ねている。辛うじて、先祖供養の祭は家において行なっている。そうなると、そのときの関係者だけしか経験しないわけであり、他の者は見物することができなくなってきている。

私が子どものとき、家において行なわれる結婚式や披露宴を庭から見ることができた。障子などは取りはずしており、近所の人が総出で手伝って出入りしていた。そのように傍観したりして、なんとなく全体を経験し、成長するにつれて細かいことを覚えてゆくのがふつうであった。葬式に至っては、野辺の送り——葬列を何度も見ている。

すなわち冠婚喪祭は、かつては家において行ない、地域の者が手伝うのがふつうであった。日本においては喪祭に寺院が関わるが、それでも主体は家族にあった。そしてほぼ一定の形式があり、みなが何度も参加するうちにしぜんに覚え、経験を深めていた。そのようにしてみなが一応の礼を知っている上に、なおかつ詳しい者がいて、諸礼をその人に教えてもらいながら実行していたのである。

しかし、そのように家において行なわれていた冠婚喪祭が、しだいに家以外の営業施設で行なわれるようになり、従来の形式が崩れてきているのが現実である。核家族となり住居が狭くなったとか、家が勤務先から遠くて、弔問客が訪れるのに不便であるとか、近所の人に手伝ってもらうのが頼みにくいとか、さまざまな理由で家で行なわれなくなってきた。その結果、人々は冠婚喪祭の経験が乏しくなり、冠婚喪祭の実用書を求める要求が増えてきたのである。

そのため、冠婚喪祭実用書や業者の言うことが通り、奇妙な新礼式がつぎつぎと生まれてきている。例えば葬式のとき、僧侶の読経を中断させ、弔電を読みあげたりする。読経の中断などというのは、僧侶(導師)に対して失礼である。また読経申しあげている本尊に対してのみならず、その読経による安心を期待する遺族に対しても失礼である。だいたい弔電を打つというのは、その人は当日欠席の意味である。その欠席者の名をわざわざ読みあげるのは、当日の参列者に対して僭越である。私は葬儀に参列したとき、弔電を読みあげだすと横を向いて聞かないことにしている。弔電は、あとから遺族が自分で読めば済むことである。弔電と、結婚式の祝電とは意味が異なるのである。

また、家の外でするようになってからは華美になる傾向があり、礼がともすれば形式に流れやすくなっている。そのことは、礼の大家であった孔子自身がすでに歎いている。「礼と云い礼と云う。玉帛《ぎよくはく》を云わんや」と。これは、「人は礼、礼と口では礼を重んじている調子で言っているが、実際には心が伴わず、儀礼において用いる玉や帛《きぬ》がどうだこうだと言っているだけではないか」(『論語』陽貨篇)という意味である。或いは形式化の極致として、ぜいたくな礼となりやすいことに対して批判している。「礼はその奢《しや》(ぜいたく)ならんよりは、むしろ倹《けん》(倹約)せよ、〔喪儀のときは〕その易《い》(なごやか)ならんよりは、むしろ戚《いた》め(悲しめ)」(『論語』八佾篇)と。

以前、或る中国文学研究者の葬儀に参列して驚いたことがある。参列者たちの中には、待っている間、談笑しているのがいた。悲しみなどはない。たがいに、やあやあと同窓会のような調子である。大声を出したり、笑ったりしている。そういうのに限って、意外と老人が多い。それも儒教を学んだ人たちだから、何をか言わんやである。まさに『論語』読みの『論語』知らずであった。

礼にとって大切なことは、その行為をなぜ行なうのか、その意味である。その意味づけにおいて、身につけるべき道徳が示される。その道徳はけっして実行困難なものではなくて、人間であるならばすなおに理解でき、行なえるものである、と言うよりも、人間のありのままのすがたを深く冷徹に見通した人間論に基づくものである。例えば婚礼と言えば、だれでもおめでたいこととするであろう。中国人も嘉礼としている。しかし、はしゃいでよいものであろうか。実は祝賀ではないとして、「昏（婚）礼 賀せざるは人（当主夫婦）の序（代がわり）なればなり」（『礼記』郊特牲篇）と言う。婚礼には音楽の演奏がなく、祝賀しないのは、結婚した新郎が父の跡を継ぎ、新婦が姑に代わることを意味する。すなわち、新しい夫婦の誕生は当主夫婦の引退を意味することであるから、めでたくもあり、めでたくもなしという複雑な気持を儒教は見通しているわけである。同じことは、新婦の実家においても言える。つぎのようなことばがある。新婦を送った家では、父母兄弟姉妹が三日間、夜は燭《ひ》を点《とも》し続ける。なぜなら、「相《あ》い離るを思へばなり」（『礼記』曾子問篇）。娘の結婚は家族との別れであり、つらい。そのつらい思いを示しているわけである。孔子のことばとして伝えられている。花嫁の父、いや父母の気持をすなおに捉えているのが礼であり、礼の精神なのであって、けっして人間を縛るものではない。そのような例を、いますこし挙げてみよう。

「死しても弔せざる者 三あり。畏《い》と厭《おう》と溺《でき》となり」（『礼記』檀弓上篇）とある。亡くなったからといって、かならず弔問に行くわけではない。いや、弔いに行ってはいけない三つの場合がある。追いつめられて自殺した場合（畏）や、危険なところに行き、木や大石などで圧死した場合（厭）、溺死した場合である。要するに自殺や災害死や溺死という、変死のときである。確かにこういう死因のとき、弔問者は遺族に対してことばのかけようがない。そらぞらしい弔慰のことばを贈るくらいなら、むしろ弔わないで遺族をそっとしておいてあげるのが、情というものであろう。

「貧しき者は貨財を以て礼をなさず、老いたる者は筋力を以て礼をなさず」(『礼記』曲礼上篇)と言う。貧しい者は無理をして高額な金品を用意して礼を行なってはいけない。老人は無理をして身体を使って礼を行なってはいけないという意味である。今日流に言えば、収入の低い者は、葬儀の香奠(奠とは儒教儀礼のことばであり、供え物のこと。「香」は後に付け加えたことばであり、「典」は宛字《あてじ》)や結婚祝いに無理をしてはならないという意味である。だいたい香奠や賀標(慶事)は、相手と自分と比べてみて、自分よりも社会的地位が上であったり豊かであるときは低い額にし、相手が自分よりも社会的地位が下であり貧しいときは、高い額にするのが本当である。婚礼や葬式の費用を分担するという気持であり、足りない分は私たちが持とうという表現なのであるから。ところが、近ごろは逆になってしまい、自分よりも社会的地位が上で豊かな人に対しては高額の、自分よりも社会的地位が低く貧しい人に対しては低い額の金品を贈っている。誤りである。また参列ということで言えば、老人は無理して葬式や結婚式に出る必要はないという意味である。暑いときや寒いとき、自分の身体の調子を崩すだけだからである。

すこし特殊な場合の例を挙げる。孔子に弟子の曾子がこうたずねている。結婚の儀式の一つに、「親迎《しんげい》」というものがある。これは新郎が新婦を迎えに、新婦の家まで行くことである(第三章の扉の絵を参照)。古代では馬車を使ったことの伝統が今でも生きていて、例えば台湾では、自動車を運転して迎えに行く。車の前面のボンネットの上に、真紅のリボン布をV字形に掛けているのが街中を走っている。この親迎の途中で、新郎の父母が亡くなったときはどうすべきかと曾子はたずねている。孔子はこう答えている。すぐ花嫁衣装を脱ぎ、布製の平服に着がえ、白絹で髪を束ねて喪に参列せよと。孔子はつけ加えて、こう言っている。もし新婦の父母が亡くなったときは、実家に帰れと。すなわち結婚式は中止して、実家の喪に参列するわけである（『礼記』曾子問篇）。

冠婚喪祭の例からはすこしずれるが、こういう礼もある。「天子は一食す。諸侯は再《ふたた》びす。大夫・士は三食す。食力《しょくりき》は数なし」（『礼記』礼器篇）。食事のとき、天子は一回食事をすると、もう十分だと左右の者に言え、という意味。天子はなによりも徳行の充実に熱心であるべきであって、自分の好みを求め、おいしい食事に熱中することなどしてはならないからである。すなわち天子は、われわれ庶民のように快楽主義的な追求をしてはならないというのが儒教の立場である。自己犠牲をつくし、人々の模範となるべき天子に人権などという個人的なものはない。もっとも左右の者が勧めると、次の食事をするが、同じくもう十分だと言うことになっている。だから、原則的には一食以下、諸侯の場合も同じ意味あいで二食、大夫・士は三食とする。これは、社会的地位の高い者に対する戒めである。しかし「食力」（力仕事をして自分で稼いで食を得る者）すなわち古代社会でいうところの農・工・商の労働者は、「数なし」すなわち一定規則はなく、必要回数、必要分、食べてよいとする。これなども、当時の頭脳労働者と肉体労働者との食事量の違いという、ごく常識的な経験に基づく礼である。

人間と人間との間のルールが礼なのであるから、その礼——とりわけ冠婚喪祭の礼を行なうとき、現実の人間が主体となる。祖先の霊には、儀式の前後に御挨拶をする。だから、今日流に言えば、神前や仏前と言うよりも、人前《じんぜん》で行なう感覚である。そのことは、実は現代日本においても、ずっと受け継がれているのである。役所が二十歳になった青年を集めて行なう成人式は、完全に人前の冠礼である。ふだんはもちろんのこと、挙式後にお礼参りもしない神社において、信じてもいないのにその神社の神の前で行なう結婚式や、同じくまったく信じてもいないのに、花嫁衣裳が和服でなくて洋服のウェディングドレスを着る関係上、洋風のファッションに合わせてキリスト教会を選び、イエス・キリストの前で行なう結婚式は、実は出席する親戚を前にした人前結婚式である。ふだんは仏教と無縁であるのに仏式葬儀を行なうのは、実は参列者を前にした人前葬儀である。最近、インド仏教的に本尊を仰ぎ『法華経』で結ばれつつも、実質的には儒教的に参列者を中心とした〈友人葬〉という、事実上の人前葬儀を日蓮宗系の創価学会が行なっているが、それは儒教を取りいれてきた日本仏教、そして日本人の実際感覚に合う一つの方向であろう。祖先祭祀は、人前でなくて祖霊の前で行なう。これは特別だが、中身は祖霊自身を祭る礼なのであって、祭りを行なうのはやはり人間である。

ところで日本の冠婚喪祭では、その当日が吉日か凶日かをやかましく言う。中国の冠婚喪祭にも、もちろんこの種の吉凶占いがある。しかし、すべてまったく取るに足らない迷信である。にもかかわらず、冠婚喪祭、ひいてはいろいろな儀式を行なう日取りにおいて、こうした迷信に昔から引きずりまわされている。

日本の場合、六曜の吉凶がいちばん普及している。六曜とは、先勝《せんしょう》・友引《ともびき》・先負《せんぶ》・仏滅《ぶつめつ》・大安《たいあん》・赤口《しゃっこう》という順で日がめぐるとする。ただし、一年中この六つのものがそのまま回《めぐ》っているわけではない。旧暦の一月一日と六個月後の七月一日は必ず先勝、同じく二月一日と六個月後の八月一日は必ず友引、以下同様に、三月一日・九月一日は必ず先負、四月一日・十月一日は必ず仏滅、五月一日・十一月一日は必ず大安、六月一日・十二月一日は必ず赤口と決まっている。例えば三月の場合、一日が先負であるから、順に二日が仏滅、三日が大安……というふうに六曜の回る順に充ててゆき、月末が来ると、その翌日、すなわち四月一日は三月《さんがつ》のときに回っていた六曜の順番に一切関係なく、前記のようになにがなんでも仏滅ということに定まっている。すなわち月末をもって、その月の六曜の順序は打ち切りとなる。こういうふうにして、各月の六曜がめぐってゆく。とすると、なんのことはない。はじめから六曜のそれぞれが当たる日は決まっているわけである。旧暦であるから、今日の暦といくつかのずれや変動があるが、それは大した問題ではない。要するに、ほぼ六日の周期ということにすぎない。この六日の周期で、どうして吉凶が決まるのであろうか。そんなもので決まるわけがない。
いちばんわけが分からないのは、仏滅が凶という考えだ。どうして凶となるのか。仏滅とは、例えば釈尊の入滅、すなわちお涅《ね》槃《はん》ではないか。煩悩を断《た》って絶対自由の境地に入る涅槃寂静《ねはんじゃくじょう》が、どうして凶なのか。このごろは寺院までが仏滅の日を嫌うとやらで、僧侶がお涅槃を嫌うとは。

唐のころ、李淳風という易の大家が六壬《りくじん》という占法を考案したといわれる（その原形は後漢時代とも）。大安（大吉昌《だいきつしょう》）・留連《りゅうれん》（事《こと》成り難し）・速喜《そくき》（速やかに喜びごと来臨す）・赤口（口舌を主とす）・将吉《しょうきつ》（小吉）（将《まさ》に吉《きつ》ならんとす）・空亡（事《こと》長ぜず）の六者が、或る規則（省略する）の下に順にめぐるとする。このシステムを改良した日本版がどうも六曜のようである。

「仏滅」はこの「空亡」あたりからきたものであろう。一説では、「仏《ぶつ》滅」でなくて「物《ぶつ》滅」だとも言う。もちろんそれなら「空亡」に近い。

「友引《ともびき》」の日は、葬式をしてはいけないと言う。なぜなら、死者があの世に「友人を引っぱってゆく」すなわち「友引《ともひ》く」からだという。そこで、この友引の日にどうしても葬式をするときは、死者の棺に人形を一体入れる。人間の代わりにその人形をあの世へ引っぱってゆかせるためだと。これは「友《とも》」を友人・知りあいと理解し、「引」をあの世に引っぱってゆくと解釈したところから生まれたらしい。しかしこれは、「友」字の意味の誤解から生まれた珍説である。「友」とは字の原形「」が示すように、二人の手を並べており、二人が心を合わしている意味だからこそ友人ということになる。と言うことは、「友《ゆう》引《いん》」すなわち友人二人の引っぱりあいで、勝負がつかず、あいこという意味であり、それを「友引《ともびき》」と言っているのである。事実、例えば私の手もとにある江戸時代の占術書『永代大雑書万暦大成』（天保十三年・一八四二年）の「六曜星日《ひ》取之考《どりのかんがえ》」のところでは、「友引」について「相引《あいひき》とて勝負なし」と記している。すなわち、この日は良くも悪くもない引き分けという意味である。どうしてこの日に限って死者が友人の生者をあの世へ引っぱってゆくのか。友人なら、なにもその日でなくとも、いつあの世へ引っぱっていってもいいではないか。引っぱられるほうは困るけど。

　六曜などというのは、暦を作って売る業者が、暦注といって暦を使うときのサービスで付加価値的につけたものにすぎない。本格派の暦にそんなものはない。本格派の暦の最高は、伊勢神宮が出している神宮暦であるが、それには六曜などは書かれていない。もっとも、今の時代である。このごろは神宮暦に、六曜をつけた折りこみ別紙が挟まって入っている。六曜をつけてくれという人が多いからであろう。世間の迷信に抗しきれず、妥協案としてサービスにつけた別紙である。そうした世間の圧力に屈してか、本来の神宮暦が示すように六曜など無関係のはずの神社が、大安の日に結婚式で繁昌しているのはおかしい。神道にとっては、仏滅だろうが友引だろうが、本来は関係ないはずである。

因みに、平成五年春、皇太子の婚約が発表されたとき、早速、各新聞紙の記事は結婚の日取りを予想していたが、各紙ともに結婚の日を大安の日と想定していた。すでに予定されていた国や皇室の諸行事との関係から推論して、六月初旬の大安の日を挙げてである。驚くべきことであった。神道を根核とする皇室が、神道と無縁な大安の日を選ぶはずがないからである。ところが、事実は平成五年六月九日の大安の日に挙行されたのである。これは、皇室の意志とは思えない。おそらく内閣周辺の、或いは宮内庁の無知な連中が、迷信のままにその日を選んだのであろう。迷信を国家が認知したようなものである。

ついでに言えば、皇族の婚約から始まる婚礼の諸行事は、儒教の婚礼のそれを下敷きにしているが、残念ながら紙幅がないので、今は指摘するだけにとどめておこう。

では、こうした冠婚喪祭を行なうときに中心となるのは、いったいだれなのであろうか。それを見てゆきたい。

(5) 主人と主婦と——男女の役割分担

女性差別ということで、「婦」と言うことばがいけないらしい。と言うのは、「婦」字は女偏《おんなへん》に「帚《ほうき》」を持っている形を表わしており、これは女性を家に閉じこめて掃除をさせ、女性の社会性を奪う女性差別だからだと。そして「婦人」ということばも使わないようにしようと言う。

しかし、この文字をいわゆる掃除用の箒《ほうき》を持って家の掃除をするという字源に解釈するのは正しくない。白川静『説文新義』（白鶴美術館・昭和四十七年）に拠れば、帚は住居の掃除道具の帚木《ほうき》ではなくて、廟《びょう》（みたまや）で不祥なものを払うための神具として使う帚（くさぼうき）であり、これに酒をそそぎ、その芳香で廟中を清めるのである。その礼は、結婚した女性が婚家の廟にお参りし、婚家の一族となるときに行なうので、その礼の執行者として「婦」の字形が生まれたという。

すなわち、結婚して一族として認知されるときの礼を行なう、神具の帚《くさぼうき》を持った女性の姿を写しているのであって、女性が掃除用の帚木を持ってパアパア部屋を掃除している姿ではない。

白川説は甲骨文字などに残る古代の卜《うらな》いを立てたことば、すなわち卜辞《ぼくじ》を材料にして、さらにこう述べている。「卜辞にみえる婦好・婦姘《せい》は外事に従うことも多く、ときには数千の兵を率いて外征に赴くことがあり……おそらくその出自《しゅつじ》の族の代表者として、王室の外事にも従うことがあったらしく、古代の婚姻の形態において、婦がそのような地位を占める関係のものがあったのであろう」と。

すなわち、実家（出自）一族を代表することもあり、軍事指揮官として数千の兵を率いることもあったのが婦の実態であって、家に閉じこめていたのではない。

人は、或いはこう言うかもしれない。白川説の描く婦は、はるか遠い古代のころであって、後に儒教が国家的イデオロギーとなったときは、女性を抑圧して帚木《ほうき》を持たせていたのだ。だいたい夫を主人と言い、妻を主婦と言うのは女性差別ではないかと。「婦」字だけでなくて、主人・主婦――どうやらこれらのことばにも抵抗があるようだ。

しかし儒教で使う「主人・主婦」ということばの意味と、現代日本語で使うそれとは異なっている。もちろん、現代日本語の「主人・主婦」という語は儒教から来ているのではあるが、相当に変化が見られる。それでは、儒教ではどのような意味に使っていたのであろうか。

いちばん分かりやすいのは、礼の世界、具体的には冠・婚・喪・祭において使われている例であろう。そこでは、「主人・主婦」の意味がはっきりしているからである。

さきほど述べたことであるが、結婚すると、男性は夫、女性は妻と称する。これはあくまでも、結婚した当事者二人の男女の関係を表わすことばである。そのことは現代でも同じである。ところが現代では、個人主義に基づく結婚ということになっているから、夫或いは妻という呼称は当事者間の関係を示すのみならず、同時に法律的関係を示すことばともなる。その新家庭の戸籍には、夫と妻としかいないからである。

ところが、前近代社会では、夫妻単位の家族ではなくて父子単位の家族であるから、新たに嫁してきた女性、すなわち他の族から新しく入ってきた女性を一族の中に法的に〔厳密に言えば礼的に）位置づけ、保証しなくてはならない。

そこで、廟見《びょうけん》という礼を行なう。すなわち嫁してきた日の後に（一説では三個月後）、嫁してきた家の廟で同家の祖先（神主）に挨拶する儀式を行なう。これが廟見の礼であり、このとき、前述したように神具の帚を使う。この廟見の礼を終えると一族として認知され、〈婦〉となるのである。妻から婦へと認知されるのであり、婚礼においてこれが最も重要なのである。婦となると、一族として、言い換えれば〈族人〉として公認されるわけで、夫妻よりも夫婦のほうが格が高い。

こんな話がある。孔子に、弟子の曾子がこうたずねた。嫁してきた女性が、廟見の礼がまだ終わらない前に亡くなったときはどうなるのですかと。すると孔子は、実家の墓に入れるべきだ、まだ婦と成っていないことを示すからだと答えている（『礼記』曾子問篇）。

今日流に言えば、婦と成るということは、役所に婚姻届を出して受理され、新戸籍が作られることに相当するであろう。いったん婦となると、夫はそう簡単に離婚してほうり出すなどということはできない。婦と成るというのは重要なことであったのである。

さて、それでは冠婚喪祭において、婦はどういう役割をするのであろうか。

冠婚喪祭の中で、喪が最も大切である。と言うのは、結婚しない人もいるし、祖先祭祀のできない人もいる。しかし、人間は必ず死ぬ。喪を避けることは絶対にできない。よほどの状態のとき以外、己《おのれ》が死を迎えたとき、だれかが喪儀を行なってくれるであろう。となると、自分の生存中、他者の喪儀に参列することは重い意味を持つ。まして、通常、人は親の死に接するのであるから、親の喪儀は覚悟しておかねばならない。すると、一層、親の喪儀が重要となる。冠婚喪祭中、喪が最も重く、その喪礼の内、親の喪礼が特に重要である。それは、すべての礼の規準、とりわけ原点となるからである。

そこで、『家礼』を見てみよう。『家礼』は冠婚喪祭の分かりやすい規準書であり、儒教文化圏の冠婚喪祭に与えた影響が大きいからである。ただし儒教の古代礼を記した文献を基にして、取捨選択して再構成したものだから、原《もと》の文献の内容と異なるところが多い。それはともかく、『家礼』の中の喪礼を見てみる。

或る一族に死者が出たとする。死者の息が絶えると、中霤《ちゅうりゅう》（家屋の中央にある明《あか》りとり。家の守護神を祭っているところ）に昇り（「屋根に昇る」という説もあるが）、死者の衣（官僚であったならば官服）を掲げて、魂よ復《かえ》れと三度呼ぶ。そのあと衣を巻いて降り、その衣で尸《なきがら》の上を覆う。集まってきた男女が哭擗《こくへき》する（「哭」は声をあげて泣く。涙はもう出ない。「擗」は悲しみを表わす動作）。悲しみのあまり手で胸を打ち、足で地を蹴り、声をあげて泣く。興味深いことは、男女という点である。もっとも、それはまだ人々の集まりを示しているにすぎない。しかし、この「復《かえ》れ」と魂に呼びかける儀式の終わったあと、喪主《もしゅ》を立てるのである。喪儀の総指揮者を指して喪主と言う。だから喪主は、本来チンと座っているべきではないのである。

しかしこのごろは、どういうわけか喪主に何もさせないようにしている。また、日本の近ごろの大きな喪儀では、喪主の他に葬儀委員長なるものが作られ、喪儀の総指揮を執っているが、喪主がいる以上、葬儀委員長という名称はおかしい。喪主代理とでも言うべきであろう。まして、いろいろな文書に名前を連ねるとき(例えば葬儀通知)、喪主よりも上に葬儀委員長として名前を出しているのを見かけるが、喪主に対して不敬であり、僭越の極《きわ》みである。もっとも家の喪儀でなくて、例えば社葬であるならば、葬儀委員長は形式的には喪主ということになるだろう。

さて、喪主には、一族の首領(宗子《そうし》と言う)がなる。喪儀であるから特に「喪主」と称しているが、礼式一般で言えば、その儀礼の総指揮者ということで、「主人」すなわち「人を主《つかさ》どる」者である。この「人」とは、男子のことである。もし亡き人が宗子であるときは、その長子が喪主になる。長子がいなければ、長孫すなわち孫の筆頭者が喪主となる。すなわち、喪儀の主人(男性のリーダー)を決めるわけである。そのつぎは「主婦」を決めるのである。この「主婦」には、亡き人の妻がなる。もしいなければ、「喪を主《つかさ》どる者の妻」がその任に当たる。すなわち「主婦」とは女性のリーダーのことであり、役柄のことなのである。喪主(主人)という役は喪儀の指揮者のことであるが、役割分担としては男性のリーダーであり、主婦という役は、役割分担としては女性のリーダーのことなのである。なぜ役割分担かというと、儒教では二つのもののバランス(陰と陽、柔と剛など）を重んじるので、以下の喪礼のそれぞれの場面において、男性側を代表して主人〔このときは喪主としてではなくて〕が或る動作をすると、つぎに女性側を代表して主婦が同じ内容の動作をすることになるからである。例えば小斂《しょうれん》（亡くなった翌日に死者の衣服を整える儀式）のとき、「主人主婦　尸（遺体）に依り、哭擗《こくへき》（前出）す」る。主人と主婦とは遺体を挟んで、主人は西向きに、主婦は東向きに位置する。喪礼に参列する多くの男女を代表して死者に対して喪の礼を行なう者が、主人と主婦なのである。

因みに喪主（主人）・主婦を決めるとき、同時に護喪《ごそう》（一族中、礼に詳しく、その任に耐える者が成り、事実上はこの護喪が進行役となる）、一族中あるいは使用人から司書（文書・記録担当者）・司貨（会計担当者）を決める。はっきりとした役割分担の決定である。

役割分担がもっとも明確なのは、冠礼（成人式）のときである。男子が十五歳を越えると、二十歳までの間に成人式として冠礼を行なう。このとき主人となるのは、その男子の祖父であって、しかも一族の首領（宗子）が第一候補である。以下、もしその人が死亡していたときには、成る順序が定まっている。祖父と孫とは、実は、死後に立てる神主において深い結びつきがある。祖父の死後、孫は祖父の魂降し、魂の依りつく尸《かたしろ》（神代《かみしろ》）となるからである。そこから、昭穆《しょうぼく》の制という重要な制度が生まれてくるのだが、あまりにも専門的な話になるので、ここでは省略しておく。ただ、こう引用しておこう。「君子は孫を抱きて子を抱かず」（『礼記』曲礼上篇）と。それは祖父と孫との深い結びつきを意味している。この伝統であろう、現代でも祖父母の喪儀のとき、位牌を持つのは孫というのが通例である。ただし古代の礼では、女の尸を立てるときは、その家の婦《よめ》をもってする。

さて、男子の冠礼そのものの儀式には、主人以下、男性のみが参列する。儀式が終わったあと、冠礼を行なった者すなわち冠者は、父母をはじめ男女の親族に挨拶をする。

男子のこの冠礼に相当するのが、女子の笄礼《けいれい》すなわち髪を結《ゆ》い、笄《こうがい》（かんざし）をさす成人式である。このとき、母が「主」となる。参列者は女性すなわち「婦」のみであるから、「主婦」と言う必要がない。

冠礼のとき、外部から賓《ひん》を招聘する。賓は主人の友人で、賢人にして礼を知る人を選ぶ。この賓が、冠礼のとき、成人となった男子に冠を着け、字《あざな》（成人後の名）を与える。そういう重要な役をする賓は、笄礼のときにももちろん存在し、同じことを行なう。親族・姻族の女性の中から、賢明で礼を知る人を選んで賓になってもらい、男子の場合と同じく字《あざな》をつけてもらう。そのあと、親戚の男女に挨拶する。こうして笄礼が終わった女性は、以後、社会人として認知され、〈女士〉となる。

男性の成人式は祖父が主宰し、親戚の男性だけが出席し、女性の成人式は母が主宰し、親戚の女性だけが出席する。これは役割分担である。女性の場合、その成人において、母或いは女性でなければ行なえない訓戒やアドバイスがある。そんなときに、父親や男性がウロチョロするのは好ましくない。女子の成人式が、女性ばかりの式典であることには合理性がある。

よく人はこう言う、儒教は女性を抑圧してきたと。しかしそれは、現代の環境から見ての非難にすぎない。儒教はあくまでも人間中心なのであるから、人間にとって無理なことを要求したりなどしない。人間として可能な常識を説いているにすぎないのである。

男女の場合、その体力や好みといった、男女それぞれの本質的なものに根ざして、その役割分担を説いているのである。男子は肉体的に力仕事に向いているから、身体を使って働けと言う（特に農業の場合）。女子は指先が繊細で器用だから、織物の仕事に向いていると言う。生物学的に言って、女性は子を産み育てることが本性的に巧みであるから、子女の教育を担当するという。それは、能力の適合性を言うのである。現代では機械化によって、かつての農業のような激しい労働は少なくなったので、女性がさまざまな職業につくことが肉体的に可能となった。無理でないのなら、それを儒教は否定したりなどしない。

キリスト教ではどうか。アダムとイブとが犯した罪ゆえに、神は罰として楽園から二人を追放し、男には労働の苦しみを（当然、農業のイメージ）、女には出産の苦しみを与えた。とすれば労働は苦役であり、出産も苦役となる。しかし儒教は、そんなことは一言も言っていないのである。それどころか、現世を人間として力いっぱい生きてゆくことを勧め、この世に生きる楽しみを教えているのである。男も女も罰など与えられていない。両性は協力しあう関係としてその役割分担が位置づけられてきている。『家礼』は十三世紀の作品であるが、その原形の文献（『儀礼《ぎらい》』・『礼記』など）は、キリスト生誕よりもはるか昔に生まれたものである。

「主人・主婦」ということばは、一族或いは或る分家グループという集団を背景にしたことばであって、「一族（或いは分家グループ）の主人」なのである。それを少人数の核家族にあてはめて「一家の主人」と言うから、ギクシャクとしたものが生まれる。意味をもとにもどして、「主人」は家族の中の男性のリーダー、「主婦」は家族の中の女性のリーダーという本来の意味に理解すれば、「主人・主婦」ということばに、別段、神経質になる必要はない。

それに、事実上、家族における女性——核家族であるから、現実には娘がそれに当たるが、娘たちは母親の下にあるではないか。それは、古来、しぜんの感情であって、母は娘たちのリーダーであり、理解者であり、文字どおり元来の意味としての主婦となっているではないか。儒教は生活の経験から得たものを取りいれているのであって、「主婦」の事実上の意味を言っているにすぎない。「主婦」ということばを誤解した上に目くじらを立て、掃除用の「帚《ほうき》を持つ女」とはけしからんというような浅薄で無知・無学な見かたをすべきではない。

この夫婦間の道徳について、儒教は多く語っている。それも、なかなか鋭い観察に基づいている。例えば、「夫婦　反目すれば室（家庭）を正す能《あた》わず」（『易経』小畜卦）と。そのとおりである。「反目」とは「目を反《そば》む」、すなわち怒りの目でにらみあうという意味。「反目」ということばの出典である。

後漢王朝を建てた光武帝の玉座の後に置かれた新しい屏風《びょうぶ》には、たくさんの女性が描かれていた。光武帝は、しばしば振りかえっては絵を見た。すると宋弘という、もちろん儒教の教養を身につけた高級官僚が、居ずまいを正してこう申しあげた。「いまだ徳（徳行）を好むこと色を好むがごとき者を見ず」と。これは『論語』のことば。女を好むほどの気持で徳行に心を向けているような人物は見たことがないという、孔子のことばの引用である。もちろん、これは光武帝に対する遠まわしの諫言である。それを聞いた光武帝は、すぐにその屏風を取り払わせた。その光武帝が、或るとき宋弘にたずねた。諺《ことわざ》にこうある、「貴くなれば交《まじわり》（交際相手）を易《か》え、富めば妻を易《か》う（新しくする）」。これが人情（人のありさま）かと。すると宋弘は、こう答えた。私はこのように学びました。「（たとい富貴になっても）貧賤（のとき）の知（知人）は忘るべからず。糟糠《そうこう》の妻（長い間糟《かす》や糠《ぬか》を食べるような苦労をともにした妻）は堂より下らず」（『後漢書』宋弘伝）と。「堂」とは、住居の中心的なところである。つまり家から追い出さないという意味。「糟糠の妻」ということばの出典である。

どの新聞記事であったか忘れたが、どこかの小学校の女性教員が児童に「女偏《おんなへん》」のつく漢字を数えさせ、漢字が女ばかりについてあれこれと言っているのは、男女差別であると教えているというのがあった。また、どこかの大学の女性教員が同じような調査をして、同じく男女差別だとする本を書いたという記事もあった。無知なのが増え、大学も小学校も同じレベルのことをしているわけだ、今の時代は。

愚かな話である。すでに述べたように、その思考方法として、中国人は万物を分別し、万物を記述するという立場にある。人間を見れば細かく人間を分別して記述し、女性を見れば細かく女性を分別して記述するのである。それが「人偏《にんべん》」の文字を生み、「女偏」の文字を生んだのである。例えば女性は、古代において出自の族の名を示すという重要な分別の役割を果たす。そうした必要性から生まれたこともある。漢字一つ一つのそれ自身が甲骨文字や金石文の時代を語る重要なことばであり、「女偏」のつく漢字の持つさまざまな宗教的意味は、古代社会の様相を描き出す貴重な文化遺産である。白川静『説文新義』(前出)は、それを物語っている。同書全十五巻の巨冊の一頁でも読めば、漢字の成立や字源に関して、一知半解の浅薄なことは言えないことが分かるであろう。

因みに同書によれば、「人偏」のつくものは二四五字、「女偏」のつくものは二三八字と、ほぼ同じである。人部の文字には男子だけの意味もあれば、男女共通のものもある。大ざっぱに言えば、人部によって男性を、女部によって女性を表わし、ほぼ同数と見てさしつかえない。

(6) 歴史好みの儒教文化圏——有限の時間・無限の時間

中国では、烏《からす》は孝行な鳥とする。成長後、老いた親鳥のために餌を運んでくるからと言われている。それが果たして本当の話かどうか知らないが、そういう話が生まれてくるには、やはりなにかその元《もと》になったできごとがあったからであろう。と言うのは、古代人の経験をそう無視できないからである。例えば日本では、烏は不吉な鳥で、烏が啼《な》くと死者が出るとされている。それは迷信に聞こえるが、必ずしもそうではない。かつてほとんどの人間は、自宅で死を迎えた。高齢の者が、長い闘病の果てに亡くなる。死が近づくと、当然、死臭がかもし出される。この死臭にいちばん敏感なのが烏と言われている。だから、死を迎えた人の住む屋根に烏が集まってくるのはふしぎでない。或いはまた、烏は気圧が下がることに敏感とも言われている。こうした気圧の低下というような変化のとき、抵抗力が小さい高齢者は、死を迎えることがいつもよりも多いであろう。とすれば、烏が集まってくることと死との間に、一種の相関関係があると古代人が思ったことを嗤《わら》うわけにはゆかない。

冠婚喪祭の礼も、その背後に経験や歴史が含まれていると考えてよい。例えば婚礼の場合、掠奪婚《りゃくだつこん》の痕跡があるとする説がある。その例に、「乗馬班如《はんじょ》たり、泣血《きゅうけつ》(血の涙)漣《れん》如《じょ》たり」という『易経』屯卦《ちゅんか》のことばがある。「班如」とは「ばらばら」、「漣如」とは

「したたりやまない」、そういう意味であるが、この句を、女性を奪うために「殺到してくる馬のひづめの音を聞くと、女たちはすすりないてやまない」という意味に解釈し、個所は別だが、同じ屯卦にあることば「婚媾《こんこう》（結婚）を求む」と結びつけ掠奪婚であったとする。或いは、婚礼の中の親迎（本書一八八頁参照）が、黄昏《たそがれ》どきに行なわれることに注目する。新郎が新婦を迎えに黄昏どきに行くのは、女性を掠奪するには、夕闇のように相手方の用心が行き届かないタイミングに行なわれていたことの痕跡であり、「婚礼」の「婚」は「昏」、すなわち「黄昏」の意味を残していると。或いは売買婚という説があったり、その反論もある（陶希聖『支那に於ける婚姻及び家族史』・天野元之助訳補・昭和十四年・生活社、五一頁）。

喪礼の場合も、締めくくりとして最も大切な大祥、すなわち三年の喪が満二年であることは、中国北方において、野ざらしにした死体が完全に白骨化するまでの期間の名残である。或いは、死後、すぐ埋葬しないで遺体を家に安置し、時間をかけていろいろな儀礼を行なうこと（現代ならば、通夜や告別式がそれに当たるが）を殯《もがり》と称しているが、それは野ざらしの期間の残影である。また中国南方（台湾など）では、いったん埋葬するが、一定期間が過ぎると掘り起こし、遺骨を洗って（そのとき、まだ肉が残っていると、刮骨《クワクー》といって肉を骨から削《そ》ぎ落す。それを専門とする職業人がいる）、壺に入れる。改葬である。その壺を納めるところは納骨所のような感じの建物であり、一族の遺骨がそこにある。日本の沖縄では、いったん土葬にした後、或る期間を経てから掘り起こし、洗骨してお墓に納骨する。お墓には、先祖のお骨が納められている。私は、こうした改葬は、野ざらしして白骨化してから、頭蓋骨は家の廟《おたまや》に、残骨は土中に埋めた古代喪礼の遠い記憶を残したもののように思う。また日本の各地に残っている両墓制（遺体を埋める墓と拝む墓との二つに分ける形）も、〈野ざらしの場所と、その後の安置場所という二個所を使う改葬〉と、どこかでなんらかのつながりがあるように思っている。

ともあれ、礼は単なるルールではない。その要素の一つに、人間たちの経験の記憶がどこかにある。その意味では土着的な部分があり、われわれの意識の深い底にある感覚とつながっている。その感覚の根核は、何度もくりかえし述べるように、生命の連続の自覚という死生観である。この感覚はさらに、われわれにとって重要な物さしを生むこととなる。それは、東北アジア特有の時間感覚である。

時間は、死生観と深くつながっている。南アジアのインドのように、輪廻転生という死生観である場合、時間は無限となる。それはそうである。輪廻転生であるから、死んでは生まれ、生まれては死ぬことを繰りかえし、解脱して成仏するまで延々と続くのであるから、無限の時間とならざるをえない。しかも転生であるから、日本人からアメリカ人になることもあれば、人間から犬になることもある。とすれば、事実としての歴史は存在するとしても、歴史を受け継ぎ、歴史に参加し、歴史を作ってゆくという、いわば歴史感覚は稀薄とならざるをえない。

例えば、私は東北アジア人として加地家に生まれたので、招魂再生、生命の連続の自覚という死生観を持ち、たとい小なりといえども、加地家の歴史に対して感情の上において熱い親近感を持っており、残ったわずかの文書にも愛着を覚える。しかし、もし私が輪廻転生という死生観に徹底するとすれば、死後、加地家以外のところに生まれることになる可能性が極めて高いのであるから、加地家の歴史に愛着を持ってもしかたがない。加地家の歴史に実感を抱く歴史感覚の持ちようがないのである。

インド人がそれであり、歴史感覚が非常に稀薄であるから、自分たちのインド文献に対してもまた歴史感覚が乏しい。だから、インド文献の成立時期を示すような手がかりは十分でない。聞けば、文献の成立時期の誤差が数百年ということがあっても不思議でないと言う。インドに歴史的事実はあっても、インド人にはそれを引きうける歴史感覚が乏しい。

しかし東北アジア人のわれわれは、南アジアのインド人と異なる。或る始祖から始まって、ずっと生命が連続して今日に至っているという感覚であるから、歴史的事実に対して関心が深いのはもちろんのこと、歴史そのものに心で触れるような歴史感覚が豊かである。その根底には招魂再生観があるから、われわれは、祖先以来の縦《たて》に流れ今日に至る時間、すなわち人間の歴史を重視する。歴史好きとなる。中国人、朝鮮民族、日本人のわれわれは、文献に対して成立時期を示すことが好きである。細々とした事件に日時をよく書く。

中国人・朝鮮民族が一族の系図を記す族譜を大切にするのは、その典型である。輪廻転生するのであれば、その家とは関係がなくなり、その家の系図である族譜など無縁となるではないか。

この族譜重視の歴史とは、始祖から切り取って代々続き、自分のところにまで時間を持ってくることであるから、時間は有限であるという感覚である。ただし、今後も自分は続けてこの世にあり、できれば子孫は永遠でありたいという願望を持つ。すなわち、始祖以前については関心が低く、始祖を出発点として、〈上は有限〉という時間感覚を持つ。そして、始祖以後、現代までの脈々たる連続は強烈に意識していて、その永続（無限とは望まないまでも）を願う。

そういう感覚から生まれたものをさらに継承してゆこうとすること、すなわち伝統の意識が生じる。招魂再生の儒教文化圏において古《いにしえ》を尚《たっと》び、伝統を重視するのはそのためである。仏教と同じく輪廻転生を信じるヒンズー教文化圏（現在の南アジア）では、時間は無限であり、無限定であるから、伝統というような特定の有限の意識は生じようがない。

＊在日朝鮮民族の一世・二世（三世・四世は別として）が日本に帰化しない大きな理由の一つは、この儒教的歴史感覚にある。すなわち、帰化して日本人に成ると朝鮮半島において続いてきた一族の歴史と断絶することになり、耐えがたいこととなる。かつて強制連行（その真偽は別として）したという政治的社会的角度からの議論だけでは、在日朝鮮民族

の胸底に触れることはできないであろう。

それでは、そのように伝統重視、古《いにしえ》を尚ぶ儒教における古とは何か、重んずべき伝統とは一般的には何か、ということになる。その学ぶべき一般的な伝統は、限定的なもの、対象としてはっきりとそれと言えるものでなくてはならない。それを中国人は、聖人の統治した時代や文化としたのである。中国人が尚ぶ古とは、聖人（堯とか舜とか）が統括した時代のことであり、守るべき伝統とは、そうした聖人が定めて残した文化のことである。その文化こそ礼である、と儒教は考えたのである。

すでに述べたように、本来、礼は中国古代社会の習俗やら経験やら、そして祭祀やら雑多なものに基づいている。それはそれで事実である。しかし単なる事実であるとすると、時代が変われば時代に適当に合わせて改めたり廃したりしてすむ、ただの〈生活技術〉に終わってしまう。ところが儒教は、そうした生活技術に終わりかねない礼に解釈を加えた。ありていに言えば、礼に意味を与えたのである。例えば、親の喪礼として、なぜ三年の喪に服すのかということについて、孔子はこう言っている。人間は生まれてから三年の間は、父母に抱かれて濃《こま》やかな世話をしていただく。その返礼として、父母が亡くなったとき、三年の喪に服するのだと（『論語』陽貨篇）。

このように、儒家が礼に対して解釈を加え、意味づけしてゆくことによって、礼の学習が単なる技術学習のレベルを越え、思想的・教養的学習へと高まってゆくようになった。その変動は、最初は儒家の内部において起こった。儒と言っても、君子儒《くんしじゅ》と小人儒《しょうじんじゅ》との二種類があるとし、小人儒は礼楽（礼は音楽の演奏とともに行なう）の技術学習に終わっているが、君子儒は礼楽を通して思想や文化について理解を深めてゆくとし、孔子は弟子に向かって、お前たちは君子儒となれ、小人儒となってはいけないと言っている（『論語』雍也篇）。そしてついには、道徳は礼の実行がなければ完成しないとまで言い、礼の実行はほとんど道徳実践の意味に近くなる。「道徳仁義　礼にあらずんば成らず」（『礼記』曲礼上篇）と。

それでは、孔子を含めて儒家は、礼についてどのような意味づけをしているのであろうか。

(7)　礼の意味と五常と——仁・義・礼・智・信

石田梅岩という人物が創《はじ》めた心学《しんがく》というものが、江戸時代中期から幕末にかけて大流行した。この心学は、ほぼ庶民の立場で儒教（主として朱子学や陽明学）について解釈したものである。道話《どうわ》（道についての話）と言い、わかりやすい例を出して話すので、多くの人が心学のファンになった。こういう調子である（括弧内は加地の注）。

聖人の道（儒教）もチンプンカンでは、女中（女性たち）や子ども衆の耳に通ぜぬ。心学道話は識者（インテリ）のためにまふけ（設け）ました事ではございませぬ。ただ家業におは（追わ）れて隙《ひま》のない御百姓《おひやくしよう》（農民）や町人衆へ、聖人道のある事をおしらせ申《もうし》たいと、先師（心学を始めた石田梅岩のこと）の志でございまするゆゑ、随分詞《ことば》をひらたうして（分かりやすくして）譬《たとえ》をとり、ある（或る）ひは〔落語のように〕おとし話をいたして、理に近い事は神道でも仏道でも何でもかでも取《とり》こんでおはなし申《もおし》ます。かならず軽口《かるくち》ばなし（冗談）のやうなと御《お》笑ひ下されな。これは本意ではござらねども、ただ通じ安いやうに申すのでございます。

上文は柴田鳩翁《しばたきゆうおう》の講演記録である『鳩翁道話』の冒頭部分のところであるが、庶民のために儒教について独特の解釈をしてゆく。例えば、つぎのようにである。

仁《じん》と申事《もうすこと》は、畢竟《ひつきよう》トント無理のないと申す事でございます。此《この》無理のないのが、則《すなわ》ち人の心じやと孟子は仰《おおせ》られました。此《この》無理のない心をもつて、親につかへまするると孝行になり、主につかへまするると忠になり、夫婦兄弟朋友の間も又々此通《またまたこのとお》りで、五倫の道は、やすらかに調《ととの》ひます。……あるべきやう（様）が、無理のないところで、則ち仁なり、又《また》人の心でござります。たと（譬）へて申さば、此扇《このおおぎ》は誰が見ても扇じや。扇としつて、これで鼻汁《はな》かむ人も尻《しり》ぬぐふ人もない。これは是扇のあるべきやう。……此見台《このけんだい》（読書のとき、書物を開いて立てかけて置くことのできる書見台）もその通りで、棚《たな》のかはりにもならず、又枕《またまくら》の代りにもなりませぬ。……親を泣せたり、主人に心配させたり難儀をかけたり、夫に腹を立《たて》させたり、女房に心づかひをかけたり、弟をにくんだり、兄を侮《あなど》つたり、世間へ難儀をかけちらすは、皆扇《みなおおぎ》で尻《おいど》をぬぐひ、見台《けんだい》を枕にしてござるといふものじや。

分かりやすい。これは、「孟子曰く、仁は人の心なり」（『孟子』告子上篇）についての解釈である。仁とは無理のないことで、それが人の心のありかたであると言えば、現代のわれわれにもよく分かるし、さらには解釈の新鮮ささえ感じる。

もっとも、「無理のないこと」というのは、どこか禅宗の僧侶の口調めいていて、江戸時代の庶民は、おそらく鳩翁の儒教解釈を仏教の説教と結びつけながら聴いたことであろう。

このように、新しい解釈という再構築を通じて、儒教は成立以来、それぞれの時代をさまざまな形に装って何度も面目一新して登場してきたのであり、新解釈を経てきたからこそ、今日にまで生き続けてくることができたのである。

同じく、礼とは何かという意味づけも、一回だけではない。絶えず新しい解釈を経てきたのである。とりわけ、孔子や孟子たちの言う礼の意味と、その後に行なわれた礼の意味づけとは異なっている。そのあたりについて述べてみたいと思う。

そこで、簡単に儒教の歴史をふりかえってみることにする。礼の意味づけの相違がなぜ起こったかということがよく分かるからである。

儒教の歴史は古いが、孔子（西暦前六世紀）が一つの山を作る。すなわち、孔子以前の土俗的かつ宗教的儒教に対して、孔子が思想性や社会性を与えたのである。しかし、孔子流の新解釈の儒教は、当時の指導的立場となることはなかった。なぜなら、当時は周王朝であったが、崩壊しつつあった。孔子はその崩れゆく周王朝の擁護を唱え、時代とミスマッチしていたからである。孔子が生きていたときの周王朝は、諸侯の連合政権の上に立っているようなもので、いわば諸侯の中の比較的強力なものの一つにすぎず、強大な政権ではなかった。しかしそうした周王朝と異なり、周王朝のあと、前三世紀にできた漢王朝は、中央集権的な強大な政権であった。その漢帝国のとき、儒教が脚光を浴び、国家の指導的思想となったのである。どうしてそのようなことが可能になったのであろうか。

孔子の立場は、あくまでも諸侯の連合政権の上にある周王朝の擁護、すなわち地方に独立した国を認める封建制の擁護であった。周王朝の実質は江戸幕府のようなものであった。だから、新しく生まれた漢帝国のような中央集権的な国家、具体的に言えば、全国に郡・

県を置き、その長官は中央政府から派遣するという郡県制の大国家に対して、理論的に合わない孔子の前時代的な理論をそのまま持ち出してきてもだめだったのである。漢帝国の実質は、天皇家を戴《いただ》き中央集権的であった明治政府のようなものであった。そこで、こういう術《て》を使った。孔子を含めて古代の聖人が残した儒教文献に対して、整理して手を加えたり、或いはそのテキストに注解の形で新しい解釈を加えた。解釈というのは便利なもので、黒を白と言いくるめることさえ可能である。ありていに言えば屁理屈《へりくつ》である。屁理屈と鳥黐《とりもち》とはどこにでもくっつく。儒教の重要文献に対して、解釈という形で、漢帝国の実情にマッチする理屈を立てていった。これを経学《けいがく》と言う。経書《けいしょ》（儒教の古典的重要文献）に対する解釈の学、という意味である。

これは、一種のトリックであった。秦の始皇帝が儒家を弾圧して焚書《ふんしょ》したが、そのとき隠してあった本が出てきたと言って、ついには、焚書をダシにして自分たちが新しく作った文章中に、残っていた古文献をモザイク風に埋めこむなどしたりしていろいろな本を出してくるという、手のこんだ、怪しげなトリックまで使うようになった。ともあれ、漢帝国時代、特に後半の後漢時代に、儒家は解釈学という方法でみごとに新時代の旗手となった。孔子のころから四百年後、西暦前二世紀のことである。そこで、このときから経学の時代となり、経学が中国の学問の中心として、一九一一年の辛亥《しんがい》革命で皇帝制が倒れるまでの二千年間、学術文化の権威として君臨したのである。

このようなわけであるから、儒教の歴史は大きくは、(1)孔子以前の時代、(2)孔子とその学派の時代、(3)経学の時代、この三時期に分かれる。この三者は、それぞれ立場が異なる。ただ、(1)のころのことは思想として整理しにくいので、さしあたり省くとすると、(2)と(3)とが中心となるが、この両者の間に、当然、相違がある。

どういうふうに違うのであろうか。大ざっぱに言って、(2)のほうが(3)よりも具体的であり、(3)はその逆で、やや抽象的である。それはそうである。(2)の封建制の時代に比べて、(3)は中央集権の時代であり、中央政府の全国統治が行なわれるので、中央政府の拠るべき学術や思想文化は、一地域ではなくて全国的規模を持つものでなくてはならなかったからである。当然、狭い地域を対象とする具体的レベルから、広い地域を対象とする抽象的レベルへと変わることになる。スケールも大きくならざるをえない。

すなわち礼に対する意味づけ、解釈に抽象化が見られる。例えば、漢代に礼の学問を整理してできた『礼記』という重要な儒教文献があるが、それによれば、礼とは理であると言う（仲尼燕居篇）。理とは条理、道理と考えてよい。本来、礼は道理・条理を表わす方法であるのに、道理・条理そのものになってしまうわけである。どうしてそうなったかと言えば、中国人独特の言語哲学からきている。それは、音声が共通すると、意味も共通するという考えである、てっとり早く言えば、語呂《ごろ》合《あ》わせである。例えば、「徳《とく》とは、得《とく》なり」（『礼記』楽記篇）と言う。もっとも、得るものだから、必ずしも心に得るものすなわち徳行とは限らないことになる。「有徳」とか「徳人」と言えば、金持ちを指すこともある。「酒に酔い徳に飽く」(『詩経』既酔)と言えば、その「徳」は食べもののことである。「礼」を「理」とするのは、実は語呂合わせなのである。中国人は両方とも「リー」という音声で読む。この音の共通性、すなわち音通《おんつう》から、意味も共通するという解釈である。音通によるこういう解釈は山のようにある。

そうなると、ことば遊びみたいなものであるから、学者先生の得意芸となる。つぎつぎと語呂合わせの解釈が生まれてきて、しだいに机上の空論となり、実態からずれてくるようになる。礼は、もともとは実質的なものであり、経験的なものであったのに、後から出てきた儒教学者とりわけ経学者《けいがくしゃ》が礼に意味づけをするあたりから、庶民の礼に対する感覚とは異なった、哲学的なものとなってゆく。それはそれなりに礼学という分野を作ってゆくが、経学者の礼学と一般人の礼の実践とは分けて考えるべきであろう。いますこし経学における礼の話を続ける。以下、列挙してみよう。経学によって礼が礼学となると、さまざまな道徳が礼と結びつけられるようになる。以下、列挙してみよう。

① 忠信(まごころ)は、礼の本《もと》(根本)なり。義理(正しいありかた)は、礼の文(形式として現われた麗しさ)なり。

② 行《おこない》脩《おさ》まり言《げん》(ことば)に道《みち》あるは、礼の質(本質)なり。

③礼は必ず天に本《もと》づき……大一《たいいつ》（「太一」という宇宙の根元）に本づく。
④礼は、君（君主）の大柄《たいへい》（国を治める大いなる手段）なり。
⑤礼義（礼儀）は、人の大端《だいたん》（大いなる端《くつきり》したもの）なり。
⑥礼は、義（正しいこと）の実（中身）なり（……仁は、義の本なり）。
⑦礼は、物（もろもろの事柄）の致《いたり》（極致）なり。
⑧礼は、天地の序（秩序を示すもの）なり。
⑨礼は、中（ころあいのほどよいこと）を制するゆえん（方法）なり。
⑩礼は、理なり。

＊以上、漢代に整理されてできた、礼に関するノート（記録）という意味の『礼記』からの引用。①は礼器、②は曲礼、③〜⑦は礼運、⑧は楽記、⑨・⑩は仲尼燕居の各篇。

読めば分かるように、抽象的である。仁（愛）・義（正しいこと）・礼・智・信（まごころ）は五常と言い、儒教の道徳として重要なものであるが、智を除いた他の四者は①・⑥の文で分かるように、つながりがついている。漢代に、五行《ごぎょう》——木・火・土・金・水という五要素を、世の中のさまざまな五つの事柄（五色、五味、五臓など）にあてはめようとすることが流行したが、そのとき、仁・義・礼・信に智を加えて無理に五者にして、五行をあてたという説がある。確かに、智を五常（五つの常《つね》なる道徳）に入れるのは、すこし無理な話である。

さて、こうした五常は、どのような人間関係においても適するものである。例えば忠信、すなわちまごころは、人間のあらゆる行動において、そうあってほしいものだ。仁愛も義理もそうである。つまり仁愛・義理・礼節・忠信といった道徳は、どちらかと言えば、どのような人間関係においてもあてはまる普遍性を持っている。さらに言えば、儒教文化圏以外の文化圏においても通ずるような普遍性を持っている。

漢帝国という中央集権国家が生まれ、以後、皇帝制国家の歴史が続くが、そのような大きなスケールの国家においては、国家として全国的指導をする際、一般的な普遍性ある道徳として五常が必要であり、かつ有効であった。当然、皇帝制国家の思想的文化的権威であった経学は、この五常の研究を推進してゆく。これが、今日、厖大な記録として残っているわけであるが、経学者が研究を進めれば進めるほどスコラ化し（煩瑣《はんさ》となり）、五常は現実から遊離していったのである。庶民には、五常というような難しい抽象的な道徳は理解しにくかった。そういう心情がいちばん分からなかったのが、十三世紀以降の朱子学者たちであった。朱子学が五常道徳を主張すればするほど、庶民から遊離していったのである。事情は日本の江戸時代でも同じことであった。だからこそ、朱子学と異なった角度から、儒教を庶民に分かりやすく教える心学《しんがく》が登場したのである。最初に引用した『鳩翁道話』のおもしろさがそれである。

さて、五常に反して、特定の人間関係における道徳（例えば、父と子との間）は具体的であり、現実性があり、人々の日常生活において実感があるので、現実にはこちらの道徳が生きていた。そうした道徳を五倫《ごりん》と言う。この五倫について述べることにしたい。

(8) 人間関係論としての五倫――教育勅語の真実

喫茶店でコーヒーを飲む。カウンターで代金を支払ってお釣りをもらうとき、ほとんどの店員は釣り銭を直接私の手に渡そうとする。私と店員との間のカウンターには、釣り銭を入れるための小皿があるにもかかわらず。

中国古代の礼の作法では、もし男女間の場合であると、物の受け渡しにおいて直接に手から手へと渡さないで、その中間に置くことになっている（『孟子』離婁上篇）。なぜかというと、遠くから見ていると、ひょっとすると手を握ったりするのではないかと疑われ、まぎらわしいからである。

それなら、もし嫂《あによめ》が溺《おぼ》れかかっているとき、手をさしのべて救うというのは道徳的にどうなるのか。孟子はこう答えている。溺れている嫂を放っておくのは、無情な猛獣と同じだ。そういうときは助けるべきだ。救うために嫂の手を握るのは不道徳ではなくて、緊急措置の〈権《けん》〉（仮のもの）だと。

わざわざ嫂を例に出してきたのには、理由がある。儒教道徳のスタートは家族道徳である。中国において一族間の道徳は厳しい。その点、日本はかなりルーズである。例えば兄が死亡したとき、弟が未婚であると、嫂と弟とが結婚するということが日本ではあるが、中国ではまず絶対と言っていいほどない。

最近、「不倫」ということばがよく使われるが、現代日本語における意味は、すくなくとも男女どちらか或いは両者が必ず既婚者であるときの性的関係を指す。しかし「不倫」の「倫」は、「倫理」とか「人倫」と使われるように、秩序、道理といった意味である。それを破るのが不倫であり、その最悪の不倫こそ、一族間の許されざる男女関係（例えば嫂と弟らの恋愛）である。家族道徳の秩序が儒教道徳の基本なのである。

いつであったか、中国人留学生が日本に来てみて驚いたという話がある。電車の雑誌広告を見ていると、あっちにもこっちにも不倫、不倫と出ている。日本の家族道徳はいったいどうなっているのかと。因みに、それでは現代日本語で使っている不倫、すなわち既婚者の恋愛を中国人はどう表現するかと言うと、「外遇」である。訳すと「外で遇《あ》う」――なるほど。

そのように、中国人は、道徳中、家族道徳を最も重んじる。その場合、やはり中国人の特徴がある。一般的道徳を説かないで、個別的道徳を説く点である。中国人は抽象的なものよりも具体的なものを求めるから、家族道徳についても一般論を重視しない。例えば、家族の責任とか節度とか調和といったことがテーマとなるのではなくて、家族における具体的な人間関係における道徳を求める。すなわち、父と子と、母と子と、夫と妻と、姑《しゅうとめ》と嫁《よめ》と、兄と弟と、嫡《ちゃく》（本妻の子）と庶《しょ》（本妻以外の女性の子）と……というふうに、それぞれの人間関係における道徳の根核を論じる。ここに儒教道徳の特色がある。

　では、どういうふうに論じたか。はじめに、或る経学的解釈をまず引いてみる。西暦一世紀末ごろにできた『白虎通』という儒教概論書によれば、父と子との場合であると、例えば父とは矩《く》であるとする。矩というのは大工が使うさしがね（かねざし）のことで、L字形の定木《じょうぎ》である。大工はこの矩を使って、方形を画いたり寸法をとったりする。すなわち、矩はものごとの規準という比喩である。一方、子とは慈（「じ」または「し」と読む）であると言う。「慈」は増えるという意味であるが、「孳孳《しし》」となると、「孜孜《しし》」と同じで、一生懸命に励《はげ》むという意味である。すると、父は子に人間の生きかたを教え、子はそれを学んで努め、励む。しかし、父の考えがすべて正しいわけでないから、時には父を諫めることがある。そこに子の役目がある。すなわち『孝経』はこう言っている、「争子《そうし》（諫言・忠告をする子）あれば、（父は反省し、その）身　不義（義《ただ》しくないこと）に陥らず」と。

　しかし、こういうやや抽象的な解釈は、儒教が完全に社会の上層部の最高指導原理となった、経学の成立（西暦一世紀）以降のものである。もともとの意味はもっと単純で、具体的であった。例えば父と子との場合であると、「父子　親《しん》あり」（『孟子』滕文公上篇）と言うだけである。さらにもっと古くなると、「父は慈《じ》（いつくしみ）、子は孝」（『春秋左氏伝』隠公三年）と、だれでもが分かることばで説明している。要するに、父・子ともに、ごくしぜんな愛情で接しなさいと言っているだけなのである。

孟子は「父子　親あり」に続いて、他の人間関係についても簡潔にこう述べている。「君臣　義あり、夫婦　別《べつ》あり、長幼　序あり、朋友　信あり」と。

このように、具体的人間関係それぞれにおいて、最も大切な道徳とは何であるのかというふうに考えるのが、中国人の特徴である。そして、それぞれその道徳が、それが適用される人間関係を冷徹に見通して生まれてきているところが、儒教道徳の特徴となっている。長い経験から、その人間関係を円滑にするものを引き出して、それを道徳化してきたのであって、上層指導者が頭の中で創りあげ、それによって上から人間関係を律し、抑圧しようなどという観点から生じたものではない。

そこで、人間関係における〈五倫〉的道徳について述べているものを参考までに表にしてみると、つぎのようになる。（　）内の書物は儒教文献ではない。

最初の表はだいたいにおいて人間関係だけを述べているものであり、その人間関係における道徳について具体的には述べていないが、当然そこにはそれぞれの道徳があることを前提としている。

礼記・中庸篇	五達道	君臣・父子・夫婦・昆（兄）弟・朋友
礼記・王制篇	七教	父子・兄弟・夫婦・君臣・長幼・朋友・賓客
礼記・祭統篇	十倫	鬼神（神と鬼と）・君臣・父子・貴賤・親疎（親しい人と疎遠な人と）・爵賞（位の上下の関係）・夫婦・政事（行政上）・長幼・上下
白虎通・三綱六紀篇	三綱	君臣・父子・夫婦

左の表は関わりあう二つの人間関係とそこにおける道徳を示す。

礼記・文王世子篇	三善	父子の道・君臣の義・長幼の節
礼記・哀公問篇	三言	父子の親・君臣の厳・夫婦の別
礼記・冠義篇	四行	親に孝・兄に悌・君に忠・長に順
（呂氏春秋・正者篇）	四行	親に孝・君に忠・友に信・郷（地域の人）に悌
孟子・滕文公上篇	五品（五典）	父子の親・君臣の義・夫婦の別・長幼の序・朋友の信
白虎通・三綱六紀篇	六紀	諸父（実父の他、伯父・叔父ら父族）の善・昆弟の親《しん》・族人の叙（一族における秩序）・諸舅の義・師長への尊・朋友の旧

次表は、多様な人間関係と各自のあるべき道徳を挙げている。十礼の場合、父と姑とは同じ。

書名	名称	父	母	子	兄	弟	君	臣	夫	婦	長	幼	姑	婦
春秋左氏伝・文公十八年	（五教）	義	慈	孝	友	恭								
書経・舜典	五品（五典）	義	慈	孝	友	恭								
春秋左氏伝・隠公三年	六順	慈		孝	愛	敬	義	行						
礼記・礼運篇	十義（十教）	慈		孝	良	悌	仁	忠	義	聴	恵	順		
（晏子春秋外篇「重而異者」第十五条）	十礼	慈		孝	愛	敬	令	忠	和	柔			慈	聴

五倫の中に、仁とか義とかと出てきているが、〈五常における仁〉が一般的なものであるのに対して、〈五倫における仁〉とは、例えば「君の仁」すなわち「主君の仁愛」というような個別具体的なものである。すなわち〈五倫〉的道徳は、人間関係の中にあるもの

である。こうした人間関係論こそ、儒教文化圏の人々にとって最大の関心事なのである。この人間関係論のことを「人事」と言う。〈人間に関する事〉という意味でもある。「人事を尽くして天命を俟《ま》つ」というときの「人事」は、人間の為しうることということであり、やや狭い意味である。また、組織における「人事異動」と言うと、さらに狭い意味である。もっと狭くなると、人間の身体のこと（内臓とか指とか）も人事である。万物は別として、三才すなわち天と地と、そしてその間に人間が存在すると考えている東北アジアの人間にとっては、人間関係論を説くことこそ、道徳を説く最も有効な方法であった。

人間関係論への関心――これは現代日本においても生きている関心事である。夕闇とともに、居酒屋に現われ飲んでいるビジネスマンのグループの話題は、職場における人間関係論が中心である。神や仏の話はほとんど出ない。哲学や文学の話も珍しい。人間、人間、そして人間の話題が延々と続いている。

儒教の人間関係論は『教育勅語』の中に見ることができる。儒教は道徳によって人間を教化するという立場であるから、道徳と教育とは切り離せないのである。国民道徳を教育するという『教育勅語』には明らかに儒教的発想がある。その『教育勅語』は、敗戦後、日本社会から葬り去られた。

しかし、『教育勅語』から天皇と国民との関係を除き、いま虚心に『教育勅語』を読むと、そこに説かれている人間関係論における道徳、すなわち「父母ニ孝ニ、兄弟《けいてい》ニ友《ゆう》ニ、夫婦相和《あひ》シ、朋友相信《あひ》シ」というありかたは、儒教が普遍的であった東北アジアにおいてすこしも不自然なところがなく、当たり前の道徳であったし、今も実際に一般社会に通用している道徳である。かつて『教育勅語』が日本国民の間において相当の支持を得ていたのは、国民において現実に生きていた道徳に基づいていたからである。けっして単なる強制などではなかった。逆に言えば、『教育勅語』は、儒教文化圏における現実の道徳を掬《すく》いあげたと言ってもよい。『教育勅語』と聞いたとたんにただ否定するといった硬直した立場では、東北アジアにおける道徳を理解することはできない。

＊教育勅語後半の「国憲ヲ重《おもん》シ国法ニ遵《したが》ヒ一旦《いったん》緩急アレハ義勇公ニ奉シ」という個所は伝統的儒教道徳ではなくて、ヨーロッパのナポレオンに始まる国民道徳（国民として自国の防衛を担う道徳）である。近代化するとは、明治政府が国民国家となることであり、それにふさわしい国民道徳が必要であった。

『教育勅語』と並べて言えば、明治憲法にしても、当時の意識の反映なのである。例えば男女平等について、明治憲法は肯定を明文化していないが、否定もしていないのである。もちろん、法制上、男女差別がある。しかし、すべてがすべて女性にとって不利であったわけではない。例えば明治憲法では、「日本臣民ハ……兵役ノ義務ヲ有ス」として男女の差を認めていないが、昭和二年成立の兵役法では「男子ハ兵役ニ服ス」と定め女子は省いている。昭和二十年成立の義勇兵役法では、女子（十七歳から四十歳まで）にも義勇兵役に服すべきことを定めたが、全く実施されなかったので、結局、女子は兵役に服さなかった（百瀬孝『昭和戦前期の日本――制度と実態』吉川弘文館・平成二年、八六～八八頁）。〈兵役は男子〉という、当時の社会通念が法の上に反映されていたと見るのがしぜんである。もし今日において徴兵制が布《し》かれるとすれば、法的に男女平等の徴兵であるべきであろう。

そのように、事柄の背後を見ることを忘れてはならない。例えば、与謝野晶子は日露戦争の折、出征した弟のために「君死にたまふこと勿《なか》れ」と歌った。いわゆる「反戦の歌」として有名である。しかし昭和十六年十二月八日、与謝野晶子は対米英宣戦の詔勅を聴き、出征する息子の武運を祈る気持をつぎのように歌っている（中村粲『大東亜戦争への道』展転社・平成二年、六四五頁）。それは、息子に国のために戦えと励ましている母の姿である。

水軍の大尉《だいい》となりてわが四郎　み軍《いくさ》に往《ゆ》く猛《たけ》く戦へ

子が乗れる軍船《いくさぶね》のおとなひを　待つにもあらず武運あれかし

与謝野晶子にとっては、歌うとき、両戦争それぞれに対する気持はともに真実であっただろう。とすれば、われわれは事柄の背後が何であるのか、それを見る他あるまい。表面だけを見て反戦的とか好戦的とかと取りあげて言っても、説得力はない。

儒教道徳を見るとき、或る種の人々はひたすらそれを封建的な前近代的なものと見るが、それは浅薄である。もちろん過去において、儒教道徳をただ利用してその絶対服従を強要したり、或いは現状維持の手段とした男性の堕落があった。特に利己的で愚かな男性においてそれを見ることができる。

しかし、そうした男性は、むしろその個性に問題があったものが多いと思う。そのような人は、おそらく現代社会においても、違った形で現代道徳を利己的に利用するだけであろう。例えば男女平等を理由にして、自分が多く責任を取ることをしないであろうし、個人主義を盾に取って、個人主義を利己主義にすりかえることであろう。いくら現代道徳が優先されても、結局は、それを実践するのは生きた人間である。本質的には、道徳の実践は道徳自身の問題と言うよりも、むしろそれを行なう人間自身の問題なのである。

その意味では、現代道徳の不十分な理解や悪用よりも、儒教道徳の誠実な実践のほうがはるかにすぐれているし、価値が高い。われわれは自由、平等、公共性、個人の尊重などの現代道徳を、本当に理解できているのであろうか。実は悪用していないであろうか。

儒教文化圏の人々は、十九世紀以降、欧米から押し寄せてきた近代道徳を知る前、固有の儒教道徳を持っていた。人間関係論に基づく具体的な道徳——「父母に孝に、兄弟に友に、夫婦相《あい》和し、朋友相《あい》信ず」という道徳を持って実践していた。それは、上から押しつけられたものでもなければ、インテリ先生の机上の空論でもなかった。人間関係を息長く冷徹に見透し、その結果として得たものであり、儒教文化圏の中で保ち続けてきたものである。しかもそれは、今も実は人々の心の中で生き続けているのである。

(9) 沈黙の宗教、そして共生の幸福論——儒教のめざすもの

訪れてくる外国人に国籍をたずねる。大韓民国からきた学生は、もちろん大韓民国と答える。ところが中国からきた或る学生は、自分は上海《シャンハイ》人であると答えたのである。中国人であることを前提として、中国のどこから来たのかとたずねたのではないのに。

このように、中国人は国家よりも出身地の意識が強烈である。しかしそれは、単なる郷土愛というようなものではなくて、制度的に出身地の比重が大きいからである。そのことをまず述べておこう。

話は秦漢帝国成立の昔に溯る。秦の始皇帝という大政治家が登場して、王朝を建てた(西暦前二二一年)。この王朝には特色があった。前王朝の周王朝は封建制を布《し》き、周王の下、諸侯は自分が預った国の行政を独立した自治国として担当していた。周王の直轄領は諸侯の領国と比べてそう大きくなかったので、経済的にも軍事的にも実力がなかった。そのため、しだいに諸侯は力を増し、たがいに戦争しては領地の争奪をくりかえすようにな

った。そういうなかで、秦国が最強国となり、ついには周王朝を滅ぼして王朝を建てたが、周時代の封建制をやめ、郡県制という新しいシステムに改めた。全国を郡・県で構成し、その長官は中央政府が任命して派遣する中央集権国家を作ったのである。また、この新制度に伴い、王でなく皇帝と称した。封建制から郡県制への転換である。

ところが、うまくゆかなかった。それはそうであろう。そういう方式は始めてであり、人々は慣れていない。また、人々の生活にまで国家が介入するとあってはたまらない。その上、国家規模が大きくなり、大きな政府としての必要経費が増したので、税の取り立ても厳しくなった。

当然、反乱が起こり、秦帝国は崩壊し、後を継いで漢帝国が成立する（西暦前二〇二年）。成立後、いろいろとあったが、結局、緩やかな中央集権国家という妥協をした。すなわち、中央政府による地方長官の任命はもちろん続けるが、それも県知事クラスくらいまでにとどめておき、地方末端の行政自体は県知事の監督の下、地方の自治にまかせることにした。制度としての封建制ではないが、自主性を持つ地方自治をスケールを小さくして実際に認め、その上に中央集権的なピラミッド型の官僚体系を作り、それは中央政府の直接支配下に置いた。その地方自治を担うのが、宗族たちであることは言うまでもない。

その展開の極致が科挙制である。科挙最終試験合格者を進士と称するが、彼らは〈官〉であり、皇帝の直属官僚である。一方、地方には世襲制の〈吏〉がいた。彼らは宗族と深い関わりがある。官は地方に赴任しても、実際には吏に行政をまかせ、一定期間がくるとどこかに転任する。そしてまた新しい後任の官が赴任する。

このシステムはみなを満足させたのであろう、大筋としてはそのような形で、一九一一年の辛亥《しんがい》革命で倒れた清《しん》朝まで二千年以上も続いたのである。細かいことは別として、清朝のころの地方の状態は、ほぼ昔から変わっていなかったと言える。例えば事件があると、まず「民間の私審」すなわち長老（正式には耆老《きろう》）による裁判をまず受けることになっている。いきなり官庁に訴え出ると、それは順序を飛び越えて訴えた〈越訴《おっそ》〉として罰を与えたのである。中国における〈越訴〉は、はじめに訴え出るべき官庁を飛ばして、上級の官庁へ願い出ることを指すのではない（服部宇之吉『清国通考』複刻版・大安書店・一九六六年、付録七五頁）。

このように地方自治が十分に機能しており、各地それぞれが強いまとまりを持っていた。それが二千年以上も続くと、出身地の意識が強烈となるのは当然であろう。中国において、一九四九年に中華人民共和国が誕生して以来、社会主義の名の下に人民裁判なるものがよく行なわれた。文化大革命のときにそうした裁判が激しかったが、それは社会主義的方法に拠るものである一方、或いは、長年にわたる地方自治による裁判の慣習がその基礎にあったのかもしれない。

地方自治——その基盤は宗族そして家族である。この宗族たちの住む地方の住民が郷党である。「宗族〔がその人の〕孝を称《ほ》め（称賛し）、郷党〔がその人の〕弟《てい》（悌《てい》すなわち年長者によく仕えること）を称《ほ》む」（『論語』子路篇）――そういうふうになってこそ、士（りっぱな人物）だと言う。党・郷の戸数は諸説あるが、一家が五、六人平均とすれば、結論的に言えばせいぜい五、六万人までが一つの郷党である。そのくらいであると、おたがいに顔も知り得る規模の地域である。八、九割は農民であった中国人の大半は、その程度の規模のところに生まれ、おそらく一生、そこから他の土地に出ることもなく生活し、そして死んでいった。とすれば、家族から宗族、宗族から郷党へと、そのあたりまでが実質的な世界であって、そこでの住民の生きかたは、中央政府とは全くと言っていいほど関わりがない。政権がどう変わろうと、だれが担当しようと（極端に言えば、たとい外国人が政権を握ろうと）、生活は同じことだったのである。

中央政府が任命する官僚の末端は、知県や知州である。知県は「県を知《し》ろしめす（治める）」すなわち日本の県知事である。と言っても、日本の県知事とは異なる。県の中心は城郭を持った都市であるから、むしろ市長の感じである。西暦一九〇〇年（清朝では光緒帝二十六年。明治三十三年）、中国一八省の県の総数は一三二五県であるから、各省の平均県数は七〇ほどである。この知県以上の官僚は中央政府の管轄であるが、知県は赴任しても三年の任期であり、その地方のことについては、実際は下僚（前述の〈吏〉）にまかせている（前引の服部著書）。と言うことは、実質的には、知県から下は地方自治が機能していたわけである。

とすれば、道徳も大きく分けて二つの傾向があると見るべきであろう。まず知県以上の階層、すなわち士大夫以上の中央政府関連の官僚たち（試験合格者）は、皇帝との関係において生活している。とりわけ八世紀以後は、科挙という国家試験（三段階がある）があり、その最終試験官は皇帝であったから、皇帝と進士（最終試験合格者）とは深い絆で結ばれる。だから君臣の道徳はもちろんのこと、五常（仁・義・礼・智・信）といった普遍的な道徳が大きな意味を持つ。すなわち、より広い社会性を持つ道徳意識である。言わば、五常系統である。

＊知県になれる資格は、進士だけではない。挙人（進士の一段階下の試験合格者）が貢士（進士の一つ手前の段階）の試験を受けて、三回続いて落第した者には、特別に資格を与えた。また、謄録官（試験答案をもう一度清書しなおす役。不正防止をするため筆跡を変えた）として数回その役をした者、或いは官吏であって戦死した者や、公務上の災害で死亡した者の子孫なども資格があったので、有資格者は二、三倍いた（服部前著）。

しかし、(1)知県よりも下にいる下僚や、(2)知県であっても進士でなければ、知県以上の昇任はできないので、知県の任期終了後は土地の名士として生きてゆく人や、(3)宗族の族長、宗子など地方有力者や、(4)そういう人々を筆頭にした郷党・宗族の人々は、宗族・家族に関わる家族道徳を重視することになる。すなわち、比較的には社会性の小さい父子、夫婦といった具体的な人間関係における道徳や、五倫から「君臣の義」を除いた残りの「父子の親、夫婦の別、長幼の序、朋友の信」といった道徳が、大きな意味を持つ。言わば、五倫系統である。

道徳における五常系統と五倫系統とは、はっきり分別できるわけではない。事実、五倫の中の「君臣の義」などは五常へ、五常の中の「礼」の大半は五倫に含めるほうが分かりやすい。しかし、その必要はない。人間の社会におけるものごとであるから、両者に相互乗り入れがあっても不自然でない。数学や物理の話ではないのであるから。ただ、皇帝制の中国社会において、正規官僚層と庶民層との間には、道徳意識の力点に二つの大きな異なった傾向があることを私は言いたいのである。

しかし、儒教道徳はこれだけにとどまらない。政権担当者の道徳、すなわち宰相の道徳、或いは最頂上にある皇帝の道徳といったものがあり、そのためのさまざまな政治学や帝王学が作られている。けれども本書には、もはやそれを述べる紙幅がないので省略する。一言つけ加えるならば、上に述べた道徳の二傾向の上に立って、儒教的な経済思想や政治思想が作られているのである。ただ、当時と現代とでは社会構造が異なっているので、当時の経済思想や政治思想をそのまま現代に持ち出してきたりしては、時代錯誤になりかねない。しかし責任者の心構え、ありかた、そういった人間論的なものには普遍性があり、現代に通ずる。

例えば、諸葛孔明はこう言ったと伝えられている（『諸葛武侯集』便宜十六策・挙措）。

人の為《ため》に官を択《えら》べば乱れ、官の為《ため》に人を択《えら》べば治まる。

こういう意味である。自分が気にいった人や、今いる人のためにポストや仕事を用意したり作ったりするような指揮官（為政者、経営者、上司など）のときは、組織が乱れてだめになる。しかし、その逆に、そのポストに適材の人物を選ぶ人事をするとき、組織は生き生きとして安全であると。

名言である。その出拠と思われる儒教の古典『書経』周官篇は、こう言っている。「明王、政を立つるや、惟《こ》れその官ならず、惟れその人」（すぐれた王が政治をするとき、官職〈ポスト〉の多い少ないということは問題でなくて、その適任の人を得て任命するのみであった）と。これらを敷いてであろう、聖徳太子の十七条の憲法（その七）に分かりやすくこうある、「古の聖王は官の為《ため》に人を求め、人の為《ため》に官を求めず」と。

儒教には、欧米近代思想の個人主義という考えかたはない。人間は〈個人〉として立つのではなくて、家族・宗族という社会の中の〈個体〉として存在する。しかしそれは、家族に従属するという意味とは異なる。人間は一人では生きてゆけないことを自覚し、家族は社会であり、その家族によりどころを意識するのである。二人以上おれば社会が成り立つ。家族も、もちろん社会である。そうした家族社会を意識し、その家族社会の幸福を、個体である己《おのれ》とともに求める努力をする。そして家族の幸福を可能にしたとき、さらに地域社会に目を向け、その幸福の拡大の可能性を追求しようとするのである。「身を修め、家を斉《とと》のへ、国を治め、天下を平らかにす」(『礼記』大学篇)と。

儒教のその道徳論とは、個人の幸福を追求するのではなくて、社会(家族社会、地域社会、国家社会……)の中にある個体としての己《おのれ》が、個体とともにその所属する社会の幸福を追求しようとする共生の幸福論なのである。欧米流の、まず個人があって、個人同士が共に生きる共生ではない。そういう共生は、儒教文化圏では無理なのである。

この儒教の幸福論は、単なる願望ではない。幸福になるための具体的方法を示している。それは教育である。

人間は、天と地とに囲まれた世界の中で生きている。人間、人間、そして人間の世界である。当然、人間と人間との間のルール(礼)がある。それは、聖人というすぐれた人物の作ったものであるとし、それを学ぶことを儒教は求める。いや、礼ばかりではない。聖人はさまざまなすぐれたことばを集めたり、自分自身のことばも残している。そういう記録・文献、すなわち古典を学ぶことを儒教は求める。言い換えれば詩書(『詩経』や『書経』などの古典)礼楽の学習である。

それは、学習を通して聖人のすぐれた徳性や知性や感性に接し、吸収することである。この学習を聖人の側から言い直せば、人々を教化することである。感化することである。このように教化・感化を受けること、すなわち教育を受けることこそ、最も人間的なことであり、人間的になることこそ幸福であると儒教は考えているのである。それも己にとどまらず、家族社会へ、地域社会へと、共生として社会的に幸福が広がってゆくことを期待するのである。そこに、個人の幸福を最優先する道教や仏教との決定的な相違がある。

そうした幸福論のために、儒教はその成立のときから、教育を自分たちの方法としたのである。だからこそ、儒教に対抗した老荘思想は、儒教の最重要な方法である教育を否定し、教育を受けない者（その典型は赤ちゃん）こそ最も人間的であるという、全く逆の主張をするのである。

儒教の宗教性が、東北アジアの人間の感性や深層の死の意識に基づいているとすれば、儒教の道徳性は東北アジアの人間の知性を教育で磨き、個人（実は個体）の幸福から社会の幸福へ共に至ろうとする。それは、己《おのれ》の幸福を求めるだけの態度ではなくて、可能ならば他者の幸福を求め、家族や社会と共に生きようとする〈共生の幸福論〉なのである。

儒教とは何か。それは沈黙の宗教であり、共生の幸福論である。〈家の宗教〉であり、〈個者・個人の宗教〉ではない。

儒教について私の述べたいことは、この一行に尽きる。儒教の宗教性と、その上に在《あ》る儒教の道徳性と、そして両者をつなぐ孝――この三者によって儒教の構造は成り立っている。ただ、宗教性は死の意識とつながり、心の奥底に深々と沈みこんでいるため、人々は気づかない。特に日本では、日本仏教の中に儒教の宗教性が取りこまれているため、中国人や朝鮮民族に比べて、さらに儒教に気づかない。その上、儒教の行事は家族が行なうため、不特定多数のための教団や集会所を持たない。家族における、家族による、家族のための宗教行為であるから、それを他者に宣伝したりなどはしない。多くの宗教教団が喧《かまび》しく自己宣伝するのに反して、儒教は沈黙を守っている。しかし儒教は、東北アジア人の感性の本質を摑《つか》んでいるので、中国人・朝鮮民族そして日本人の心を捉えて離さず、静かに、しかもしっかと生きている。日本人は、だれに強制されるわけでもなく墓参りをし、先祖供養（祖先祭祀）をしている。そこに、沈黙の宗教――儒教の姿がある。

その儒教の根核こそ、孝である。この孝について私は『孝経全訳注』（講談社学術文庫）においてさらに詳しく述べている。その孝とは、生命の連続を自覚することである。そこから親子の断ち切れない深い関わりが生じる。儒教文化圏には、仮に個人の自立はあっても、個人の独立という思想はない。個人ではなくて個体がある。その個体は、家族とともにある。家族の中にある。だからこそ、その道徳意識は、常に人間関係の中にある。父母、夫婦、兄弟、長幼、朋友、そしてかつては君臣（現代であるならば、組織の上下関係）といった具体的な人間関係の中で、己《おのれ》がどう生きるべきか、何を善しとするかという道徳意識である。だから優先される道徳は、個人の道徳よりも家族社会・地域社会の中の個体、人間関係の中の個体の道徳である。それは個人の幸福論ではなくて、己と己の所属する社会との幸福を求める社会的幸福論である。ともすれば、儒教道徳は人間を抑圧する〈強制の道徳論〉と見なされがちであるが、それは儒教本来のものでなく、歴史的社会的条件の下、ゆがめられたものである。けっして〈強制の道徳論〉ではなくて、〈共生の幸福論〉なのである。

以上が儒教の道徳性の本質的な内容である。しかし、儒教理論はここにとどまらない。この第三章「儒教の表層——道徳性」において、個体から家族へ、家族から地域社会へと上に広がり、地方長官の末端、知県（市長相当）にまで話が及んだが、その上部には為政者（宰相）や皇帝があり、さらに天地がある。すなわち世界がある。その世界に対して、当然、儒教は固有の見かたをしている。すなわち儒教の世界像がある。そのことについてスケッチしておきたい。なぜなら、宗教性に始まり、道徳性にまで話が及んだのであるから、儒教理論の結末を、せめてスケッチして示しておけば、全体像が見えるからである。

ただし、次章において述べることは、かつての儒教が前近代社会において描いていた世界像であるから、現代社会の常識（自然科学的な見方や民主主義政治の感覚など）からすると、遠い昔話のように見えるところもあるだろう。そこで、そういうことにあまり関心のない読者は、次の第四章はとばして、第五章「儒教から見た現代」へと読み進まれたい。

第五章「儒教から見た現代」の主要目的は、現代社会における新しい儒教道徳の可能性や儒教のありかたなどを探る試みや提言の例である（本書一四七頁参照）。そのため、対象とした問題や材料は現代的話題すなわちトピックスが多い。トピックスを扱うと、すこし時間が経つと中身が古ぼけてくるという欠点が生じるのが通例である。しかし私は、あえてトピックスを選んだ。なぜかと言うと、私の目的はトピックスの解説ではないからである。〈儒教的立場〉に立ったとき、世の重要問題に対して、もし儒教的解釈を加えうるのでなくては、その〈儒教的立場〉或いは〈儒教理解〉は本物でないと考える。一つの思想的立場を本当に理解しているのであれば、その立場から、さまざまな問題に対して分析や検討を加えうるはずである。そういう発想から試みた実験であるから、材料がトピックスであってもそうでなくても問題ではない。大切なことは、儒教的にどう検討されているかという点である。

＊宮沢正順氏（大正大学）の御示教によれば、浄土宗の故椎尾辨匡氏の共生運動が「共生《ともいき》」の語源であり、藤井実応氏は「願わくは諸《もろもろ》の衆生と共に安楽国に生き往かん」（善導大師『往生礼讃』）を引き、仏教の「縁起」の思想に基づくとするとのことである。

第四章　儒教の世界像

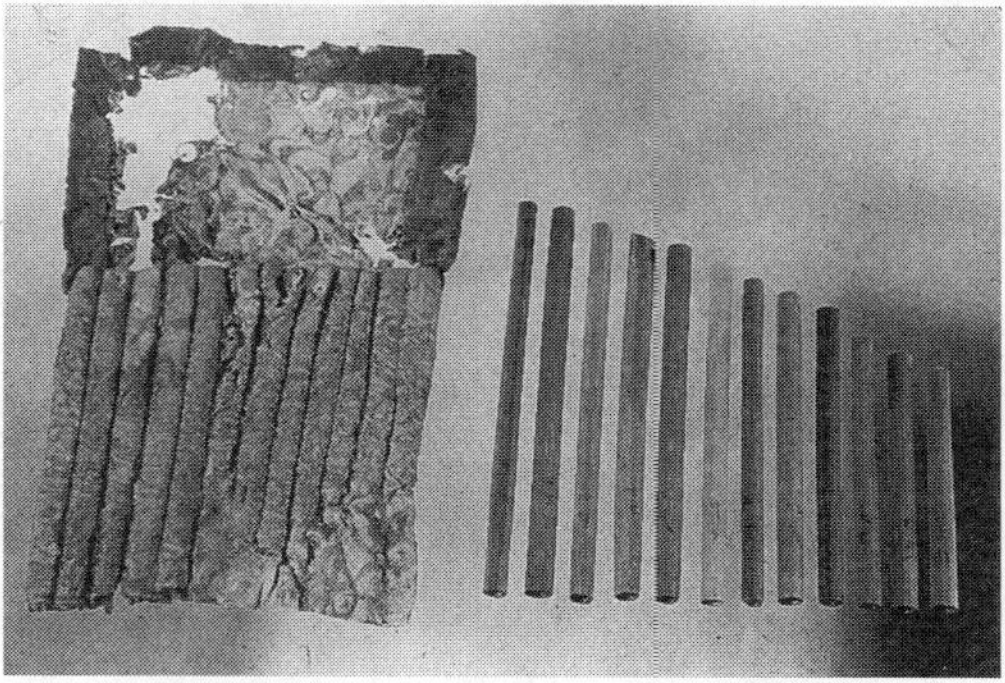

馬王堆（まおうたい・湖南省）で発掘された漢代の墓（西暦前2世紀ごろ）から出土した、竹製の十二音律管と布袋。「黄鍾」（本書249頁参照）は、いちばん長い管のこと（『中華古文明大図集』より）。

(1) 万物の中の人間

東北アジアの人間は、儒教的立場から言えば、時間に対して有限と思っている。ただし、未来に向かってそう思っているのではない。過去について、時間を限定しているのである。すなわち、自分たち一族には或《あ》る始祖があるとする。始祖がいて、そこから一族の歴史が始まるということは、「始祖から」と時間を切り取るわけであるから、時間は有限という感覚になる。

さて、未来はどうなるか。これは、一族の子孫が継続することを期待する。いや、そうなるように努力をする。その努力が実を結ぶかぎり、すなわち子孫が続くかぎり時間も続くわけである。だから時間が有限となることを知っていて、未来がそうならないように努《つと》めるわけである。

＊老荘思想は生も死も相対的なものと考えているので、時間はほぼ無限と考えている。その点は仏教と相通ずるところがある。老荘思想を一つの柱とする道教も、時間をほぼ無限と考えている。

時間が有限であると、当然、空間も有限となる。事実、中国人にとってドームとなっている天空と、そのドームが覆っている大地とで区切られた半円（球）形の空間が世界のすべてである。その他の空間は虚である。だから、天空外の世界である天国も極楽も地獄も、儒教は虚と見なし、自分たちの世界の中にその存在を認めない。キリスト教やインド仏教が、或る時期はともかくとして、純粋な形ではついに東北アジアに根づかなかった理由の一つである。

しかも、天空も大地も崩れるなどとは夢にも思っていないから、この世の果てが来るという終末観などはない。まして、西暦の計算による百年ごとの世紀という区切りかたなどはないから、〈世紀末〉という暗い発想もない。

この世にあるものは、まず天と地とである。広漠とした大地は平板であるが、遠く西の方は山脈であり、だんだんと高くなり、天につながっている。詩人は歌った。「黄河　遠く上《のぼ》る　白雲《はくうん》の間《かん》」（『唐詩選』中に見える涼州詞・王之渙）と。

天の円形に対して、大地は方形とする。この天地の間に万物がある。だれが創ったか、それを問うのは後世のことである。事実として、まず物がある。中国人はそういう素朴な実在論をもって出発する。そこで、これらの物を絵に写し取って文字を作った。漢字の発生である。

この漢字を使い、人間は技術（文明）を伝承し、生きかた（文化）を作りあげ、守ってゆく。そして人間を、万物の中で特別な存在とする。『漢書』刑法志という書物の冒頭、こう言っている。人間の頭は、天空に似て円形である。両足をそろえ、くるぶしから指先までを上から見ると四角形であり、大地に似ている。すなわち、人間は天の気と地の気とが化合して生まれたのであり、天地のミニチュアであるとする。この人間は禽獣と異なり、生まれつき五常（道徳）を芽生えさせるものがあり、知性においてすぐれており、「有生《ゆうせい》（生きもの）の〔中の〕最も霊《れい》なる者なり」と。万物の霊長というわけである。

キリスト教では、神が自分の姿に似せて土で形を作り、魂を吹きこんで人間を創り給うたと言う。儒教では、天地が、あたかも男女のように精気を和合して人間を生んだと言う。キリスト教では、楽園にいた人間が罪を犯したために地上に追放され、罰として男に労働〔古代の話であるから、当然、農業〕の、女には出産の苦しみをそれぞれ与えた。しかし儒教では、とにかく生活するために、男は必死になって農業労働に、女は紡績労働に従事したのである。

それだけではなかった。中国における伝説に、后稷《こうしょく》という人物がいる。おそらく天才的な農業技術者であったのだろう、その名がそのまま農業長官の職名となった。こう伝えられている。

「稼《か》（農業）を好む者　衆《おお》し。しかるに后稷〔の名だけが後世に〕独り伝わるは、〔農業の道において〕壹《いつ》（専一）なればなり」（『荀子』解蔽篇）。

労働自体はつらいけれども、農業を愛する農民が多く、生産に喜びを持っていたのである。また女性の出産は、生命の連続を果たす重要にして神聖な仕事であった。それを罰とするキリスト教とは前提が違うのである。

仏教では、出家に大きな意味がある。しかし儒教では、家を棄てることは経済的にも道徳的にも許されなかった。家族の生活を支え、家族の幸福をもたらすために、懸命に労働して、どんなにつらくとも生活の現実から逃げださず、それと真っ向から立ち向かわなければならないのであった。個人の救済を求めることは、家族の幸福をもたらすことよりも、道徳的にも宗教的にも低いとされていたのであった。

こうした人間の社会のルールが〈礼〉であるが、儀式的な礼は実は音楽とともに演奏され、〈礼〉と〈楽〉とは対照的なバランスをとって深い関わりを持つ。例えば、〈礼〉は区別・分別（衣服・動作・回数など）をすることが大きな役割であるが、〈楽〉は逆に同和を行なう。「楽は同を為《な》し、礼は異を為《な》す」（『礼記』楽記篇）。礼はおだやかですなおであることを、楽は和《やわ》らぎをよしとする。「楽は和を極《きわ》め、礼は順を極む」（同前）というふうに。

では、なぜ音楽が演奏されるのであろうか。儀式のための演奏なのであろうか。もちろん、そういう実際的な意味がある。しかし儒教における音楽には、もっと重大な任務がある。それは、世界を構成する万物の単位となる役目である。そのことについて述べよう。

(2)　単位の成立

万物は形を持っている。形は、延長である。すると、まず長さという考えが出てくる。そして、いったん長さを持つと、同じ長さの物でも重い軽いの違いが出てくるので、つぎに重さという考えが出てくる。一方、水のように形の一定しない物がある。しかし重さはある。すると容積という考えが出てくる。そこで、度（長さ）・量（容積）・衡《こう》（重さ）が万物を測る方法となる。

万物があるなら、それを計測して具体化する必要が出てくる。では、どのようにして度量衡の単位を決めればよいかということになる。これには、大きく分けて二つの方法がある（以下拠るのは、呉承洛『中国度量衡史』・程理濬の修訂・商務印書館・一九五七年）。

一つは、自然物を基準とする方法である。例えば、人間の手の親指と人差指とを広げて十寸（漢代以前では、一寸は二・二五センチメートル）としたり、両手を広げて、右手の指先から左手の指先までを八尺（一尺は十寸）としたりする。細かいものについては、十本の髪の毛の幅を程《てい》とし、十程を分《ぶ》とするなどである。しかし、こうした自然物そのままの利用は、簡単に尺度を決めることができる点はよいが、個別差があり、あまり正確でない。もう一つの方法は、人工的に作った物を基準とする方法である。これだと正確であるが、

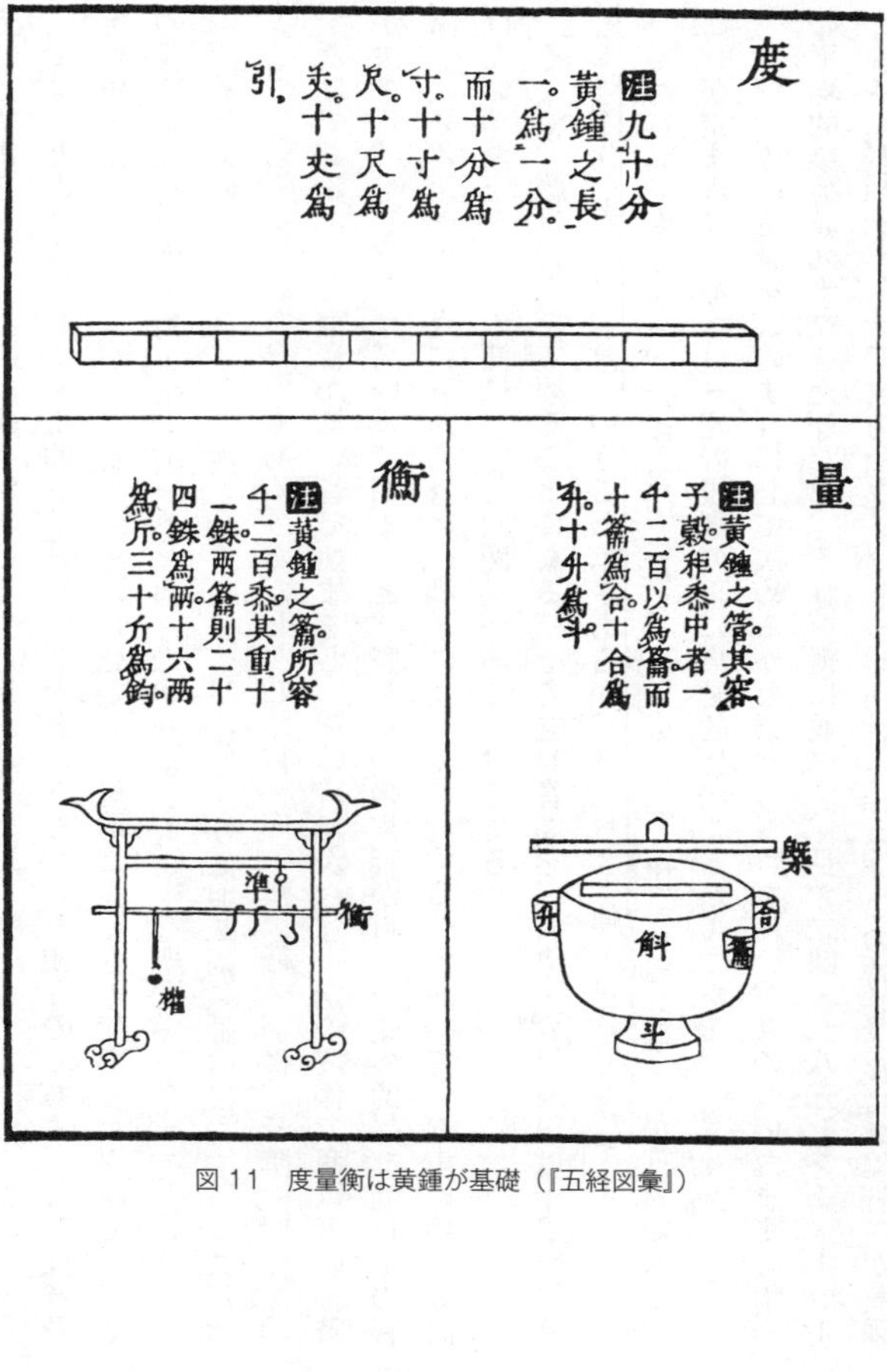

図 11　度量衡は黄鍾が基礎（『五経図彙』）

その基準物を入手するのは難しいという欠点がある。

では、どのようにして人工的基準物を作るかというと、音を使うのである。音楽は音階を利用したものであるが、音階は、その音を定める規準となるものである。中国では、その音階を「宮・商・角・徴《ち》・羽」と名づけ、それを「五声」、或いは「五音」と言う。ほぼ西洋音楽の「ド（宮）・レ（商）・ミ（角）・ソ（徴《ち》）・ラ（羽）」の音階に当たる。この他、「ファ（変徴）・シ（変宮）」もある。ただし、この宮・商・角・徴・羽は、音階の関係を示すだけである。もし宮音が低い音で始まると、その宮音から、一定の関係で商以下の音階が決まる。もし宮音が高い音で始まると、同じくその宮音から、一定の関係で商以下の音階が決まる。そのように五声自身は、調子によって変動するのであって、五声に絶対音高はない。ただ、五声の間に一定した関係があるだけである。

そこで、絶対音高を定めることになる。その絶対音高を、六律《りくりつ》・六呂《りくりよ》或いは十二律呂と言う。現代日本語に音律ということばがあるが、音（声）と律とは異なるのである。

絶対音高であるから、六律六呂と言っても、その第一律（黄鍾《こうしよう》と言う）が重要である。これが定まれば、あとは一定の規則の下に自動的に決まるからである。

では、この黄鍾をどのようにして決めるかと言うと、竹を使い、籾《もみ》のついたままの秬黍《くろきび》の平均的な穀粒九十粒を選びだし、それを縦《たて》に並べて、長さ二四・八八五センチメートル（九寸）、容積一七・一二立方センチメートルの管を作る。この竹管（後には銅管）が黄鍾律管となる。以下、黄鍾律管を規準にして、六律六呂の管すなわち十二律管を作るが、十二律管それぞれの長さの間に、一定の比例関係がある。

この黄鍾律管を吹いて、宮音を定めるのである。宮音が定まれば音階が決まり、音楽を演奏することができる。また、これによって長さも決まる。すなわち、管の長さを定めた秬黍の一粒が一分、十分が一寸、十寸が一尺、十尺が一丈、十丈が一引とする。一方、黄鍾律管に籾《もみ》のついたままの秬黍《くろきび》の穀粒の平均的なものを入れる。約千二百粒くらいであり、それを一勺とする。十勺を一合、十合を一升、十升を一斗、十斗を一斛《こく》とする。これで量の単位が定まる。また一方、黄鍾律管に入った千二百粒の重さを十二銖《しゅ》とし、その二つ分の二十四銖を一両とする。十六両が一斤《きん》、三十斤を一鈞《きん》とし、四鈞を一石《せき》とする。これで重さの単位が定まる。権が重《おもり》で、衡ははかりざお（かつては、さおの一方に重《おもり》をつけ、さおのもう一方に測るものをつけてバランスをとって重さを測った。そのさおが、いわゆる天秤棒《てんびんぼう》）なのであるが、衡が重さを表わすようになってしまっている。

このようにして、音階・度・量・衡が定められる。ただし、いま述べたのは漢代の決めかたであり、以後、歴代王朝において単位の改定があり、変動することがあるが、方法的にはほぼ同じである。この改定のとき、新しい王朝がなぜ前王朝と異なる礼楽にするかという理論が、そのときそのときの儒教学者によって経学的に作られているが、その説明は省略する。

礼楽は単なる儀式ではなくて、万物を計量する大本でもある。この度量衡が決まらなければ、例えば課税のとき、適正に行なえない。政府にとって、農業や紡績は課税対象として重要な産業であり、土地や産物や布製品の度量衡は政治の基本である。だから、歴代の経学はこの音律問題を重視し、儒教学者はその理論化に熱中してきたのである。

それだけではない。黄鍾律管の長さ九寸に或る数（その説明は省略）を掛けて、四六一七年という数字を作りだし、その年数が経つと完全に元にもどる暦のシステムを作り、その最初の適用として太初暦（その暦を使うとき年号を「太初」に改めたので、太初暦と言う）を作っている。太初元年は西暦前一〇四年。すなわち、音律は暦と深い関係があるわけである。この暦が、政治・農業においてどれほど重要なものであるかは言うまでもない。

(3) 世界の構成

鏡《かがみ》（鑑）は物を写すので、神秘的な力を持つものとされた。それ自体が魂になぞらえられたり、魔除けなどの意味を持つ。鏡は日月すなわち天の運行とともにあり、鬼神すなわち死者とも交わり、魑魅《ちみ》（化物）を防ぐ力を持つと信じられていた。

前近代では、鏡は鉄や銅を磨いて平面を作るが、その鏡面の裏側すなわち、背面に鏡の大きな力をこめて世界を表わす模様が作られる。天は円形、地は方形であるから、鏡の全

図 12 B

図 12 A

図 12 D

図 12 C

図 12 E

体を円形にして天空を表わし、中央に鏡の把手《とつて》（鈕孔《じゆうこう》と言う。「鈕」の慣用音は「ちゅう」）をつける。これは隆起していて穴があり、そこに紐《ひも》を通すことができるようにしてある。紐を通しておくと、使うときにいろいろと便利だからである。この鈕孔は乳頭になぞらえられるので、それは人間を表わし、その回りに方形を描き、大地、土地を表わす。前頁の図12A・Bは漢代の鏡であるが、中央の円形が鈕孔で、その回りの方形が大地を表わす。漢鏡は呪術性が強く、その内容はおもしろいのだが、模様が複雑で判別しにくいので、以下では唐代の鏡（図12のC・D・E）を使って説明する。漢代から約千年後の唐鏡は単純化されており、分かりやすいが、それだけに細かい点や呪術性が省略されている。例えば、大地を表わす方形がなくなってしまったりしている。

話をもとにもどすと、大地に方角を定める。まず四正（或いは四位とも。東南西北）。これは、五行《ごぎよう》の考えかたに基づく。東はものの始まりであるので、春である。色は青色。すなわち青・春であり、青竜という動物で表わす。続く南は夏で朱色、すなわち朱・夏であり、赤雀（朱鳥《あけどり》）で表わす。西は秋で白色、すなわち白・秋であり、白虎で表わす。同じく北は冬で黒色、玄・冬であり、玄武（黒亀）で表わす。それら動物が図12B（これは漢鏡）の方形のまわりに描かれている。この四動物を四霊（四神・四獣）と言う。ただし、よく見ると、他に二匹の動物がいる。それは螣蛟《とうこう》（昇るみずち。みずちは想像上の動物で、ヘビに似ていて角もある）と勾陳《こうちん》（天馬あるいはキリン）とであり、合わせて六獣と言う。

＊中国では、ふつう南を上部にするのだが、図12A・Bの場合、読者に分かりやすいように洋式にして北を上部にした。図12Bの中の、方形の上にある黒色の動物の絵が玄武（黒亀）である。

四正（東南西北）のつぎに、四隅（東北・東南・西南・西北）を決める。四正・四隅を合わせて八極と言う。この八極は、易の基本単位である八卦《はっけ》（或いは「はっか」）を当てる。八卦はつぎのようにして生まれる。まず宇宙の根源を太極《たいきょく》と言う。この太極から陰と陽とが生まれる。陰は⚋、陽は⚊という記号で表わす。なぜそういう記号であるのか、いろいろな説があるが、決定的な説はない。⚊は男性性器、⚋は女性性器という解釈でもかまわない。この⚊と⚋とのそれぞれが、また⚊と⚋とに分裂し、さらにまた陰陽に分裂してゆく。細胞分裂みたいなもので、図示すると図13（本書二五六頁）のようになる。そのようにして生まれた八つの記号が八卦であって、易の重要な単位となる。

因みに、易では、この八卦をまたそれぞれ重ね合わせて六十四卦を作り、この六十四卦によって占いを行なう。

この八卦が、さきほど述べた四正・四隅を合わせた八極（八方位）を表わす。それを示すのが図12C・Dである。両者ともに唐鏡で、大地を表わす方形は省略されていて鈕孔《じゅうこう》だけが中央にある。見えにくいが、鈕孔のまわりに描かれているのが四霊を含む六獣であり、

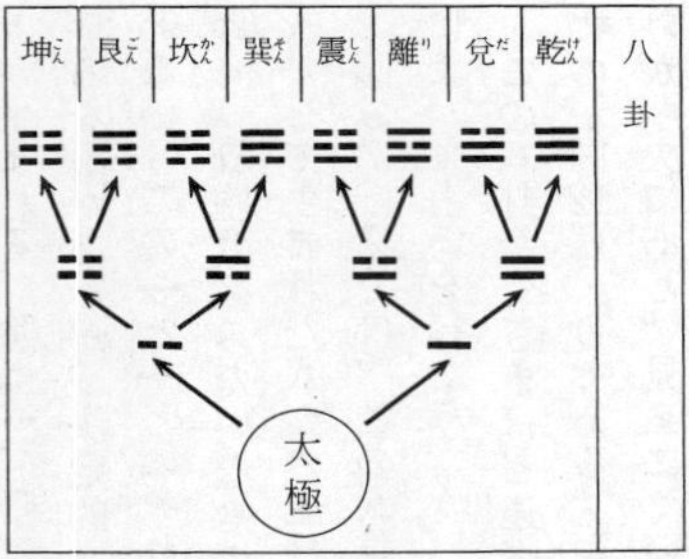

図13

そのまわりに八卦が描かれている。漢鏡の図12Aでは、方形の各辺のまわりにある八個の小さい二重円が八極の意であろう。

図12C・Dの八卦の並べかたは或る規則（四正卦説）に基づき、☵という卦が北である。八卦の形は見る側の位置によって変わるので、鏡の外から内へ向かって見る。

さてこうして大地の方位が定まると、つぎは時間の設定である。八卦のまわりに十二辰《しん》というものを置く。十二辰は十二支（子《し》・丑《ちゅう》・寅《いん》……）で表わし、それが月を示す場合では、一年をひとめぐりする十二個月の意味を表わし、年を示す場合では十二年を表わす。なぜ十二年かというと、最大惑星の木星《もくせい》は動くが、実は十二年たつと元の位置にもどるので、木星のその十二年の周期が重要な天体観測の基準となる。このように、木星の動きを手がかりとする年とは、つまりは太陽の動きであるから、結果的には日を表わすこととなる。この日・月ともに重要な十二という数を十二支の動物の姿（鼠・牛・虎……）で表わしているのが、図12C・Dにおける八卦のまわりの動物の絵である。

＊図12C・Dの十二動物の位置（鼠を北として）と、八卦が表わす方位とは合っていない。

しかし、日月がめぐるには、大地にそれを示す動きが必要である。その動きとは、春、夏、秋そして冬への季節の変化である。そこで、中国人は一年を十五日ずつに分けて、二十四気というものを作った。例えば一月は、立春・雨水、……十二月は小寒・大寒というふうに、毎月二つの気（節と中と言う）がならぶ。この二十四気が、八卦と十二辰《しん》との間に充満する。それを図12Dが表わしている。八卦と十二辰との間の或いはという記号がそれで、二十四個ならんでいる。

さて、十二辰の原因となる日月はどこを動いているのかと言えば、かつての天動説から言えば、天空というドームを滑りながら動いていることになる。それも決まったコースである。中国の天文学では、太陽の動くコースである黄道を、当日の夜の星座の位置で知った。そこで、黄道を観測しやすい重要な星座（欧米などの星座とは異なる）を二十八抜き出して、特別扱いした。それを二十八宿《しゅう》と言う。この二十八宿が、天空の星座の代表と言ってよい。そこで図12E（唐鏡）のように、鏡の最も外部に、ぐるりと二十八宿の星座を描いた。図12Cでは十二辰の外側に二十八宿の星座を、絵でなくてその名称の漢字で記している（小さくて読みづらいが）。しかし、図12Dでは二十八宿はないし、図12Eでは星座以外、ただ竜の図と若干の絵があるだけであり、不完全である。そのように、唐鏡には世界像を示すというエネルギーがなく、デザイン化されてしまっている。これに反して、漢鏡の図12Aはほぼすべてを備えているが、判別しにくく複雑なので、その説明は省略する。以上が世界の構成である。この構成は経学（儒教における古典解釈学）が基礎となっているが、後には、緯学（知的な経学では盛りきれない、情的な分野について述べた緯書という文献に基づく解釈学のことで、大きくは儒教の中に入る）や道教の考えかたともさまざまに交差してゆく。

(4) 万物の記述と万物の成り立ちと

儒教における経学は、礼楽や重要文献の『易経』などの考えかたを利用しつつ、音律・度量衡・暦・天文といった方面の理論体系を作り〔それを導きだす数学的・天文学的技術を持ちつつ〕、世界の構造を作りあげていった。私が述べた内容は、その厖大な記録・文献のほんの一握りにすぎない。

こうした理論面とは別に、大きな仕事がある。それは、前述のような理論（ならびに技術）によってできあがっている、天・地・万物（人間も含めて）それぞれの具体的内容の記述である。

中国人の記録好きは、歴史（時間）だけではなくて、事物・事象（空間）についてもそうなのである。「はじめに物ありき」（本書一五一頁参照）――中国人は万物を信じ、関心は万物にある。歴史については、厖大な歴史書が存在し、個人個人の伝記をはじめ、歴史的諸事実を詳細に書き残しているが、空間に関わる万物や人事についても詳細に記録している。それは〈類書〉というものである。類書とは、現代日本語で使われているような「同種の似ている本」という意味ではなくて、天・地・万物について〈分類した書物〉という意味の〈類書〉で、今日流に言えば百科全書である。この類書が歴代、つぎからつぎへと作られたのである。元来は、詩文を作るとき、ことばを選ぶための辞書のような目的で作られたのであるが、後にはそういう目的を離れて、類書ということ自体が独立に一つの分野を作っていったのである。

中国の学問を始めると、いつもその量に圧倒される。経学の文献に圧倒され、歴史書に圧倒されるが、この類書の豊富さにも圧倒される。例えば、鏡について述べようとすれば、もちろん専門書を見なくてはならない。しかし、類書の一つである『古今図書集成』(鼎文書局版)の「鏡の部」に挙げられている説明や資料を読むと、大方の基本的なことは分かってしまうのである。専門的論文や研究を行なうときは、第一次資料の原本から抜き出して諸資料を集めた、類書のような第二次資料からの引用では通用しないが、ものごとのだいたいの手がかりや知識を得るには非常に便利な本なのである。私はこの類書自体に、中国人の思考方法や世界像が表わされていると思っている。

類書とは、天・地・万物を分類した書物という意味であるが、その目次をすこし記してみよう。前引の『古今図書集成』の、人に関する諸資料の分類のところである。

身体についての場合、つぎのように分類されている。

身体部・頭部・頸部・髪部・面部・鬚部・眉部・目部・耳部・鼻部・口部・歯部・手部・足部・腹部・臓腑部・便溺部・形神部・形貌部・形影部・形声部

年齢についての場合。

年歯部・老幼部・初生部・週歳部・三歳部・四歳部・五歳部……(中略するが、この間、各年齢の部がある)……十九歳部・二十歳部・二十一歳部至三十歳部(二十一歳部から三十歳部までの部分)・三十一歳部至四十歳部……(中略)……九十一歳部至百歳部・百歳以上部

この目次を見れば、類書とはどのようなものであるかが分かるであろう。こうした分類とは、天・地・万物を可能なかぎり精細に記述するということであり、この記述によって世界の中身を充実させようとするものである。中国人は虚の世界を認めない。儒教は無の世界を認めない。認めるものは実のある世界、有《ゆう》の世界なのである。だからこそ、類書の

ような、想像を絶する広範にして大量の記述が行なわれてきたのである。

しかし、中国人の世界像はここに終わるわけではない。世界を構成する理論、世界に満ち満ちている現象の記述、この二つに続いて、最後の大きな問題が残っている。それは、この世界がどのような材料で、そしてどのようにしてできているのかという、存在論の問題である。

まず材料の点であるが、初めは素朴な発想で、土や山や石や水といった動かない自然物、そして生長し続ける樹木、さらには、発見した砂金などの鉱物（やがては人工的に鉄や銅などを造り出す）といった、目に見えるものであっただろう。やがて、そうした材料の持つ特性を抽象化して、土の本質としての土性、木の本質としての木性というふうに、性（生まれながら持っているもの、すなわちその物の本質）という考えを出してくる。また、事柄の中で火を特別に取りあげて加え、木性・火性・土性・金性・水性の五者の性を万物の材料と考えた。それだけではなくて、この五者が循環して変化してゆくと考えた。

その場合、二つの考えかたがあった。一つは、

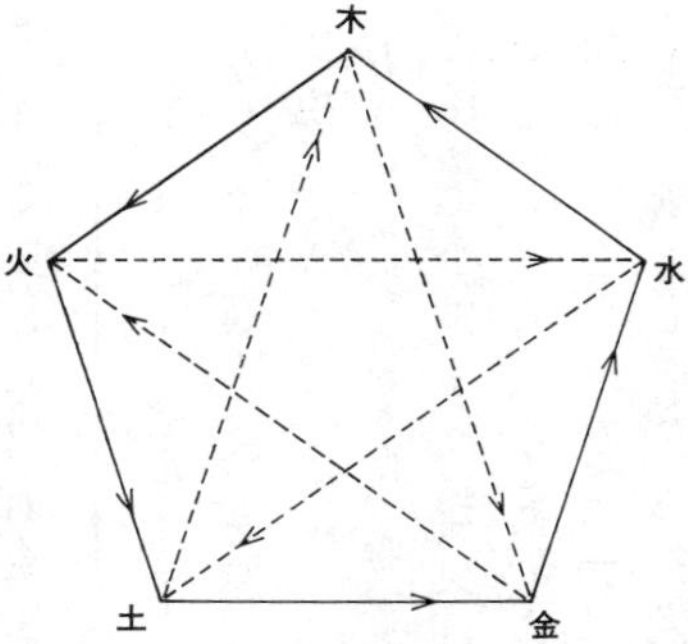

図 14　五行相生・相勝図

生まれゆくという立場である。それを表わしたのが図14の──→である。──→印は、木──→火──→土──→金──→水──→木というふうに、生まれてゆくことを示した図である。木から火が生まれて燃え、燃えつきると土が生じ、土が固まって金ができ、金は熱で溶けて液状となり、水（液状の代表）を吸って木が生じるわけである。この循環を五行相生《そうしょう》（相い生ずる）説と言う。

もう一つの考えかたは、勝つという立場である。図14の----→がそれを表わす。----→印は、土に勝って木が生まれるが、金は木よりも堅くて勝ち、火は金を溶かして勝ち、水は火を消して勝ち、土は水流を防いで勝つという順序を表わしている。この循環を、五行相勝《そうしょう》（相い勝《か》つ）と言う。五行の「行」とはめぐる、すなわち循行という意味である。

また、陰・陽という二つのものの対立と相関という考えかたが古くからあり、この陰陽が物を動かす作用をすると考えていた。その陰陽説と五行説とをドッキングして取りいれる。陰陽が働き、五行すなわち循行のルールで五者（木など）が材料として使われて万物が作られ、万物が動いているという考えかたである。

五行と陰陽とを合わせたこの陰陽五行説が、経学の成立以来、長く儒教の中で世界の成立と動きとの説明として生きていたが、欠点があった。と言うのは、この陰陽五行説は、それではその陰陽はどこから生まれてくるのか、五行の材料の木・火……はどこから来たのか、という説明がない点である。

何度も述べるように、中国人は素朴に、すでに在るものは在る、木・火・土・金・水はすでに有るというところから出発して、万物の成長や記述に向かった。まことに中国的である。実在論に徹している。すなわち、この世に存在するものの元とは何であるかと、形而上学的に考える発想が乏しかった。そういう形而上的なものは虚であるとし、形而下的な万物・現象・世界を実とし、実のほうが虚よりもすぐれていると思っていたからである。この立場は、例えば道徳において、誠実、質実を重視するところへつながってゆく。中国人は、存在について考えるひまがあったら、人間と人間との関係、人間と物との関係、人間と天・地との関係といったことについて考えようという立場である。

この形而上の方面については考えない点を、仏教から批判されたのである。仏教もなかなか鋭い。この世の根源者についての理論を持たないことを、儒教の最弱点と見ぬいたわけである。仏教は深釈《じんしゃく》（空という深い教理を持つ）、儒教は浅釈《せんじゃく》（有という浅い教理）というわけである。

しかし儒教側は、この批判に対して有効に答えることができないでいた。そして仏教伝来以後、千年もたった十二世紀の宋王朝の時代になって、朱子を中心とする宋学グループが、やっとその問いに答えることとなった。実は、宋学派が仏教をよく研究した結果であった。

結論だけを言えば、儒教の根本的立場である〈有《ゆう》〉の立場、すなわち〈そこに在《あ》るものは在《あ》る〉とする立場を死守したのである。もし、根本に、道教の言うような無や仏教の言うような空を置くと、儒教理論のすべてが崩れてしまうからである。

では、どのように死守したか。材料の木・火・土・金・水は言うに及ばず、作用の陰陽もすべて〈気〉という物的なものからできあがっているとした。いちばん分かりやすい〈気〉は、呼吸している気であるが、中国人は気を物質的なものとしている。「気象情報」と言うときの「気象」も、気というものが、天候として形をとって現われたものという意味である。「病は気から」と言うとき、その〈気〉は精神的なもののような意味で俗に使っているが、それは本当の意味とずれている。気はあくまでも物質的なものなのである。

さて、陰陽以下のすべてを〈気〉とする。これは分かる。しかし、ではその陰陽はどこから来ているのかという問題になる。従来、儒教においては、世界の根源者の理論が弱かった。古くは、上帝というような最高神を置いたりしていたが、陰陽五行説との結びつきの理論が弱かったのである。そこで宋学グループは、陰陽のさらに元となるものとして、太極《たいきょく》という新しい概念を作り、それを根源者としたのである。かつて我国の皇居の中心であった太《だい》（大）極殿《ごくでん》や、家屋の中心柱の太極柱《だいこくばしら》（別に大黒柱《だいこくばしら》とも）の「太極」ということばは、その応用である。

その太極について、それ自身、気（すなわち有そのもの）であるという説が宋学派にある。これは〈有〉の立場に徹底している。しかし弱点がある。最初からぽんと太極が存在していることはありえない。それはどこから来たのかとつっこまれると、答えられない。

そこで朱子は、こう考えた。太極は、同時に無極というものを含んでいると。そして、天地万物の内に精妙な理が存在しているが、それは無極の現われであるとした。また、万物が生成変化する根本には、そうさせる理があり、それは太極の現われであるとした。万物を、〈万物に内在する理〉と〈生成する理〉と、という二つの側面で考え、前者の理を無極、後者の理を太極としたのである。しかし、理は理だけで存在するのではなくて、気とともにあるとする。すなわち、気を根源者のところにまで持ってくるのである。

そうなると、朱子がいくら理と気とが共にあるといっても、朱子の弟子たちは、究極のものは何かと考えるから、ついには、朱子に理が先か、気が先かと問いつめる。これに対して、朱子は、しぶしぶ理が先と答えざるをえなかった。そう答えた以上、理の一元論となる。しかし、朱子自身は理と気との二元論のつもりであった。このあたり、窮極の存在とは何かという最大のポイントは、結局、曖昧な形のままに終わっている。それは儒教が、結局は〈有〉の世界から離れることができなかったからである。

付言すると、気には清濁があり、清らかなものは上昇して天となり、濁ったものは固まって地となったとする。人間における徳性もその結果であるとしたし、魂も先祖が遠くなると、遠くへ遠くへと散じてゆくとした。この気の問題は非常におもしろいのだが、紙幅がないので、ここにとどめる。

存在論の問題は、西欧において大問題であった。それは、神、絶対最高の神、万物を生み出した神の存在の問題と深く関わっていたからである。しかし、近代自然科学の進展の中で、神の存在の問題は一歩も二歩も退かざるをえなかった。中国の場合は、もともと絶対最高の唯一なる神を認めなかったから、その存在証明の必然性がなかった。そのため存在論の問題は、思想史上、大問題ではなかった。ただ存在論を持つ仏教との関係において、存在論が問題となった。しかし中国において、宋代以降、宋学が力を持ち（科挙試験の範囲の或る領域に、宋学派の朱子の解釈が標準となったことなどが大きな理由）、仏教が衰退してゆくにつれて、形而上学上の論争の必要がなくなってゆき、前述の宋学グループの説を頂点として、その後はしぜんと存在論への関心は低くなっていった。結局、依然として実在論的に、現実に存在する天・地・万物について中国人の関心は集中し、聖人の残した儒教文献を材料にしつつ、天・地・万物の意味の探究に実証的に専念する考証学という学問を生み出し、やがて近代を迎えたのであった。

万物の内、中国人の関心は人間に集中する。人間、人間、そして人間への関心が中国の文化・文明を彩ってきた。最近で言えば、宇宙衛星内における実験も、人間に関係するテーマが優先されていると聞く。自然科学における最高の実験においても、なおその人間中心主義は生きている。その人間も、漢民族を最高とし、その中華文化を最高とする、いわゆる中華思想である。

その中華思想に基づく皇帝制、皇帝を支える七、八世紀以降の科挙官僚制、その官僚支配の及ぶ地域に対する地理思想（土地を九州すなわち九つに分け、さらにその一ブロックごとを九個に分け、全部で八十一個の地域とする概念）、その中央を赤県神州（八十一分の九個を持つ中央ブロック、或いは最中央の八十一分の一個という両説がある）と称して、そこを皇帝の居場所とする思想、土地・人民は皇帝のものとする公地公民の思想など——それらをはじめ、経済・社会・歴史・科学・文化等々に関わる儒教の考えかたや立場について、述べるべき多くのことがまだ残されている。しかし紙幅も尽きた。もしそれらを述べるとすると、中国学概論となってしまうので、ここで一応、儒教の世界像について筆を擱《お》くことにする。

第五章　儒教から見た現代

明代の正統７年（1442年）に建てられた司天台（天文台）。台上の天体観測器は清代に造られたものだが、当時からすでに四、五百年を経た今日でも見ることができる（『中華古文明大図集』より）。

(1) 臓器提供はあるのか——脳死・臓器移植の将来

アメリカで豚の臓器を人間に移植して成功したというニュースが伝えられたとき、日本人の或《あ》る肝臓病患者は、動物の肝臓でもいいからなんとか早く移植して救ってほしいと言ったという。

一方、或る宗教評論家はこう言っている。脳死を認め、「生きている他人を死んだことにして、自分の寿命を延ばそうとする心は浅ましい。……提供される臓器はごくわずかだから、救われる人もごくわずかだ。……自分だけが助かりたいと願う心は、やはりエゴイズムである。だから、わたしは、脳死と臓器移植を悪だと考える」(ひろさちや・朝日新聞・平成四年一月三十日号)と。

脳死と臓器移植とは、本来、別の問題である。脳死は、死の定義の問題であり、臓器移植は外科的治療の問題である。しかし、脳死状態の人間の場合、脳はだめであっても、心臓や肝臓など内臓の多くはまだ活動できる。いや活動している。そこで〔脳死を死と判断した上で〕臓器を活動状態のまま取り出し、他の患者に移植すれば、移植を受けた患者は、新しい健全な臓器を得て、病気が好転する可能性がある。結局、脳死と臓器移植とは、深くつながっているわけである。

しかし、事は心臓停止による死という、従来の死と異なった、脳死という新しい死の判断を行なう重大問題であるので、法律を整備することが必要となる。そこで臓器移植法を作ったが、臓器提供者が少なかったため、改正し、脳死を死とする定義も行なった。

＊私は脳の機能の回復が不可能になった状態を「脳死」と言わず「脳終」と称すべきであり、脳終による死を「死」或いは「脳死」と称すべきだと主張している（「脳終者の生と死と」・『正論』平成三年十月号・産経新聞社）。日本医師会も「脳の死」（私の言う「脳終」）と「脳死」というふうに区別している。

しかし、問題はそこから始まる。いくら法律を作り、その法律に基づいて脳死者の臓器などにより臓器移植が可能となっても、果たして十分な臓器提供があるのかという大問題である。

結論は悲観的である。臓器移植を希望する患者は多いであろうが、おそらく提供者は非常に少ないであろう。アンケート調査では、提供希望者がかなりあるという報告もある。しかし、所詮、アンケートにすぎない。匿名のアンケートの記入のときは提供すると調子良く言っているものの、いざそれではとなると、逃げ出す人が大半であろう。

なぜか。大半の日本人が儒教的死生観の持ち主だからである。すなわち、その肉体は親（遠くは祖先）の遺《のこ》したものであるから、傷つけないように大切にするので、死後といえども、肉体から臓器を取り出すことは好まない。また遺族は墓を作り、焼身式土葬を行ない、祖先祭祀を行なう。己《おのれ》の霊魂はこの世に留まり、遺族が行なう招魂（祖先祭祀・先祖供養）によって位牌に依《よ》りつき、再び生きてなつかしい遺族と出会うと思っている。

そのとき、生前に臓器を他人に移植してしまっていたらどうなるのか。この世に帰ってくるとき、己《おのれ》の心臓も肝臓も腎臓もなく、角膜もなく、いったいどういう姿となっているのか、想像を絶するではないか。

死後のそういう話をすると、たいていの人は嗤《わら》うことであろう。愚かな、と。死亡したとき、身体はすでに焼いてしまっているではないか、何を今さら心臓がない、肝臓がない、腎臓がない、角膜がないとうろたえる必要があろうかと。

そういう高飛車な嘲笑がだめなのである。そのようなことを言うならば、同じく、遺体をそのまま土葬にするならばともかく、現在、ほとんどの場合、遺体を焼いたそのあと、わざわざお骨《こつ》を拾って墓に納めるが、それなどまったく非合理で意味をなさないと嗤うべきであろう。あえて言えば、「人間は死ねばゴミになる」と言うのと同じである。しかし、どんなに嘲笑しようとも、現実には、ほとんどの場合、日本人はお骨あげをしているのである。そして、お墓参りを欠かさないのである。

宗教上の行為は、多かれ少なかれ、非合理的なものである。それを非合理だと決めつけ、嗤うのは、自然科学信仰の原理主義者それも三流どころの知性主義の傲慢にすぎない。

むしろ逆に、いま述べたような儒教的死生観であるならば、それに沿って現実的に考えることが大切なのである。言い換えれば、儒教的死生観に基づく打開策を立てる真剣さが必要ということである。それでは、どのようにすればよいのか。

それに答える前に、世の大きな誤解を解いておきたい。それは、臓器提供に対する仏教者たちの立場である。現在、ほとんどの仏教者は、はじめに引いた宗教評論家の立場のように、脳死の承認や臓器移植に反対している。日本の伝統的価値観から言って受け入れがたいとか、人の臨終に際しては、心だけでなく遺体の扱いを大切にしたいと。

こうした意見はおかしい。すでに私は、日本仏教は、インド仏教と儒教との併存であると述べてきた。いま、仏教者たちが反対している意見を聞くと、そこに儒教的立場は見えるが、インド仏教的立場は見えない。インド仏教、つまりはインド宗教の大きな流れに乗るならば、輪廻転生という死生観がもっと前面に出てきてもおかしくない。しかし、私がこれまで読んだ臓器提供問題に関する仏教者の意見の中で、輪廻転生観に立ったものをほとんど見たことがない。もし輪廻転生観に立つならば、遺体の提供は即座にできるはずである。なぜなら、解脱できず、輪廻転生して次の生を受けるとき、新しい身体を得るのであるから、現世における肉体は来世において何の役にも立たず、意味もない。だから、焼いて棄てるまでである。遺体のための墓などは不要である。とすれば、焼いて棄てるぐらいならば、遺体を世のため人のために提供してよいではないか。そういうふうに答えは明快なはずである。

にもかかわらず、輪廻転生観に立たず、遺体の提供に反対しているのは、実は心の奥底において、儒教の招魂再生観があるからである。日本仏教はインド仏教と儒教との併存でありながら、死生観において、事実上は、より儒教的なのである。

親鸞のような、儒教的立場を拒否してインド仏教的であろうとした人は、むしろ少数である。本書においてすでに述べたように、親鸞は、死後、自分の死体は鴨川《かもがわ》の魚に食わせよ、とまで言いきった。親鸞がもし現代に在るならば、即座に、真宗門徒のすべてに臓器提供を命じることであろう。

臓器提供問題は、実は、仏教者に対してその死生観を鋭く問うているのである。輪廻転生なのか、招魂再生なのか、と。

その両者の間を揺れ動き、悩んでいるのが仏教者の姿であろう。日本仏教が抱えている問題点そのものだからである。しかし、私はそれでいいのだと思う。東北アジアという儒教文化圏の中でインド仏教が根づくためには、矛盾は初めから承知の上だったからである。ただ臓器提供問題において、仏教者は、実際は儒教的立場であるにもかかわらず、インド仏教めかして反対すべきではない。なぜなら、その態度はインド仏教に対して誠実でないからである。

さて、話をもとにもどす。では儒教的立場に添えば、どういう解決方法があるのであろうか。それを儒教風に、魂（精神）と魄（肉体）との両者に分けて述べよう。

まず魂の問題。儒教の死生観は招魂再生であるから、そのとおり招魂再生すべきである。すなわち、臓器提供者の慰霊祭をきちんと行なうことである。それも、可能ならば公的なものがよい。と言うのは、日本人は国家とか役所とかには永遠性があると信じているからである。お上《かみ》は永遠と。それは、明らかに儒教的感覚である。そこで例えば大阪ならば、大阪府が行なうべきであろう。生命という重大な問題なのであるから、祭主は、当然、大阪府知事が最高責任者として当たるべきであろう。

役所には永続性がある。よほどのことがないかぎり、大阪府はつぶれない。例えば、大阪府庁の前面に、教育塔というものがある。日本全国において、教員が公務上で殉職した場合や、生徒・児童で授業中に不慮の死をとげた場合、この塔に分祀し、慰霊祭を行なっている。祭主は日本教員組合（いわゆる日教組）とのことであるが、こうした教育塔こそ儒教的死生観に基づいた例である。

臓器提供者の慰霊祭は、関係者がまごころをもって行なうべきものである。私は前著『儒教とは何か』において、医学生のための献体者や、病死後の解剖検査のために病変部を提供した方への慰霊祭の実例を挙げた。大学医学部において行なわれている誠意のこもった慰霊祭が、私に感動を与えたからである。

公的機関がきちんと、確実に、そして永続的に慰霊祭を行なうというのであれば、またそのための納骨塔を建てるというのであれば、臓器提供者は必ず多く出ることであろう。また別の理由としては、その納骨塔は新しい形の合祀墓として、これから大きな意味を持ってくるであろうからである。

次は肉体の問題。これは、臓器の提供先を明らかにすることである。現在、日本政府は提供先を明らかにしない方針のようであるが、それではだめである。聞くところでは、かつてアメリカで事件があったからだという。提供者の家族が提供先の人を脅迫し、多くの金銭を要求したという。確かにそういう事件は起こりうる。

しかし、それはアメリカだからである。儒教文化圏と異なり、肉体を物的に扱っても平気という感覚だからである。ところが、日本人は異なる。例えば、仮に二十歳の子どもが、交通事故で頭を強く打って即死したとする。首から下は無疵《むきず》であったとする。両親が同意してこの子どもの遺体から臓器提供がなされた場合、不幸な両親は、提供先が分かっていると心が慰むのである。二十歳まで育てた自分の息子の心臓が、例えば岡山県のAさんの心臓として生きている。肝臓は和歌山県のBさんの肝臓として生きている、と。

この気持は、子どもを失った親でなくては分かるまい。岡山県のAさんの心臓病を治してあげたとか、和歌山県のBさんに対して慈悲の気持で肝臓を提供するなどという、恩着せがましい気持などで息子の臓器提供をするわけではない。二十歳で不幸な死をとげた子どもの生命が、この世に生き続けることができるという哀切な思いが、臓器提供を決断させるのである。おそらく、移植手術に成功後、提供された人と実際に会うこともあるだろう。そのとき、提供者の遺族は、死者となった子どもの臓器がこの世に活動し続けていることによって心が慰むのである。どうして脅迫して金銭を要求するであろうか。儒教文化圏の人間はそういう下劣なことはしない、と私は信じている。

しかし厚労省や法務省は、提供先を明らかにしないとしている。アメリカがそうしているからとか、後でトラブルが起こるのはかなわないとか、人権問題に関わるということを口実に、逃げ腰だからである。また、厚労省や法務省は、もちろん慰霊塔など建てたりすまい。特定の宗教行事に国家や地方公共団体が関わるのは、憲法違反となりかねないなどと及び腰になるだろうからである。すなわち、人間の生命よりも法律のほうが大切というわけである。その結果、臓器移植法はできても臓器提供者はほとんどなかった。改正しても同じことであろう。まさに「仏（臓器移植法）作って魂（死者である臓器提供者）入れず」という喜劇に終わるであろう、儒教的死生観あるかぎり。

しかし臓器提供を待つ患者にとっては、悲劇である。彼らは、やむをえず最後の手段を取るしかない。いま臓器移植に反対している人でも、自分が臓器移植で生き延びるしかない立場となったらコロッと態度が変わり、臓器移植を求めることであろう。アメリカや中国など外国へ行って手術を受けるか、或いは臓器を外国から買うかである。

いいや、もうそれは始まっている。日本で腎臓が悪く、人工透析をしている患者は約十万人、うち約三万人が移植を希望しており（平成五年頃の調査）、スリランカあたりからの腎臓買いが始まっているらしい。日本透析医学会や日本透析療法学会はそれを人道上許せぬこととし、防止しようと努力している。

朝日新聞・平成六年一月四日号の「豊かさはどこに――インド」は、こう伝えている。

腎臓の「売買は……半ば公然と行われていた。移植を受ける患者は欧州や中東、東南アジアからも来ている。腎臓の売買は年間二千件以上。腎臓にとどまらず、角膜や眼球、皮膚から死体や人骨まで売られ、〝相場〟ができていた」と。

さらに、こう伝えている。「彼が二十四歳になった時、十八歳の妹に縁談が持ち上がった。日雇いの彼の収入は月に七百ルピー（約七千日本円）程度。……嫁入り支度には、最低でも二万ルピー（約二十一万日本円）は必要だった。……（彼は）腎臓を売る決心をした。……売買代金は二万五千ルピー。二カ月後、妹はその金で嫁いでいった」と。

これは、脳死者からの臓器提供ではない。人間の腎臓は二つあるから、生きている人間が手術を受けて一つを取り出してもらい、それを売るわけである。当然、脳死者の臓器もまた売買されているであろう。

だが、この記事を読んで、私は、記者の視点はまだ甘いと思った。この記者は、貧しさという視点から見ているだけだからである。スリランカ、インドという南アジアの場合、その宗教として主流のヒンズー教はもちろんのこと、一般的に言って、彼らの死生観は輪廻転生である。この世は苦であるという認識である。だから生きている人間は、死をそう恐れていないのである。まして、死者〔脳死者を含めて〕の肉体には意味を認めない。つまり、輪廻転生の国々から大量の臓器提供が行なわれることは、その死生観から言ってそう不思議ではない。

一方、中国では処刑された死刑囚から臓器を取り出し、移植することが許されており、有数の臓器供給源になっているという（産経新聞・平成三年七月七日号）。これは儒教とは関係ない。中国では昔から、死刑囚に対する人権的配慮はない。死刑になるような悪事を犯した人間は、一族の名を記した族譜（家系図）から抹殺し、一族の墓地にもいれない。すなわち人間扱いをしない。そういうことであるならば、どうせ死ぬならもったいないという即物的理由である。毎日新聞・平成五年四月二十二日号は、そのことを詳しく報道している。その臓器を買う人の大半は外国人患者であり、旅行中の日本人患者も年間二百人ほど利用しているという。

物品を買うのならともかく、臓器なのであるから、こういう海外手術旅行をやめさせ、日本国内において解決すべきであろう。日本には一億数千万人もの人口があるのだから、解決は可能のはずである。われわれが儒教文化圏に住み、招魂再生の死生観を中心にして生きるならば、わざわざ輪廻転生の国へ行ったり、死刑囚の臓器があるからその提供を受けるといった、それこそ卑しい浅ましい立場に立つべきではない。招魂再生という儒教的死生観は、本来、人間の遺体に対する敬意に基づいた生きかたなのである。その出発点に立つことこそ、現代における儒教道徳を作ることではないのだろうか。

(2) 皇室の祈り――〈生命の連続〉の表現

平成五年一月十九日、皇太子妃候補者が決まった。同候補者がたまたま外交官であったので、マスコミ等は皇室外交を推進できる適任の女性であると述べ、皇室に新風をと囃《はや》したてた。

ところが、その記者会見あたりから、天皇・皇后をまきこんで皇室をめぐっての論議がいろいろと起こり、平成五年の前半は、皇太子の結婚を挟んで皇室論が盛んであった。

私も一文を草したが、その中でこう述べた。「皇太子妃の役目は、外交でもなければ新風を吹きこむことでもない。ただ一つ――子を生み皇統を絶やさぬことである」(『諸君』平成五年十二月号・文藝春秋)。すると、人権侵害だとか「ひどい話です」という人たちがいた(田中明彦、橋爪大三郎、森まゆみ「雑誌を読む――十一月」毎日新聞・同年十一月二十二日号、東京版)。

愚かな理解である。産経新聞・同年一月十九日号の匿名の記者座談会(司会・稲田幸男)において、同紙記者D氏が皇太子についてこう発言しているではないか。

平成二年夏のベルギーご訪問に同行したときの会見で、「なぜ、結婚したい、と思われるのですか」と質問したら、即座に「子孫を残すためですね」とおっしゃった一言が強烈に印象に残っている。

皇太子自身が自分の結婚観について、私の意見と同じことを語っているのである。であるならば、皇太子に対して同じく人権侵害だとか「ひどい話です」と批判すべきであろう。それができるのか。

日本民族にとって天皇家・皇室とは何であるか。もちろん、これは大問題である。いろいろな角度から論ずることができるであろうし、また論ずべきである。本書の場合、儒教から見た皇室について述べることになる。と言ったとたんに、早くも愚かな反応が起ることであろう。すなわち、「またぞろ天皇に忠義を尽くせと言うのか」と。

落ちついて話を聞け。忠とは、本来はまごころという意味であったが、後に、主君に対する服従といった意味が加わった。その典型が、江戸時代における武士の道徳としての忠義であった。その忠義を天皇家に対して尽くすことを、明治維新以後、国家が国民に教え、求めたことは事実である。『教育勅語』の「克《よ》く忠に克《よ》く孝に」の忠がそれである。ただし、それは強要と言うよりも、当時の人々の道徳意識を基盤にしたものである。江戸時代の主君を天皇家に代替し、集約して。

しかし、主君という特定の対象に対するような道徳は、人を殺さないというときのような一般論と異なり、特殊である。すなわち、「人を殺さない」と言ったときの「人」は一般的な意味であり、だれもが守るべき普遍的な道徳であり、古今東西、変わらないものである。しかし「主君」というのは、一般性を持っているわけではない。事実、主君と家臣といった関係を失った民主主義下の近代国家においては、主君に対する道徳は、その社会的基盤を失ってしまっている。つまり、主君に対する忠義という道徳はもはや崩壊しており、だれもが守るべき普遍的な道徳ではなくなってしまっている。そういう特殊な道徳を現代に持ちこんでも、支持されないのは当然である。

何度か本書において述べてきたように、道徳には大きく分けて二種類がある。だれでもが守るべき普遍的道徳と、時代や社会の変化に伴って変わる特殊な道徳とである。主君に対する忠義は特殊な道徳であって、普遍性を持たない。ただし、「忠」本来のまごころという意味の道徳は、普遍的な道徳である。だが、その場合のまごころは主君という特定の対象に対するものではなくて、一般的な意味としてである。

天皇に対する忠義という道徳は、第二次大戦後、その基盤を失い、完全に崩壊してしまっている。そのような忠義を復活させようなどということを、私は毛頭考えていない。そうではなくて、儒教の本質から皇室を見たいのである。

儒教の本質とは何か。それはすでに述べてきたように、〈生命の連続の自覚〉である。親から子へ、子から孫へと、生命が一族として子孫へ受け継がれてゆくこと、その尊さをわれわれ東北アジアの人間は知っている。

くりかえして言おう。儒教は祖先祭祀を行なって人々に過去を常に想起せしめ、さらに一族（自分に子がなくてもかまわない。一族があれば、それでよい）をこの世に残して、生命を未来に伝えることを最も大切にする。その結果、連続する時間、すなわち歴史が重んじられる。具体的に言えば、中国人や朝鮮民族においては、一族の歴史を記した「族譜」が重んじられている。いや、族譜上だけの話ではない。例えば孔子の子孫は、今日にもなお生き残り続けて健在である。もちろん孔家だけではなくて、さまざまな姓の宗親会（その子孫一族の会）の活動が盛んである。

日本においては、天皇家の連続がその代表的表現となっている。天皇家の歴史は天皇家だけのものではない。その連続性に、われわれ日本人は日本の歴史の共有を感じるのである。もちろん、大半の日本人に族譜（家系図）はない。けれども、われわれは祖先以来ずっとこの国に住み続けてきたのであり、今に続いている天皇家の一筋の時の流れは、われわれがこの日本において、これまで同じ時を共に生きてきた時間の表現なのである。

われわれは過去を生きてきた。そして、今ここに生きている。これからも、子孫一族にわれわれの生命が伝わってゆくことであろう。こうした生命の連続感が東北アジア人の心であり、それを儒教は主張するのである。日本では、天皇家の歴史がそれを表現している。天皇家の歴史は、なつかしいわれわれの父祖との時間的同一化を意識せしめ、民族としての同一帰属感を意識させる象徴的表現なのである。皇室とは、われわれの気持にとって、そのような意味を持っている。

世界において、家族（一族）の時間的連続性を強烈に意識し尊重するのは、中国・朝鮮半島そして日本、すなわち東北アジア地域の人々であり、祖先祭祀を行ない、一族の生命の連続を願う行動となって現われている。そうした心を集約し、体系的に理論化したものが儒教である。東北アジア人の心を映し出したものこそ儒教なのである。とすれば、皇太子が新聞記者から結婚観を問われたとき、「子孫を残すため」とお答えになっておられるのはまさに儒教の本質を踏んだものであり、〈生命の連続の自覚〉である。皇太子は東北アジアの人々の感覚をすなおに表現したまでである。

＊今日、いわゆる先進国における出生率の低下が指摘されている。それは当然である。なぜなら、生活が高級化し、とりわけ食生活が贅沢となっているので、生命の存続に危機感がなく、安住しきっているからである。獣医の話では、食用牛の場合、美食させると増殖しないと言うではないか。人間も同じことである。飢餓や生存の危機にあるとき、生物は生命を残そうとして必死になる。具体的に言えば、美食でなくて粗食のとき、生命を残そうとする力が活潑となる。世界のいわゆる貧困な地域において生命の誕生が活潑なのは、そ

の好例である。出生を望むならば粗食をし、生存意欲を活性化することが第一である。

また、天皇家はその創立以来、祭祀王として今日にまで至っている。歴代天皇は日本の豊作を祈り、日本国や国民のために祈ってきた。もちろん、祖先祭祀は中心的行事である。『日本書紀』に拠れば、神武天皇が即位後の四年春二月に祖先祭祀を行なうが、そのとき「用《もつ》て大孝を申《の》ぶ可《べ》し」とある。この「大孝」ということばを、古くから「オヤニシタガフ」と訓《よ》んできている。「大孝」とは、儒教の重要文献である『孟子』万章上篇の「大孝は、終身、父母を慕うなり」とか、『礼記』祭義篇の「大孝は親を尊ぶなり」といったことばのように、親に対しての直接的な愛情や敬意の表現ではあるが、それだけにはとどまらない。例えば、物集《もずめ》高見『忠孝談』（酒井雄文堂・大正十四年）は神武天皇のこの記事について、こう述べている（括弧内は加地の注）。

世には、孝は現在の父母に事《つか》ふるのみと心得て、祖先の祭事などは、唯《た》だ俗《よ》の習慣《ならわし》のやうにのみ思ひとりたるもあるは僻事《ひかごと》（片よった考え）なり。然《さ》れば、上代は、先祖の神霊を慰むる仕業《しわざ》を、いかにも慇懃《ねんごろ》にいかにも荘厳にして、現在の父母に事《つか》ふる趣《おもむき》と異なる事も無かりし間《かん》（なかったので）、家には霊殿を設け、居村には神社を建て、上下一般に（「一様に」・「同じく」の意）祭祀の事を慎みたりしかば、自然に神国

の名もあることなり。……神を敬ふは、祖先を崇《あが》むること一般（同様）にして、古来、
敬神を説くは孝道を説くと異なる事なきなり。

天皇家は神道に基づき、今も宮中の賢所《かしこどころ》の三殿において祖先祭祀を行なっている。現在の大半の日本人は、日本仏教に基づき、家の仏壇において先祖供養（祖先祭祀）を行なっている。ともに、言い換えればシャマニズムであり、儒教的である。天皇家は日本人のありかたを代表していると言って過言でない。

その最も大切な祭祀王としてのありかたを、天皇家は守ってゆくべきである。もちろん皇室外交などという俗事は不要であり、皇族は国民の前に姿を現わす必要もない。宮中奥深きところで、静かに日本国や日本国民のために祈ること、そして天皇家が続いてゆき、日本人に心の安定を与えることが、日本の歴史を背負ってきた天皇家の最もふさわしいありかたなのである。

(3) 靖国《やすくに》神社の祈り——英霊の招魂と鎮魂と

昭和二十年（一九四五年）八月十五日、日本は第二次大戦の敗戦国となった。やがて戦勝国側の連合国が二十一年五月三日から、極東国際軍事裁判いわゆる東京裁判を開いた。

二十八名がA級戦争犯罪人とされ、結局、東条英機元首相ら七人に絞首刑の判決が下った。
この東京裁判がどれほど不公平であり、報復的なものであったかは、ただ一人、全員無罪を主張したパール・インド代表判事の『日本無罪論』(日本書房・昭和二十七年)が、あますところなく論じている。とりわけ重要な点は、当時、戦争犯罪やそれを裁く法律などはなかったことである。首席弁護人の清瀬一郎のその追及に、連合国側の裁判長はついに最後まで答えることができなかった。近代社会は、罪刑法定主義による〈法治〉である。法なくして人を裁くのはリンチである。報復である。あの裁判とその判決とは、いわば古代的な〈道徳刑〉(本書一六二頁参照)のようなものであった。

＊田中正明『パール博士の日本無罪論』(慧文社・昭和三十八年)等の名著がある。

さて、処刑された七人のいわゆるA級戦犯は、B級・C級戦犯と同じく靖国神社において祭られている。と言うのは、靖国神社は、英霊すなわち日本国の難事のために身を犠牲にして働き、亡くなった方々の魂を弔慰する神社だからである。ここから問題が始まる。それは、首相や閣僚の靖国神社参拝をめぐってである。

靖国神社はA級戦犯を祭っているという理由で、首相が参拝することに反対する日本人が、まずいる。キリスト教徒や、真宗系統の一部の仏教徒である。しかしそれは、まったく滑稽である。もし真のキリスト教徒であるならば、亡き人に対して招魂して鎮魂するという靖国神社の行為は、シャマニズム以外のなにものでもなく、キリスト教の教義から言えば宗教の名に値しないものであり、教義的に言って、相手とする必要がないではないか。また、真の真宗系の立場であるならば親鸞の主張に基づくべきであり、それならば招魂再生すなわち先祖供養などは不要であるから、その立場から言えば、靖国神社が招魂再生することなど宗教でもなんでもなく、問題とする必要がないではないか。

そのつぎは外国、特に中国である。中国側にとって許すことのできないA級戦犯という罪人に対して、日本の首相が敬意を表することを批判するわけである。

中国人の場合、死者はどうなるのかと言えば、死者はあくまでも人間としての死者として扱われる。

それは、儒教理論或いは儒教意識に基づく。死者の霊魂を鬼神と言うが、「神」はあくまで霊魂としての「しん」なのであって、「かみ」ではないのである。だから鬼神は、子孫が招魂再生儀礼を行なうと降霊して、この世に人間として帰ってくることができるとする。これが儒教の根本理論である。

日本人の場合、仏教によって死者は仏として崇められる。しかし、お盆や命日には儒教によって降霊し、その日は人間と化すという、はなはだ便宜的な矛盾した観点を抱いている。つまり、(一)成神・成仏、(二)降霊・招魂という二つの本来はあい容れない立場を、平気で併存させているのである。

しかし中国人の場合、前述のように、死者は、あくまでも人間としての死者である。その霊魂（鬼神）は浮遊して、再生の機会を待っているのである。純粋に儒教的なのである。だから、墳墓に眠る遺体が人間である以上、その死者に対して怨みがあれば、平気でその怨みをはらす。すなわち墓を暴《あば》いて、遺体を傷つける。例えば中国古代、伍子胥《ごししょ》は前に仕えた君主に怨みを抱き、復讐を誓う。ようやく攻めていったとき、その相手はすでに亡くなっていた。すると伍子胥はわざわざその墓を暴き、その死体に「鞭うつこと三百、然《しか》る後に已《や》む」（『史記』伍子胥伝）。

第二次大戦後も、中国大陸で、もとの小作人がもとの地主の墓を暴いて辱しめた。日本では、戦後、そのような例は聞いたことがない。このように、中国人は死者を死後も生きた人間と同じように思っているから、靖国神社に祭られた方々を神（かみ）と思わず、人間の霊魂としての神（しん）と思っているから怨みをはらそうとするのである。

日本人の場合、われわれの感覚として死者は鄭重に扱われる。本来、日本人は死を忌み汚れたものと考えるが、それは今は問わない。すくなくとも、われわれ日本人の平均的感覚では、死は死者の生前のすべてを浄化してしまう。お通夜の晩、お葬式の日、或いはそのあと、死者について悪口を言うことはタブーとされる。もっぱら、死者の生前における善行や良いところを語るのである。時には無理に探しさえする。

もし、逆に死者の悪口を言う者がいたとしたならば、その者はみなから軽蔑されるのである。少なくとも、人間として程度の低い者と見なされる。まして、死者に怨みがましいことなど言えるはずもない。なぜなら日本人の感覚としては、死者はすでに〈成仏・成神〉している尊い存在であると思っているからである。どのようにして神となったのか、仏となったのかは知らないけれども、ともかくすでに仏であり神なのであって、人間ではないのである。

だから、靖国神社に祭られた死者はもはや人間ではなくて、神《かみ》なのである。そして八百《やお》万《よろず》の神々を持つ日本人としては、多くの神を祭ることに何の抵抗もないのである。否、むしろ尊い存在として積極的に祭るのである。

ただし、唯一絶対の神ではなくて親しい神であるから、成神（成仏）して、もはや人間ではないはずなのに、人間と同じような親近感も抱いている。そこで中国人と同じく、儒教的に降霊の儀式（神道の招魂・仏教の先祖供養）を行なっている。つまり日本人は、㈠成神・成仏、㈡降霊・招魂の二本立てであるが、中国人は㈡の一つだけなので、問題がいつもこんがらがるのである。このように同じ儒教文化圏でありながら、日中両国民族の死生観には相違がある〔さらにまた、死は死者の生前のすべてを浄化するという感覚が日本人にある〕。この文化的相違をぬきにして、靖国神社参拝問題をいくら論じても進展はない。

では、この靖国神社はどのようにして生まれてきたのであろうか。その成立の歴史は意外と知られていない。

靖国神社の前身は招魂社である。招魂社は、幕末から明治維新前後に、国事のため身命を捧げた人々の霊を祭ることに始まった。だから、全国に数多く招魂社があった。それも、招魂場（墳墓）、招魂碑（忠霊塔、忠霊碑）・招魂祠といったものから発展した場合もあった。例えば、水戸藩の筑波山事件（いわゆる天狗党の乱）に参加して斬られた武田耕雲斎ら四百十一柱のために作られた、水府義勇塚がそれである。

そのようにして生まれた約百五十社の招魂社が、昭和十四年から護国神社となる。山野上純夫氏の御教示によれば、連隊区司令部ごとに一社が造営されたが、祭祀料の関係で府県社の格式を有する護国神社は各府県一社とし、北海道を含めて四十六社である。なお、東京招魂社だけは別格で、明治十二年に靖国神社となった（小林健三、照沼好文『招魂社成立史の研究』錦正社・昭和四十四年）。

招魂――このことばとその行為とは、明治政府が推進した国家神道によって初めて創り出されたものではない。招魂というシャマニズムは、古代以来、日本人の国民感情としてもともとあったものである。いや、日本人に限らない。朝鮮民族にも中国人にも、つまりは東北アジア全域の人々にその感覚がある。それを直観的につかみ出してきて理論化し、体系化したものが儒教なのである。逆に言えば、儒教は東北アジアの人々の心を写し出す鏡である。鏡は己《おのれ》の姿を写し出すのである。

儒教は、「その鬼《き》にあらずしてこれを祭るは諂《へつら》いなり」（『論語』為政篇）と言う。「その鬼」とは、自分と血がつながっている人の亡き魂という意味である。すると、この『論語』のことばを文字どおりに受け取ると、他人の霊を祭ることは媚《こ》び諂《へつら》うこととなる。しかし、荻生徂徠《おぎゅうそらい》『論語徴』が言うように、これは一般論ではなくて、或る特定の人の行為を非難したことばとされている。例えば東条一堂『論語知言』は、こう言っている。孔子の祖国である魯国の重臣である季孫《きそん》氏は祖先祭祀を盛んにし、魯国の君主にも劣らぬ勢いであった。すると、魯国の高級官僚たちは血がつながってもいないのに御機嫌をとり、季孫氏の祖先祭祀に参列し、媚び諂ったと。

しかし、血のつながっていない人に対してでも、まごころのこもった招魂であるならば、それを儒教は拒否したりなどはしない。A級戦犯（もちろんB級もC級も）という罪名は、連合国側が下したものにすぎず、日本人自身が自主的に裁いて下した罪名ではない。

また、よく誤解されていることがある。A級・B級・C級は、罪の重い順番というランキングを表わすと思っている人が多いが、そうではなくて、起訴理由の相違を表わすものなのである。A級とは「平和を犯した罪」のことである。そのような罪などは東京裁判のころにはなく、連合軍がそのときに作った罪名であり、リンチの理由づけにすぎない。A級戦犯中の死刑となった人は、敗戦国が戦勝国によって報復を受けた犠牲であった。靖国神社はその鎮魂を行なっているのである。だが心ない一部の日本人は、彼らの家族を迫害していたのである。

＊東条英機の孫、東条由布子『一切語るなかれ』（読売新聞社・平成四年）はこう記している。「弟が小学校に入学した時、担任の女教師は「東条君のお祖父《じい》さんは泥棒よりも、もっと悪いことをした人です」と弟をクラスの友だちに紹介した。……兄は伊東の小学校に編入した。しかしすべての教師が、〃東条の孫、英勝〃の担任になることを拒否した。……クラスのない兄は仕方なく毎日登校すると国旗掲揚台に上がったり、ポールに登ったりしてどこかのクラスをのぞいて過ごした。……学校から帰っても母にはクラスがないことを話さなかった。しかしある日、一人の若い教師（長沢進氏）が『僕が東条君の担任になりましょう』と勇気を出して申し出て下さった」。

因みに、昭和二十三年に行なわれた彼らの死刑執行日は、クリスマス・イブを避けるかということで、故意か偶然かその前日の十二月二十三日であった。十二月二十三日――この日は今上天皇（当時は皇太子）の誕生日である。国民の祝日である現行の天皇誕生日のその日に、靖国神社においては、その日付けで戦死した多くの英霊とともに、東条大将らの招魂と鎮魂との祭祀が行なわれているのである。

(4) 生命体としての会社――東北アジアの資本主義

オリンピックのときのことである。入賞者の感想のことばを読むと、欧米人が「自分のベストをつくした」とか「神の加護を信じた」と言うのに対して、日本人の大半は「みなさんのおかげです」と答えるのに始まり、コーチのだれそれ、仲間のだれそれと名前をあげて感謝の意を表していた。すなわち、比較文化論の型どおりに、欧米人が個人を前面に出すことと、日本人が所属集団を重んじることとの相違がはっきりと出ていた。

こうした相違について、どちらが上とか下とかと決めるのではなく、それぞれ価値があると認めること、すなわち異文化の存在を認めるという見かたはごく最近でてきたのであって、明治時代以来、欧米先進諸国の文明・文化が優先されてきた。

その一例が、資本主義のありかたであった。十九、二十世紀、欧米で資本主義が発達し、いわゆる先進国が登場したころ、マックス・ウェーバーはこう述べた。ただ利益をあげるだけの経済ならば、古今東西、いつでもどこでも行なわれている。しかし、そのような出たとこ勝負のもうけ主義ではなくて、適正な一定利潤を構想した合理的計画性の下に経済活動を行なう資本主義は、仕事を天職と心得たプロテスタントたちの禁欲的ありかたが生きている地域、すなわち欧米先進諸国においてのみ初めて可能である、と。

ところが、二十一世紀に入ってから十年ほどの間、日本を先頭にして東北アジア地域において資本主義が急激に発達し、韓国・台湾・香港・シンガポールを含むアジア新興工業国・地域における工業力・経済力は、欧米先進諸国を追い抜かんばかりの勢いとなってきた。さらに二〇〇〇年代に入るや中国が世界経済に大きな力を持ってきだした。

そこで欧米の学者は、この現象をただ単なる物的投資の結果とは見ないで、その背後になにか或《あ》る共通する文化を見、それは何であろうかと考えた。その結果、共通する文化として儒教の存在を想定したのである。

つまり、欧米資本主義の背後にあるキリスト教(特にプロテスタンティズム)に対して、東洋資本主義の背後に儒教があるという考えかたである。こうして儒教文化圏ということばが使われるようになった。

以来、儒教文化圏の特色についてさまざまな分析がなされて今日に至っている。例えば官僚制の発達、初等教育の普及、家族の強い団結心、労働に対する勤勉の道徳といった指摘である。そうした諸主張の中で、二つの代表的なものがある。

一つは、在米の中国人学者、余英時の主張である。彼は、ウェーバーの前記理論の中国版を作り出した。中国近世において、プロテスタンティズムに匹敵する商人倫理が士(儒者)によって準備され、形成されていったのだと。もう一つは、アメリカ人学者のロバート・N・ベラーに始まるもので、山本七平に受け継がれていった。それはウェーバーの前記理論の日本版である。江戸時代、石田梅岩に始まり全国的に大流行した心学(本書二一二頁参照）が唱えた勤勉の道徳が、日本資本主義の背後にある、と。

しかし私は、こうした諸意見に対して全面的に批判的である。すなわち、余英時やベラーはウェーバー理論に縛られ、その模型を儒教文化圏に探そうとするだけであり、独自の理論構成を試みるものではない。また、余英時らのものを含めて公表された諸見解には、儒教とは何かという根本的な考察がなく、ごく教科書的に、儒教を道徳とだけしか考えていないという誤りを犯している。

問題はまさにそこにある。ふつう儒教と言えば、仁・義とか忠・孝を説く道徳であるという理解であり、日本人も朝鮮民族も中国人もそう教えられてきている。もちろん、ウェーバーらの理解もまた同様である。しかし、そういう儒教理解は不十分である。例えば労働に対する勤勉さは、なにも儒教文化圏だけのものではない。そういう道徳面だけを見るのでは不十分である。儒教道徳を生み出した基盤というものがあり、その儒教道徳が近代社会の中で揺れ動き、なかにはすでにいくつかの特定の道徳は崩壊しているにもかかわらず、その基盤自身は微動だにもせず、儒教道徳を支えている。この基盤を見てこそ、儒教理解が十分であると考える。

その基盤とは、何度も述べるように宗教性である。第一はシャマニズムであり、祖先の霊魂を招いて出会い、慰める感情である。第二は、死者へのその祭祀を行なうのは一族であり、子孫一族を持つことを重視する。第三は、子孫は親の遺伝子を受け継ぐので、親の個体は死滅しても、子孫として肉体は存続するという確信である。それは、霊魂（精神）の不滅と肉体の永遠の存続とを信じる気持と実践とである。それは生命の連続という死生観であり、この死生観の上に儒教道徳が作られたのである。この点を見ることが最も重要である。

例えば、所属する会社を生命あるものと考え、自分や家族がそうであるように、会社の永続を願ってみなが努力する。或いは従業員物故者の慰霊祭を行なって、団結心を高める。それが、「みなさんのおかげです」という感情となって現われるのである。金銭を資本として作った会社を無機物として考える欧米人とは、発想が全く異なる。たとい会社の業績が悪くなっても、欧米人流に解散せず、全員の給料を減らしてでも会社の存続に努力しているではないか、日本人は。

その給料の減らしかたも、社長以下全員がともにである。そういう一律方式は、個人主義の欧米人は絶対に納得しないであろう。オレの能力はアイツより上だと、査定を個人単位ですることを求めるからである。もっとも同じ儒教文化圏でも、民族が異なると相違がある。例えば朝鮮民族の場合、儒教に忠実なあまり、血縁の団結が強すぎる。そのため一族で会社の管理職を独占するか、それを充足できるうちはよいが、人数に限界があるから、一族外の人物を起用せざるをえない巨大企業への道は険しいであろう。

さて、儒教文化圏における資本主義の発展に対して、疑問が出されていないわけではない。すなわち、タイを代表とするASEAN（アセアン）諸国、メキシコや南米など儒教文化とはまったく無縁の地域でも、近代化、資本主義化が着々と実現されつつある。

しかし前述したように、前近代社会における単純な商業経済、現代における資本主義的経済の疑似形態などは、もちろん古今東西どこにおいてでも可能である。問題は、「適正な一定利潤を構想した合理的計画性の下の経済活動」が可能かどうかである。

儒教文化圏においては、その死生観を底に敷いて、連続的時間すなわち歴史感覚がある。それは家族の永続性という意識ともなっている。そういう感覚や意識は、その場かぎりの出たとこ勝負に進むのではなくて、組織の永続性を志向してゆく。となると、永続してゆくためには、〈適正な合理的計画性〉を持たざるをえない。そういう意味において、儒教文化圏における資本主義経済活動が成長しつつあると言えるのである。

タイも、もちろん資本の投資に応じて、形態的には資本主義的発展をするであろう。しかし、タイは根本的には輪廻転生の死生観であり、連続という歴史感覚はない。おそらく現況以上の展開はないと考える。メキシコや南米については、同地域の歴史や文化について私は無知であるので答えようがない。ただ、同地域の資本主義機構が発展するにせよ、しないにせよ、死生観や文化にまで十分な検討を加えなければ、その将来を論じることは困難である。例えば今の南米は、土着文化を追い払ったキリスト教文化圏である。

中国大陸の場合は、行政組織の他に、中国共産党の組織がかぶさっているという二重構造となっており、両者の権益がからんで資本主義の正常な発達を阻んでいる。また、贈賄、正規の手数料以外のわけのわからない手数料、縁故によって雇用する過剰な不要人員、サボタージュ等々、帳簿外のコストが高くついている。それは、社会主義による失政のつけである。それらが寄生しているかぎり、すなわち、そのあまりにも前近代的な性格を払拭《ふっしょく》しないかぎり、中国大陸は儒教文化圏内にあるものの、他の儒教文化圏における資本主義と同日に論ずることはできない。

さて、東北アジアの資本主義を支える重要な柱の一つは、家族のありかたである。すなわち、家族観に特色があり、それが日々の企業の活動に大きく関わっているのである。それはどういう点であるか。

欧米人は契約を人間関係の重要なルールとしている。例えば神と人間との契約があり、『新約聖書』というふうに、まさに〈約〉を表わしている。彼らは個人を基礎にしているから、個人を支え安全にするためには、契約がなくては不安でしかたがないのである。一種の契約ノイローゼである。

だから、結婚もまた契約である。すると契約は守らなければならない。五時になるとさっさと会社を退いて帰宅し、アイラブユーの一言も言って家庭生活をきちんと送る。もし五時になっても退社せず、家庭を顧みないで仕事に熱中することがずっと続くと、結婚という契約に違反することになる。当然、離婚が待っている。彼らが家庭を大切にするというのは、契約を守り、家庭を維持しようと必死になっているからである。

ところが、日本の場合、結婚とか家族に対して契約という発想も感覚もない。法律的には明らかに契約であるが、そんな意識はほとんどない。在るものは、血のつながる家族（結婚を含めて）とは神聖なものという伝統的な意識や感覚である。家庭生活や家族関係は、いったん成立した以上、こわしてはならないもの、またこわすべきでない神聖なものという気持なのである。

日本人の場合、夫は五時になって会社を退き、すっとんで帰らなくても、家庭はこわれないと思いこんでいる。妻は妻で、夫の帰りが遅くとも、あの男にはどうせ他に行くところなどはない、必ずこの家に帰ってくるという自信を持っている。だから日本においては、離婚をひきおこしたりすると、それは家庭の神聖さを守りきれなかったとして、夫は勤務先において信用を失うことになる。その結婚生活は、個人的問題にとどまらないのである。

欧米人は、個人主義とそれを支える契約とに基づいているので、その家庭生活や家族関係を維持するために常に必死になって努力している。それをしなければ、家族関係や家庭生活はいつでも崩壊する危険にある。言わば、疲れる。

日本人のわれわれの場合、なるほど憲法以下の諸法律は、欧米近代国家流に個人主義を謳ってはいるが、それは頭の中だけであって、首から下の実質は、依然として伝統的な家族意識である。すなわち、個人と個人との契約という意識は稀薄である。

われわれは個人主義の意識ではなくて、〈家族の中の個体〉という意識である。〈集団の中の個体〉という意識である。その個体の帰属する家族や集団に対する期待が強く、とりわけ家族は血の連続を前提としているので、神聖視する。それが、日本の家族を安定させているのである。

この家族関係・家庭生活の安定が、働く人々の安定につながり、ひいては日本の企業の安定につながっているのである、今のところ。

しかし、これから先は分からない。憲法に基づくと称し、欧米風個人主義を推進しているのが学校であるので、教育が個人主義（実は利己主義）を普及してゆくであろう。それが徹底されたとき、日本の家族や家庭は変質してゆく可能性がある。学校は主体性を持った個人主義者を生み出すのではなくて、欲望のままの利己主義者を生み出すことになるであろう。なぜなら、自律や自立の気概を持った個人主義者が教員の中に何人いるか、数えるほどである。そういう人が、本当の個人主義を教えることができるはずがない。個人主義を唱えている者の実質が利己主義にすぎない実例を、私はいやと言うほど見てきている。

また、憲法第二四条「婚姻は、両性の合意のみに基づく」ということをそのまま信じ、現在はまさに〈核家族〉中心の夫婦二人だけの世界を求めることが優先され、親もいらない、子もいらないという意識が広がってゆく危険性が大である。

(5) 道理・公平・別愛――自由・平等・博愛を越えて

私はかつて大阪大学で中国哲学史の講義を担当していた。年度の終わりに受講生にリポートを書かせていたが、なかなか鋭く、おもしろい議論があった。その一部を挙げてみよう。

市民革命によって成立した西欧型の近代国家は、自由・平等・博愛をデザインしたフランス国旗のように国家の理念を説明するような国旗を持っている。これは合理主義の国旗である。しかるに、遅ればせにできた近代国家の場合、西欧型の国家の形式を真似た国家であるから国旗に描きうるような理念など持たない。描いたとしても、借り物の理念にすぎないだろう。

そこで、明治維新の日本が作り出したのは、農耕民族の太陽崇拝に立ち返って日の丸を国旗として定めることだった。太陽崇拝で近代国家を支えることが露わなのである。しかし、日の丸が東北アジアの国旗として優れた選択であったことは、大韓民国や中華民国も後を追うように、恐らく無意識に、太陽を図案化していることでも判る。儒教や、経学による諸解釈が太陽をどのように捉えているかその調べが及ばなかったが、天と地が分かたれて原初から与えられてい、西欧風に云えば超越論的な次元を持たない儒教的な世界観から見ても、太陽が現世的なものを支えるような構造が見られるかと推察する（哲学科四年の大門広治）。

本書において何度か述べたように、東北アジアの人々は、素朴に、大地と天空と、その中間にいる人と万物と、それだけを実在の世界としていた。しかし西欧では、そうした自然の背後に実体、本質があると考え、それは何であるのかと問い続け、超越論的な議論を尽くしてきた。存在論の歴史である。東北アジアと西欧との、おのおのの思想の流れにおける決定的な相違である。

図15　大韓民国の太極旗

そうした相違を背景にして、国旗に表現された意識を、この学生は論じている。もっとも、大韓民国の国旗（図15）は次のような意味を表わしている。同国旗は太極旗と呼ぶように、国旗の中央の円形は、世界の根源である太極《たいきょく》を表わしている。その太極が動いて陰陽（両儀と言う）が現われる。それを表わしているのが円内の巴紋《ともえもん》であり、上が陽で天、下が陰で地を表現している。そこから万物が生まれるが、それを象徴的に表わしているのが周囲の四つの図であり、それは易の卦である。

＊乾《けん》卦(☰)は父、坤《こん》卦(☷)は母、坎《かん》卦(☵)は男子、離卦(☲)は女子を表わす。すなわち、父・母・男子・女子は家族を表わす。また父・母、男子・女子それぞれの形が逆で、表裏の関係になっている。なお、乾・坤は四隅の半分を、坎・離は四正の半分をそれぞれ表わし、東西南北の地上世界を示している(本書二五六頁参照)。

そういうふうに、世界の生成を表現した国旗であるから、超越論的と言うべきであろう。しかし、太極は生成展開して万物として具体化され、万物のどこにでも内在しているという理論となっているので、太陽という個物もまた太極と相即している。だから、国旗中央の円は太極と見てもよいし、同時に、それは太陽であると見てもよい。だが、それは中国思想として太極と万物との関係を知っていないと分からないことであるから、この際、太極旗は一応別にしておく。

中華民国(台湾)の国旗は青天白日満地紅旗と呼ぶように、日本国の日章旗と同じく、確かに太陽を表わしている。前記の学生のリポートの指摘はおもしろい。

さて、フランス国旗が象徴する自由・平等・博愛が、近代国家の道徳として明治の日本に伝来した。この近代的道徳は、もちろん個人主義を基礎にしており、個人主義というイデオロギーもまた伝来した。そして今日に至っていることは言うまでもない。

しかし、自由・平等・博愛そして個人主義は、果たして日本に根づいたであろうか。いや、それらは果たして正しい普遍的道徳なのであろうか。

今日の日本において、自由・平等・博愛や個人主義は、なんら疑うことのない正義とされている。そして、これらを普及させることが近代化であるとする。にもかかわらず、これらが今もって徹底化されないのは、日本の場合、個人主義に基づかない家制度の意識が、いまだに根強く残っているからであるとする人が多い。中には、さらにこう言う。近代化の癌《がん》となっている家制度を維持しようとしているのが儒教であり、そうした儒教を叩きつぶすことが必要である、と。とりわけ第二次大戦後にその声は大きかった。

近代化――自由・平等・博愛そして個人主義の確立。まことに凜々《りり》しく、美しいことばである。それだけに、逆に言えば実感に乏しく、ただ観念の中を軽快に滑ってゆくだけである。

明治時代、欧米のいわゆる先進国のこうした文化が入ってきたとき、われわれ東北アジア人は、ただ古ぼけた前近代的な文化だけしか持っていなかったのであろうか。そのようなことはない。自由・平等・博愛そして個人主義のそれぞれに対応するような文化を持っていたのである。それはどのようなものであるのか。

まず「自由」についてであるが、こういう話がある。明治の初めのころ、大阪に藤沢南岳という儒者がいた。泊園《はくえん》書院という漢学塾を経営していた。

＊関西大学が泊園書院の蔵書を管理し、かつ記念事業を盛大に行なっている。

経歴から言って西洋学の素養のなかった藤沢南岳が、「自由」ということばが翻訳語として使われているが、よろしくないと言っている。と言うのは、当時まで使われていた「自由」ということばは、仏教風の、㈠物事にとらわれない境地としての意味、或いは、㈡勝手気ままといった意味である。そういう意味の「自由」が、いま（明治初期）どうして尊ばれるのかと言うわけである。おそらく、当時の自由民権運動などを念頭においていたと思われる。藤沢南岳は儒者であるから、彼にとっては仏教は否定的なものである。その仏教流の「自由」と、自由民権運動の「自由」とが結びつかなかったのである。

それはそうであろう。自由民権運動家の言う「自由」は、欧米近代国家における自由ということであったからである。すなわちそれは、人間が自分の良心に基づいて、自律的に主体的に行動することである。中世ヨーロッパのキリスト教社会における人間は神の意志の下で生活していたが、近・現代は、人間が神から独立して生きてゆく世界である。すなわち、神に依るという他律から、自分で自分を律して行動し、それに依って自由となる。いわば、「自由」とは「自《みず》カラニ由《よ》ル」わけである。

しかし、そういう個人主義的自由を可能にする自律・自立の確立は、卑弱な人間にとってはなかなか困難なことである。そこで、自律・自立を可能にせしめる抑止力として、キリスト教的伝統を背景として、その唯一最高絶対の神を心理的に精神的に置かざるを得なかった。フランス革命等によって欧米近代国家は、個人を神から解き放とうとしたけれども、結局、それはできなかった。もし抑止力としての神を置かなければ、その近代的自由とやらは、放縦な自由となり、個人主義は利己主義と化す。逆に言えば、神の支配から逃れようとした個人主義（近代的自由）は、神の下に回帰せざるをえなかったのである。その結果、外面的な他律としての神から、自律・自立・自己責任による自由を形成する内面的な抑止力となって伝統が生きていったのである。もちろん、欧米においてキリスト教信仰を持たない者が増えている。そうした彼らには神という抑止力がないので、自律も自立も自己責任も必要がなく、当然、欲望のままの利己主義者となってゆく。この点、キリスト教文化圏でない日本人の場合、抑止力がないので利己主義者になるのと同じである。

一方、これとは対照的に、東北アジアではどうであったか。

東北アジアでは、もちろん個人主義でなく家族主義であったが、それなりの自律・自立・自己責任を守って生きていたのである。もちろん、卑弱な人間のすることであるから、キリスト教文化圏における場合と同じく、自律・自立・自己責任を完徹するのは難しい。ともすれば、放縦となる。しかし、それを許さない東北アジア独自の抑止力がやはりあったのである。ちょうどキリスト教文化圏における唯一最高絶対神のような抑止力が。それは、祖先であった。その家族の祖先を抑止力としたのであるから、東北アジア人共通の普遍的抑止力としての存在ではなく（キリスト教徒に共通する唯一最高絶対神という唯一存在としての抑止力というようなものではなくて）、各家における祖先という個別的抑止力であった。そしてその祖先を絶えず祭祀して意識していたのである。

さて、藤沢南岳が、欧米の言語を知らないのに、自由民権運動的な〈自由〉の訳語として仏教流の「自由」という語は当たらないと言うのは、漢字の熟語に対する直観からきている。では訳語として何がよいのかと言うと、自由民権家が言う「自由」（自分の良心に基づいての自律・自立・自己責任下のもの）という意味をとらえて、南岳はこう言っている。「道理」と訳せと（藤沢南岳『中庸講義』）。

これは美事な訳語である。「道理」と訳すと、元来の「自由」という語の半面にある「勝手気まま」という意味を完全に削ることができる。現代日本において「自由」と言うとき、大半は「自分の勝手だ」という意味で使われている。しかも、自由を正しい道徳として国家・社会（とりわけ憲法）が勧めているわけだから、余計に始末が悪い。国家・社会が勧める自由とは、近代国家が準備した自律的主体的な厳しい自由のはずであるが、その面は普及されず、元の漢語が持っていた意味の一つである「勝手気まま」の面が大手を振って歩いているのが、現況である。勝手気ままという面だけが肥大してゆくようになったのであるから、「自由」という訳語は誤訳に近いと言っていい。

もし、明治初期、この「自由」に代わって「道理」と訳されていたならばどうであろうか。「自由民権運動」は「道理民権運動」である。「言論の自由」は「言論の道理」、「結社の自由」は「結社の道理」、「結婚の自由」は「結婚の道理」、「教育の自由」は「教育の道理」等々。

中村正直がジョン・スチュアート・ミルの『On Liberty』を訳したとき、その書名を『自由之理』と訳している。けっして『自由について』とは訳さなかった。「自由之理」とは、「自由の道理」ということであろう。しかしその「理」が落ちて、「自由」ということばだけが独り歩きしていったのである。

明治時代、もし「Liberty」を「道理」と訳していたならば、近代日本における〈自由〉のありかたはきっと変わっていたであろう。当然、今日の〈自由〉のような天をも畏れぬ勝手気ままではなくて、天を畏れる謙譲の精神に満ちた、自律的な〈自由〉となっていたことであろう。たった一語の誤訳が、一国のありかたを変えたと言っていい。いや、この訳語が朝鮮半島・中国という東北アジアに与えた悪影響もまた恐るべきものがある。

かつてわれわれは、〈自由〉ではなくて〈道理〉という道徳を持っていたのである。

つぎは、「平等」についてである。儒教には平等という思想はない。儒教は前近代社会の持つ社会的基盤に拠って生まれたものであるから、それは当然のことであった。しかし現代社会においては、平等が当然のありかたであることは言うまでもない。ただし、現代社会における人間の平等は身分としての平等、人権としての平等ということであって、能力としての平等ではない。

今日、身分、人権としての平等は人間として当然守るべきものであり、その努力は続けられている。ところが、そういう人権としての平等と同様に、能力としての平等まで可能と誤解している人がいないわけではない。そういう、なんでも平等という考えは正しくない。能力に差がある自然的事実を認め、その能力に応じて教育を受けることが必要である。

儒教はそれを言う。人間の価値はそれぞれその人の適性にあり、その能力を見ることであると。その具体的な実践が、人材抜擢である。それは、古くは孔子の時代（西暦前六世紀）に、もう議論されつくしている。しかし制度化するのは、西暦前二世紀の前漢王朝期あたりからである。

と言うのは、西暦前六世紀の孔子のころは、人材抜擢と言っても規準というものがなく、世に出るのは、人との偶然な出会いであったり、君主の好みと合った場合であったりして、必ずしも道は公平に開かれていなかった。ところが西暦前三世紀の秦の始皇帝に始まる皇帝制になると、皇帝はその中央政府から中国全土に幹部となる官僚を派遣して、治めることになる。すると、各県の知事クラスまでの体系の中の官僚は、中央政府の方針を共通の教養、共通の意識、共通の思想、共通の道徳等々をもって理解するのでないと、中央集権制のシステムが機能しない。

そこで、共通教養、共通文化を持つ必要が起こったのである。その共通文化として採用されたのが、儒教であった。これが、中国において儒教が国家的イデオロギー、国教となった最大の理由の一つである。もちろん、儒教が孝を基礎にした民族的ありかたを取り入れていて、漢民族に支持される内容であったことは言うまでもない。

このようにして国家に採用された儒教であったが、それでは儒教的教養を身につけた官僚をすぐ採用できたかというと、そうはいかなかった。秦王朝を倒して漢王朝が生まれ、いくら皇帝制という中央集権的大システムを継続しても、実質的には、まだ各地に大貴族、大氏族がいたわけであるから、彼らの支持を取りつけないと秦の始皇帝の二の舞となり、政権がひっくりかえされてしまうことは眼に見えている。そこで妥協して、儒教官僚を彼らの推薦によって得るという形をとった。これなら大貴族、大氏族、いわゆる貴族層の支持が得られる。なぜなら、彼らは自分たちの一族や、息のかかった者を推薦できるからである。結局、皇帝が得た官僚とは、自分が支配する官僚ではなくて、貴族の利益代表的な官僚であった。

そのため皇帝は、ときには、皇后一族や母方の一族たち、いわゆる外戚《がいせき》と結んだり、或いは宮廷内の仕事を扱う宦官《かんがん》たちを重用したりするということが起こった。すなわち皇帝を中心にして、推薦制による儒教官僚、外戚、宦官の三つ巴の抗争となる。

＊宦官は、重罪を犯したため去勢の刑を受けた男性である。刑後、宮廷内の仕事を行なったりしたが、有能な者は皇帝の側近となり、高い官位を得て権力者となることがあった。な

お、去勢手術は動物の場合と同じで、精巣（睾丸《こうがん》）を切り落とすが、小用のためにも必要なペニスはそのままである。しかし睾丸がないので、射精して生命を誕生させることができない。生命の連続を重んじる中国人にとって去勢刑は最大の屈辱であり、死刑によって生命を奪うことに次いで重い刑となる。有名な例では、『史記』を著した司馬遷は去勢刑を受けたし、『三国志』の英雄の一人である乱世の姦雄、魏の曹操の祖父であった曹騰《そうとう》は宦官であった。養子を取り、生まれた子が曹操である。

この抗争は六、七百年続き、その過程で、周辺部族の何度もの侵入や、さまざまな戦乱もあり、しだいに大貴族が小さく砕かれてゆく。つまり、大貴族が小豪族となってゆき、政治的発言力が弱くなることによって、結果的には皇帝側が勝ってゆく。そして、六、七世紀の隋王朝、続く唐王朝のころから、貴族の推薦制に代わって、最終的には皇帝が所管する試験制による儒教官僚の採用となる。科挙制である。官僚を〈選び挙げ〉、用いる。すなわち登用することを選挙制と言うが、科挙制は選挙のしかたの画期的な変化である。この科挙制による儒教官僚こそ、皇帝が本当に支配できた官僚である。この科挙制になるころ、かつての大貴族は中央政府を動かせるほどの力を失い、地方の小豪族となっていった。おおざっぱに言えば、中央政府から地方の知県（いわゆる県知事）に至る官僚体系においては、科挙試験合格者（官）が支配し、知県が担当する諸地方では、昔からの残ってきた有力小豪族らが地方官僚（吏）として世襲制を続け、地方自治を支配するという構図である。もちろん、科挙制の基礎である諸地方において、儒教文化が機能していたことは言うまでもない。

＊地方自治と言っても、コミューンのような独立組織があるのではなくて、あくまでもその地域の行政を下請けのような形で担当する下部官僚組織である。

この科挙制こそ、開かれた人材抜擢の道であった。もっとも前近代社会であるから、すべての人に開かれていたわけではなく、差別があった。すなわち人々を良民（斉民）と賤民とに分け、賤民は官吏となることができなかった。のみならず、或る理由で賤民が良民になっても、その子孫は曾祖父、祖父、父の三代の間、良民であった事実の証明をしなければならなかった。

＊賤民とは、娼妓・俳優・隷卒（役所の警備、犯人の逮捕、租税徴収、看守といった仕事をする者）・六色（冠婚葬祭の儀礼の雑役）・楽人・奴僕等、日本において差別されてきた人たちの職業と重なるところがある。しかし武官の場合は、兵卒から昇任できるし、だれでも金銭で官位を買うことができた捐官《えんかん》の制度があったので、任官の資格制限は厳密には守られていなかった（前出『清国行政法』第一巻下・大安影印本・一九六五年、一七四頁）。

そのような限界があったが、「其《その》根本ノ主義タルヤ皆《みな》広ク人材ヲ天下ニ求メテ任用其《その》公平ヲ保持スルニ在リ」(『清国行政法』第三巻、四五六頁)、「試験ニ応ズルニ付《つい》テ、何等《なんら》ノ制限ヲ存セザル……此事《このこと》ハ亦《また》支那ガ古来埃及《エジプト》、印度《インド》等ト異《こと》ニシテ、階級制度ヲ有セザルニ因ルモノトス」(前出『清国通考』一五三頁)。

それでは、貧しい人たちもそうであったのか。そうだったのである。と言うのは、知県は赴任後の科挙試験において、自分の担当地域から合格者が出ないとその教育行政の評価が下るので、貧富に関係なく、優秀な子がいると、集めて生活させつつ特訓を施して合格させようと努力したのである。言わば奨学生というようなものがあり、貧しくともこのような形で世に出ることができたのであった。

すなわち、前近代社会における一定の限界の中ながら、能力を尊重して登用するという〈公平〉があった。朴俊煕氏(大韓民国・梨花女子大学元教授)の「二一世紀とアジア文化の現代的復活」は、儒教の特色として〈公平〉を強調している。その「公平(equity)は公正でありながら平衡のとれたものを意味する。従って最近よく言っている平等(equality)という概念とは差異がある」(中外日報・平成二年五月十日号。長文の同論文は、北京の中国社会科学院で行なった学術講演記録であるが、訂補が加えられたものの寄贈を得たので、そのように引用)。

隋唐期以後の中国ならびに李王朝(一三九二年成立)時代の朝鮮半島には、〈公平〉の実現であった科挙制度があった。しかし、日本では平安時代のごく一時期を除いて、科挙試験に相当するようなものはなかった。なぜなら天皇家は、律令体制という言わば中国において皇帝を頂点とする郡県制の中央集権国家をモデルにしたものによって運営していたが、武士が実力者となった鎌倉時代以後は実力的に律令制を維持することができず、実際は武家が政権を担当し、律令制（郡県制）の形だけが明治維新まで続き、実質は鎌倉時代以後は封建制であったからである。

そのようになった根本理由は土地問題にあった。律令制では、土地はすべて国有という原理であったが、日本では、律令制となっても、諸豪族・寺社が私有領地の荘園を持ち、この荘園が以後の私有地拡大へとつながり、土地国有という律令制の実質がなくなった。しかし、律令制自体は官位の授受という形式として生きつつ、明治維新まで残り続いた。科挙制はあくまでも中央集権体制において必要であったのであり、日本の各藩独立の封建制においてはその必要性が切実でなかった（自己の藩内での登用試験が行なわれていたところもあったが、それはあくまでもその藩内の資格にすぎず、他藩とは関係がなかった）。だから徳川時代の封建制を廃して明治政府という郡県制の中央集権国家を作ったとき、頂上にある天皇のための官僚が新たに必要となったのである。

それに応えたのが官僚養成のための東京大学法科大学であり、その法科出身者が法官という近代官僚となっていったのである。東京大学文科大学という文科出身者は文官であるが、近代国家が要求する〈天皇の官僚〉は、儒教的教養を身につけた科挙時代の文人官僚すなわち文官ではなくて、近代的法治国家において法律技術を駆使できる法律官僚すなわちテクノクラートである法官であった。この点が、科挙時代の官僚の性格と決定的に異なる。科挙時代では、法律技術の運用に得意な者は、科挙官僚すなわち文人官僚がポケット・マネーで部下として雇う幕友（幕僚）や、役所の実務的吏員にすぎなかった。それは、儒教による文治国家だったから文官が優位だったのであり、近代的法治国家においては、法が何よりも優先されるので法官が優位となっていったのである。

この法律官僚を選抜する最高級の試験（古くは文官高等試験、今では国家公務員I種試験・司法試験など）は、現代の科挙であり、その道はだれにでも公平に開かれている。或いは、その前段階であるところの高等教育への道（例えば大学入試）もまた公平に開かれている。

現代には、まだ多くの差別が残っている。それを克服する努力が現代の道徳であろう。人権の平等は実現しなくてはならない。しかし一方、儒教文化圏の伝統として生き残ってきた人材抜擢という〈公平〉もまた、現代に生かすべきわれわれの道徳であろう。

＊司法試験合格者でなければ判事（裁判官）・検事になることはできないが、書記官・事務官のうちから一定資格のある者を簡易裁判所判事や副検事に任用することができる。これは、能力のある者に道を開いている〈公平〉の例である。同じく、将来は看護師に対しても一定資格のある有能な者に対して、或る範囲の医療をすることができる副医師という資

格を作り、与えるべきであろう。看護師に対してもっと公平な道を開くことが看護師不足問題の最大の解決方法となるであろう。ただ給料を上げたり、勤務を楽にするだけではだめである。

つぎは欧米近代道徳の博愛である。これは「博愛」と訳すよりも「友愛」と訳すほうが正しいようであるが、前述した「自由」の場合と同じく、「博愛」という漢語のイメージが現代日本においてすでに一般的であるので、そのイメージ「博《ひろ》く愛する」という意味で扱うことにする。

＊「友愛」ということばは、儒教的には兄弟間の愛情を指すイメージである。「兄弟《けいてい》ニ友《ゆう》ニ」（『論語』為政篇が引く『書経』のことば）と。例えば元田永孚『幼学綱要』（明治十四年）は、「友愛」という項目を挙げ、兄弟愛を語っている。だから明治時代においては、仲間など他人同士の愛情を「友愛」と訳すことはできなかったのではなかろうか。

博愛の実行ということはなかなか困難であり、儒教文化圏においては別愛というありかたがあることはすでに述べたので、ここでは再述しない（本書一七〇頁参照）。

人間中心の儒教において、そうした別愛と並行しているのは、人間の努力の重視である。神や仏にすがるよりも、己《おのれ》の努力を大切にするのが儒教文化圏の人間である。だから、他人の善意にすがる寄附に対して、われわれはすっきりしない違和感を持っている。

いつであったか、大阪の天王寺駅附近を歩いていたとき、こういう事件があった。難民のために博愛精神で寄附して下さいと訴える若い人たちがいた。すると、一人の男がこう絡《から》んだのである。いわゆる労務者風のその男は、こうどなった。「お前ら何や。ええ若い衆が、昼の日中《ひなか》から、なんで人の金《かね》をあてにして寄附してくれ言うんや。お前らそんなひまあったら、わいといっしょに働け。一日働いたら日当が出る。自分で働いて、その銭《ぜに》を寄附せえ。なんで他人の金をあてにするんや」と。

痛烈な批判であった。寄附を求めていた彼らは答えることができないまま、知らん顔をして、相変わらず道行く他の人に寄附を乞うていた。男は何度も絡んでいた。博愛を説く若い彼らは大学生の感じであったが、批判を続ける男に対して論理的に対応できない姿は、博愛という道徳の意味を本当に理解できていないことを示していた。その構図——欧米先進国の道徳を頭の中で理屈として受け入れるだけであって、身体を通した本当の理解のないままの知識人と、学問や教養はないけれども、儒教文化圏の人間として正統的な、人間の努力の大切さを身につけた庶民との対立、これはそのまま庶民に対する近代・現代日本の知識人の姿でもある。知識人は、本当に近代思想や近代道徳を身につけているのか。

博愛——万人を平等に愛すること、そんなことが本当に可能なのだろうか。もしそれを可能にするならば、人間の持つさまざまな卑弱な感情を越えたもの、すなわち神のようなである。

眼指《まなざ》し、神のような気持を持つ以外にない。そんなことは、ふつうの者にはできないことであるならば、卑弱なわれわれは可能なことから始めるべきであろう。自分にとって親しい者への愛、別愛である。これならだれでもできる。この別愛は、偏愛ではない。親しい者をだれも忘れはしないからである。博愛は一人が不特定の〈多くの人を愛する〉ことであり、結果は分からないのに対して、別愛は一人一人が親しい人を愛する結果、〈多くの人が愛される〉のである、確実に。

自由・平等・博愛――こうした欧米近代国家の思想・道徳の物まねに縛られずとも、儒教文化圏の東北アジア人自身がなじんできた別の原理、すなわち道理・公平・別愛を真剣に生かすべきであろう。明治時代、欧米先進国の文明（技術）に圧倒されたために、彼らの文化（個人主義・自由・平等・博愛という生きかた）を文明と同じく高いもの、真似るべきものと錯覚を起こしたのである。今もその錯覚の夢からさめないでいる。

(6) 家族中心か、個人中心か――個人主義は正しいのか

最近の話題の一つは、お墓である。例えば女性の中には、死後は婚家すなわち夫の家の墓に入りたくないと言う人が増えているという。ではどうするのかと言うと、実家の墓に

入るのだと答えている。また最近の話題の一つは、結婚後も夫婦別姓でいたいと言う。すなわち結婚後も、自分の実家の姓のままでありたいというわけである。

こうした希望を、家制度からの女性の解放だと囃《はや》したてている人たちがいる。家制度というのは、明治二十九年に制定された民法すなわち明治民法が規定するもので、家に戸主を置き、戸主が家族を統率する戸主権を認め、家を単位にして家族を律する制度を指す。この明治民法を昭和二十二年に改正して今日に至っている現民法には、そのような家制度はない。すなわち現民法は、明治民法の〈家族中心の制度〉を〈個人中心の制度〉に改めたのである。現憲法第二四条は、婚姻は両性の合意のみに基づいて成立し、夫婦が同等の権利を有することを基本とし、民法など家族に関する法律は、個人の尊厳と両性の本質的平等に立脚して制定せよと述べている。つまり、個人主義に基づく民主主義から言えば家制度は封建的であり、徹底的に否定すべきものということになる。しかし、これが誤まった考えであることは前述した（本書九五頁参照）ので、そこを参照されたい。

さて、話をもとにもどす。死後、婚家の墓に入らず実家の墓に入るというのは、実は個人主義に立った議論ではない。実家の墓に入るというのは、死後も生前と同じくこの世での生活を送りたいという感覚であり、また実家の人々が行なう祭祀によって、この世に招魂再生することを期待しているのである。これこそ何を隠そう、家族中心の儒教的感覚ではないか。もし個人主義に徹するならば、あくまでも個人の独立を死後も貫くべきであって、子孫に管理を依頼する墓の必要もないし、招魂再生を期待する必要もないはずである。個人主義であってもキリスト教徒の場合は、その墓は〈最後の審判〉のときに天国へ行ける可能性のために作っているのであって、儒教流の招魂再生のためではない。個人主義を真に貫くとすれば、キリスト教徒になる以外、それを支える大宗教はまずない。それに墓はもともと個人墓がふつうだったのであり、「何々家之墓」という合祀墓は、墓地取得難からきた最近の傾向である。「何々家の墓に入る」という考えかた自身が、古典的な〈家意識〉の反映にすぎない。

　夫婦別姓の主張の場合も、なぜ実家の姓にこだわるのであろうか。そこには、個人主義の徹底が見られない。実家についてはその〈家〉の存在は認め、婚家についてはその〈家〉の存在は認めないというのは御都合主義である。その議論を徹底するならば、実家の〈家〉も否定し、その姓も否定すべきではないのか。また、日本における夫婦同姓は、欧米のキリスト教文化圏にファミリー・ネーム（家族の姓）があることに合わせてそれを物まねしたものであり、それが明治民法の第七四六条「戸主及ヒ家族ハ其《その》家ノ氏ヲ称ス」という表現となったのである。「氏」とは男性の「姓」ではなくて、ファミリーネームのことであり、血縁を示す「姓」ではない。その家に氏があり、結婚して女性がその氏になることは、組織の一員となるということである。因みに、明治二十九年の明治民法制定まで、日本は儒教的に夫婦別姓だったのである。

或いはまた、家制度についても誤解がある。明治民法における〈家〉は純粋な家制度ではない。純粋な家族制度（家制度）では絶対的な戸主権を認め、家族は戸主に服従し、夫権・親権はすべて戸主権に吸収される。財産はすべて家に属し、個人は家を通して国家を構成し、家に属することによって各種の権利を有する。このような純粋な家族制度（家制度）と正反対なものが、純粋な個人制度である。しかし、明治民法上の〈家〉は、純粋な家族制度（家制度）と純粋な個人制度との中間に位置する。すなわち戸主権とは別に、親権や夫権を立てている。戸主権と親権・夫権とを両立させているのである。また、家族制度（家制度）的な家督相続（戸主の交替のこと）と、個人制度的な遺産相続（例えば父親が戸主で、息子が財産を築いていたが、父親より先に亡くなると、息子の遺産は息子の子どもに均分相続される。二男、三男も、結婚した娘も同様である）とを規定するという特色を持っていた（前出『昭和戦前期の日本』七二頁）。

この明治民法は、もちろん現在は消えてしまっている。それならば、完全に個人主義的民法の運用によって、すべてが解決できるのであろうか。

ここに二つの家族像がある。一つは、儒教的伝統を背負った家族である。すなわち、自分を個人としてよりも個体とし、各々は〈家族の中の個体〉と考える家族像である。いま一つは、欧米近代思想に基づく家族である。すなわち個人主義に立ち、夫婦はそれぞれ個人として家族を成り立たせる。家庭内で個人が並立する家族像である。

その家族のありかたにおいて、家族主義的であることをやめて個人主義的であろうとするのが、現代日本の状況である。それを推し進めているのが個人主義を根核とする現在の憲法であり、そこから出てくる発想は、個人主義に基づく生きかた（文化）である。

しかし、個人主義を生きかたとして身につけた日本人は果たして何人いるのであろうか。強固な主体的な意志を持ち、独立独歩、自立し、自律しながら社会で生きてゆける人は少数である。いや、そういう人はもともと恵まれた天分、才能そして技術を持っていて、あえて個人主義などというものを持ち出さなくとも、いつの時代でも独力で生きてゆける強い人である。欧米近代思想の個人主義は、所詮、輸入思想にすぎず、日本人に根づいていない。と言うよりも、根づく可能性は非常に乏しい。なぜなら、家族主義という生きかた（文化）をわれわれ日本人（ひいては朝鮮民族・中国人）はずっと守ってきたからである。〈家族〉・〈家〉は、〈制度〉である以前に、〈感覚〉として東北アジアの人々の中で生きてきたのである。それを、輸入後、たかだか百数十年の個人主義が変えうる力を持っているであろうか。

人は言う、個人主義はしだいに日本人の間に広がり、成長していると。嘘である。一見したところ、個人主義的に見えるようなものの、一皮をめくって見れば、ほとんどが利己主義ではないか。

利己主義には大いなる道理に基づいての自律もなければ、自立もない。在《あ》るものは自己の利益の追求だけであり、利益に依存する受身的なものである。真の自立した個人主義者であるならば、己《おのれ》の論理に忠実に従い、時には自分の生命を決心して他者に捧げることもあり得る。そういうりっぱな方が確かにいる。しかし利己主義者は、どんなことがあっても絶対に自己の生命は差し出さない。信ずるのは、己と金銭とだけである。

日本の教育は、権利とともに義務をも重視する個人主義者を養成していない。小学校以来、義務はいやで権利ばかりを利益的に求める利己主義者を養成しているだけである。その結果、家族主義的家族を否定して個人主義的家族を作ろうなどという目論見《もくろみ》はみごとに外れて、利己主義者の集団のような家族が急速に増えつつある。それは戦後日本の教育の無惨な失敗を示している。

現在の老人たちは家族主義の中で育ち、生きてきた。個人主義的生きかたは知らない。その老人たちに、今から個人主義的に生きよと言うのは酷である。老人たちは、自分が〔実は過去の日本人が〕慣れ親しんできた家族主義の中で余生を送り、家族に見守られて死にたいと思っている。

ところが家族主義を否定し、しかし個人主義は身につけず、利己主義者として育ち生きる人々の大群を前にするとき、現在のみならず今後も含めて、老人は悲惨である。それが、個人主義的現憲法がもたらす〈国民の幸福〉なるものの実態である。

こうした利己主義者に対して、どのような対応があるのか。歴史はその経験を教えている。中国古代の韓非子という天才的思想家は、人間の心の奥底を見透して利己主義を引きずりだし、徹底的にそれを法律によって管理することを主張した。それは空想に終わらなかった。実行した権力者こそ、秦の始皇帝であった。歴史はその悲劇的経験を、喜劇的にくりかえす。利己主義の極まるところ、将来、日本において利己主義を押さえるために、法による弾圧的な管理が起こり得るであろう。例えば、シンガポールにおけるような罰金の徹底である。ゴミを捨てても罰金なのである。それは、個人主義者がいま否定しようとしている家族主義よりも、もっと悪い形となることであろう。

しかし、そうなる前に、私は日本において個人主義なるものが崩壊すると思っている。個人主義は欧米の土壌から生まれたものであり、その背景となっている欧米の諸文化は、東北アジアの儒教的文化とは異なったものである。個人主義ということばをもてあそぶことは簡単であるが、その背後の文化まで日本に輸入することは不可能である。いや、そんな輸入や物まねをなぜしなければならないのであろうか。個人主義が根づいている、或いは根づきそうなところは、世界においてキリスト教文化圏だけではないのか。

東北アジア（儒教文化圏）、南アジア（ヒンズー教文化圏）、中近東（イスラム教文化圏）等の人口は三十億に近いではないか。その地域の人々は個人主義文化ではない。アフリカ大陸の人々もそうであろう。東南アジアも、キリスト教徒はいてもキリスト教文化圏ではない。結局、個人主義はキリスト教文化圏における立場と見なさざるをえない。

その個人主義もキリスト教と結びついている間は、すなわち唯一絶対神と個人との関係が確かな間はそれなりに機能する。しかし欧米では、キリスト教信仰を失った人々が増加しているというではないか。そういう人々は、個人主義と言っても、キリスト教徒という帰属感を持っていないのであるから、その個人主義はいずれ遠からず利己主義に転じてゆくことであろう。その極致は、自分を支えてくれるものとして金銭・財産に最高の価値を置く拝金主義である。キリスト教におけるような唯一絶対神ぬきで個人主義を教え、その結果、いまや大量の利己主義者を生み出しつつある日本の姿を見れば、いわゆる欧米先進国の将来像が見えるではないか。

それに反して、個人主義を取らない儒教文化圏、ヒンズー教文化圏、イスラム教文化圏では、現実生活におけるその家族或いは家族中心の意識が家族内の各個の利己主義の肥大を許さず、それを抑止する力を持っている。それを、個人主義者は前近代的、封建的と罵倒し、否定するが、そのようにして罵倒し否定して、何が得られたのであろうか。利己主義者を生み出しているだけではないか。

ホームレスの増大、老人や子どもへの虐待、家族（核家族）の不安定などを生み出す個人主義中心の国や社会よりも、家族中心の国や社会のほうがまだましである。

欧米人は、キリスト教という大文化の衰退とともに、自分たちの個人主義が利己主義に変質し、翳《かげ》りが出てきつつあることを感じ、個人主義に対して自信を失い、家族に目を向けつつある。にもかかわらず、日本は憲法の名の下に、ますます個人主義中心、いや実は利己主義中心の国家や社会を作ろうとしている。これほど愚かしいことはない。

日本においてそうした愚かなことを進めているのが、欧米文化の物まねを良しとする知識人である。憲法を宗教における本尊のように崇めて跪《ひざまず》いている人々である。学者や教師の多くがそうであり、指導的な官僚の多くがそうである。

しかし、個人主義、実は利己主義に対して違和感を覚え、伝統的な家族主義に基づいて生きようとする人々がいる。その人々は、個人主義者たちが罵倒してやまない家族主義者である。個人主義者に知識人や高等教育を受けた者が多いのに反し、家族主義者の多くはいわゆる庶民であり、彼らと異なる。例えば介護の場合、個人主義者が、老人ホーム建設や他人による、制度による完全介護を叫ぶのに反して、家族主義者は黙々と辛い介護の闘いに立ち向かっている。

これから十年後、二十年後、老人問題が大きな問題となることが眼に見えている。その道程にあるものは、家族主義か、個人主義か、換言すれば、伝統的文化圏（儒教・ヒンズー教・イスラム教各文化圏など）の家族主義か、欧米キリスト教文化圏の個人主義か、その選択を迫る事態となるであろう。それは、明治以来、物まねしてきた個人主義が果たして正しいものであるのかどうかという、日本の近・現代における最大の問いかけとなるであろう。

(7) 女性は虐《しいた》げられてきたのか——主婦の地位と権力と

儒教は血の連続に基づいた生命論である。それは死の恐怖と不安とに対して、安心を与える死生観である。遠い祖先からつぎつぎと生命が与えられ、父から自分へ、自分から子どもへと、垂直型の時間軸に乗って未来へと向かっている。その時間軸にまとわりついているものが家族である。一族である。個人ではなくて個体があり、個体は家族、一族の中にある。儒教における家族とは、そのようなものである。儒教を論ずるならば、必ず家族に行き当たる。本書の執筆に当たって、私は家族論を相当多く読んだが、その多くは制度論であり、人間存在の根底に関わる死生観を背景とする家族観・家族論には、ついぞ出会わなかった。

家族論と言えば、現代女性が論じるものに私は関心を抱いた。現代を代表する女性識者はよく女性の解放を叫んでいるが、その際、家族が大きな問題となるからである。しかし、読了後、その大部分に対して失望を禁じえなかった。そこには型通りの言説しかなかったからである。それらのいくつかを組み合わせてみると、以下のようになる。日本では「夫婦家族制という考え方が定着してきている。かつてのように、家族は親から子・孫へと継承されるとして〈家〉中心の考え方をするのではなくて、夫婦ができあがったら家族が生まれ、その夫婦がいなくなったらその家族は消滅するという、夫婦家族制の考え方が中心になってきている」と言い、その家族を構成する人々は互いに「自由で平等である」。また、こう言う。「冠婚葬祭などというのは、〈家〉の名残りである。いまそれが盛んなのは、〈家〉の崩壊を怖れ、なんとか家族という組織の中に〈個〉を埋没させ、からめとってしまおうと、何者かがある意図のもとにしているのではないかと疑っている」と。そして、「女性の本分は家庭という性役割分担論の背後には、儒教精神に支えられた家族制度や女性蔑視思想があった」とする。いずれも諸原文からの引用そのままである。

議論が、家族主義中心の儒教は悪、個人主義中心は善という硬直した発想であり、図式的なのである。個人主義という教科書の権威に対しては、従順というか、まったく疑いを持たず、個人や自由や平等ということばをただ唱えておりさえすれば現実はそうなると思いこんでいる。その言説の多くは、自由・平等・個人主義を絶対善とする信念を述べているだけであって、具体性がない。どの議論を読んでも、予算を組んで福祉設備を増やし、その要員を公共団体が確保せよといった式の、初歩的な社会主義の論調にすぎず、千編一律である。そこには己《おのれ》の目で人間を見すえるという自立の観点がなく、伝統をどう受けとめるかという歴史感覚もない。明治時代、日本料理を忘れ、ヨーロッパに土下座して宮中の宴会料理はフランス料理とした物まねと同じく、要するに明治以来の知識人のお定まりの姿——すなわち自立した個人主義的人間の姿からはほど遠く、自分の頭で考えず、欧米文化を常に先生としてその物まねをする姿があるだけである。

その思いこみの最たるものは、儒教文化圏において、女性は男性によって虐げられていたというイメージである。果たしてそうなのであろうか。前近代は、もちろん今日と異なる社会構造であるのだから、今日から見れば相違があるのは当然であるが、その多くは、法律などの公的文献上の男女差別の文言に基づいてのイメージである。しかし、実際はどうであったのか。例えば、国民党の幹部であった湯良礼はこう書いている。原著刊行は昭和十年（一九三五年）のことである。

支那に於《お》ける婦人の変遷を論じて、胡適《こせき》博士は、彼女等の地位は多くの皮相な観察者が我々に信じせしめる程、低いものではなかったと指摘したが、それは興味ある事である。寧《むし》ろ、婦人は常に家族の暴君であった。母或は義母の権威は世間周知の事である。妻でさへ夫の恐怖であり、嬶《かかあ》天下の国であるという点では、支那と比肩し得る国は世界中何処《どこ》にもない。……支那の婦人は、愛や美や智によらず、単に妻の地位から撃退されないとの理由により、強固な社会的地位を築き上げたのである。……『醒《せい》世姻縁伝《せいいんねんでん》』なる……小説はおそるべき婦人の話である。彼女は片目（原文のママ）で、鼻が半分で、両親に対し罪をおかし、且《か》つまた夫を三度暗殺せんとした。しかし彼女は許されざる罪――姦通――を犯さなかったので、彼女から遁れんとする夫のあらゆる努力は失敗した（『支那社会の組織と展望』育生社・昭和十五年、二二六頁以下）。

＊儒教では、女性に対して、男子を生まぬことなど七つの理由で離婚できること（七去）をたてまえとしていたが、事実上は機能していなかった。と言うのは、それとは別に、離婚できない条件があったからである。すなわち、「①夫の両親のどちらか一人でも、その死後に三年の喪に服した場合、②妻が帰ることのできる家庭のない場合、③結婚してから夫が富を蓄積した場合（妻との協力の結果である）」、離婚はできなかった（三不去）。この「三不去」の条件から見れば、事実上、離婚は困難であった。また、七去とは別に、妻の不倫（姦通）の場合は今日と同じく離婚理由となるが、実際は必ずしもそうはならなかった。串田久治「七去・三不去――離婚の条件」（『愛媛大学法文学部論集』二五号）や前引『支那社会の組織と展望』前出個所に詳しい。

こうした事実は、国民党と対立した共産党の毛沢東が、早く昭和二年（一九二七年）に、実証的ということで定評のある彼の「湖南農民運動視察報告」の中でつぎのように書いている。

夫権は昔から貧農の間では比較的弱かった。なぜなら経済上の理由から、貧農の婦人たちは裕福な階級の婦人よりも多く労働に参加せざるをえず、したがって彼女たちが家のことについて持っている発言権や決定権もまた比較的に大きかったからである。性的な方面でも比較的に自由であって、農民のあいだでの男女の三角ないし多角関係は、貧農階級においてほとんど普遍的な現象である（第三章・第七節。一九四一年に公刊された）。

清朝末期から中華民国初期にかけて、すなわちまだ前近代中国の色濃いころ、後藤朝太郎ら民間人が自分の目で事実を見て接した記録には、家庭内における中国女性の権力の強さが多く描かれている。すなわち、主婦の地位が高いのである。主婦とはその家族におけるる女性たちのリーダーである（本書一九四頁参照）。例えば、仁井田陞《にいだのぼる》「中国法史に於ける主婦の地位と鍵」（『国家学会雑誌』第六一巻四号・五号に連載・昭和十八年）は冒頭にこう述べる。

女子は終生何人《なにびと》かの後見の下に置かれるといふ古典的な永久後見制——三従——、又はその意識が、今日の法習慣の中にも見出されることには、一応、問題がない。然し、一概に女子の地位といつても、女子の一生を通じて固定的であるわけではないのであつて、三従といふ様な婦女後見思想で、一元的に問題を割り切ることは、往々もの正当な理解を妨げることとなる。本文に記す「鍵《かぎ》をもつてゐる」主婦の地位、殊に家族共同の直系尊属としての寡母《かぼ》（父亡《な》き後《あと》の母）の地位の如きは、女子といへばいつも劣位に置かれてゐると思ひ勝ちな一元的理解に対して、一つの反省を与へるであらう。

＊「三従」とは、家に在っては父に従い、嫁しては夫に従い、夫が亡くなると子に従うという意味（『儀礼《ぎらい》』喪服伝）。

そして、以下、つぎのように述べる。ドイツ法史上において主婦の地位を象徴するとき、鍵（彼女に認められた独立の処分権の象徴）ということばによって表現されたのと同じく、中国でも鍵（現代中国語では鑰匙《ヤオシ》）をもって主婦の地位を象徴した。ただし、妻は同時に主婦の地位を得るとは限らなかった。夫の家に主婦のいない場合は、新婦がそのまま主婦となり鍵を預かることになるが、大型の家族の場合は、姑《しゅうとめ》（ときには嫂《あによめ》）が主婦であった。また母は、家長である父が亡くなり家長が息子に交代しても、鍵を嫁すなわち新家長の妻に渡すとは限らない。父の死後、四十歳近くの息子があっても、寡母（父亡《な》き後の母）みずからが家長となり、父が生前に家長として担当した一般的な家務（家の仕事）と自分が主婦として担当してきた日常的家務との両方を担当し、鍵を持ち続けるとしても、村の習慣から、はずれたことではない。姑が嫁に鍵を渡す時期は決まっていなかった。例えば四世代が同居し、十九人の家族の家の場合（家長はすでに五十歳の長男）でも、七十歳の寡母が依然として鍵を握っていた例もある。そうした鍵を預る主婦を「当家《ダンジア》」と言い、主人とは独立した権限を持っていたのである。

日本では、東北地方において、主婦の地位にある者を「杓子《しやくし》取り」とか「へらとり」と言い、飯盛杓子《めしもりしやくし》すなわちしゃもじは、ドイツ・ローマ・中国の歴史における鍵のように主婦の地位の象徴であり、「杓子渡し」・「へら渡し」と言うように主婦の地位の受け渡しがあった。ただし、「カカが嫁にシャクシを渡す」日（主婦の交代）と「トトの世帯渡し」の日（家長の交代）とは、中国の場合と同じく、同じ日ではない。

こう述べたあと、仁井田論文は主婦の地位の高さと権限等について、小説や戯曲などを主とした材料として実証的に詳しく論述している。

＊仁井田論文が引用する橋浦泰雄「民間伝承と家族法」の文にこうある。岩手県の「遠野《とおの》地方の土淵村などでは……一家内の万事万端は一切主婦の職責に属してゐて、主人なり親子と雖《いえど》も一言も容喙《ようかい》（口をはさむこと）することはできない。その為《ため》に主婦が派手《はで》好みで仮に一家を破産に導くやうなことがあつても仕方がないとされてゐる。殊《こと》に鍋《なべ》の蓋《ふた》と杓子《しやくし》とはその職責権能の最も重要なる象徴として何人《なんぴと》と雖《いえど》も主婦以外には手をかけることが許されない。仮に囲炉裡《いろり》にかけた鍋《なべ》が煮《に》えたぎつて、汁《しる》がこぼれてゐても飯釜《めしがま》の飯《めし》が煮え過ぎて焦《こ》げついてゐても、姑《しゆうとめ》や娘と雖もこれに手をかけることはならないとされてゐる。む

ろん主婦が病気で到底《とうてい》その任を勤めることの出来ぬ場合には主婦が特《とく》にその代理を指名して依頼するのである。杓子を渡す場合には……主婦がカカザ（囲炉裡《いろり》の主婦座）に座り、その下手《しもて》へ座つた嫁へ手づから鍋《なべ》の蓋《ふた》へ杓子を乗せ添へて渡すと、嫁はそれを受取つて今度は着席をも替へるのであつて、今まで主婦座にゐた姑《しゅうとめ》は以後は新主婦の下位に着き、且《か》つ鍋の蓋にも杓子にも絶対に手を触れてはならぬし、又、家計に要する金銭は以後凡《すべ》て新主婦の財布に出入することになる」と。

家庭に主婦すなわち女性のリーダーが必要であったのは、かつての生活において必然的であったからである。日常の食生活は、今日のようにスイッチ一つで火を作れるわけではなかった。薪炭や付け火を準備し、毎回、火を作っていたわけである。また、蛇口《じゃぐち》をひねるとすぐ水が出てくるわけではなかった。井戸から、或いは小川からそれを汲んで運ばねばならなかったわけである。洗濯、掃除、住居管理等に人手を要したのである。また、年中、衣生活が大変であった。解体しては洗い、そして縫う。その他、年中行事や祭祀を行ない、味噌・醬油《しょうゆ》・漬物《つけもの》を作ることなど、限りなく仕事があった。それらは重要な協同作業であり、指揮者が必要であった。すなわち女性のリーダーである〈主婦〉が。

また、生活上、男女は分業せざるをえなかったのである。国民の職業の多くは農業であったから、土を掘って打ち返したり牛を追い使ったり、肥担桶《こえたご》（肥料用の糞尿を入れた桶）

など物を運ぶといった力仕事は、男子がするのが効率がよかった。これに反して力仕事ではなくて、糸を紡《つむ》いだり布を織るといった指先の繊細《せんさい》さを必要とする仕事は女子が向いていた。近代工業においても、初期の紡績産業に多くの年少の女子工員が採用された大きな理由の一つは、糸を縒《よ》る工程において彼女たちの繊細な指先に頼っていたからである。機械化と言っても、まだまだ女子工員の指先による判断が必要だったのである。日本の近代化の初期においては、商工業の発達が十分でなく、女子にとって社会性の高い職業の種類が少なかったそのころ、紡績工場で働く少女たちは、むしろ選ばれた者であった。また紡績会社は、小学校卒業の女子工員に華道等の女子教育も行なっていたのである。後には今日の家庭科を中心とするような実科女学校を紡績会社が経営し、そこに自社の女子工員を進学・卒業させたりもしていたのである。すなわち、女学校卒業者（今日ならば感覚的には大学卒業に相当するであろう）を出していた。これは、当時としては大変な高学歴であった。紡績女子工員に対して単に〈女工哀史〉の時代であったと見るのは実証的でなく一方的である。

男子は外が本分、女子は内が本分などという甘い考えから来た分業ではなくて、人々が必死に生きてゆくための積極的な知恵として、男女の分業が行なわれてきたのである。儒教理論における男女分業のことばはその追認にすぎない。儒教が、陰陽の対称から類比的に男女をそれに当てるなど性別による役割分担をしているのは、現実が先行していたからである。儒教が何を言おうと、現実には男子は田畑で鍬《くわ》を打ち振い、女子は家事に忙しかったのである。

ましてや女性蔑視というのは見当違いである。一般的家務を担当する家長〈主人〉に対して日常的家務を担当する主婦という、独立した権限を持つ二つの指導監督者を認めている。家族も社会である以上、組織である。組織のあるところ、必ず権力・権能が出現する。もちろん責任を伴う。どだい、自由で平等な組織などはこの世に存在しない。もしあるとすれば、例えば同人雑誌の組織のような、無責任で社会性を持たない任意団体などである。もし「家父長」と言うならば、同時に、〈家母長〉も存在していたのである。家父長を指弾するのであれば、それと同様に家母長もまた指弾すべきであろう。

重要な点は、男女差別ではなくて、男であろうと女であろうと、能力のある人は必ず頭角を現わすという事実である。能力がないのに願望だけある人に限って、自分が重視されない理由を制度になすりつけたがるものである。男女を問わず。そして昔も今も。

例えば中国は明王朝の時代、秦良玉《しんりようぎよく》という女性の軍事の天才がいた。万暦二十七年（一五九九年。関ケ原の戦いは一六〇〇年）、宣撫使であった夫が三千の兵を、秦良玉は五百の兵を率いて賊を討つ。夫は或ることで獄死するが、彼女は夫の職を代行した。その後、三千の精兵を率いて、明末の動乱期を明王朝のために連戦連勝する。「良玉　その使を斬る。……長駆して成都に抵《いた》る。……しばしば捷《か》つ。……荘烈帝〔は、秦良玉に対して〕優詔し

（手厚いことばを賜わり）褒美し、平台に召見し、秦良玉に綵幣《あやぎぬ》・羊酒を賜い、四詩を賦してその功を旌《あつわ》す。……斬首六百……その魁《おやだま》東山虎を斬る」等々、軍事的天才ぶりが記録されている（『明史』列伝一五八・秦良玉伝）。

現代日本においては、もはや農業は中心産業ではない。力仕事だけが仕事ではなくなってきている。また、電気・ガス・水道そして洗濯機の普及によって、家事労働は一挙に軽減した。女子が家事の他に何か仕事をしたいというのは当然の気持であろう。だから、その求職の機会は男女同一であるべきである。しかし機会均等という平等はあるべきではあっても、能力はまた別である。この、能力差を認めることを人間として不平等だと勘違いする議論が、女性解放論者に見受けられる。

男性としての体験を言おう。児童のころ、すでに男児たちは、心のどこかで自分は将来どういう〈職業〉を持つべきかを探りはじめている。女児たちが身体の成長とともに生理上の変化に気づき、生命への関心を抱いてゆく一方、男児たちは、漠然とながらも、自分は人間として働かねばならないという気持を知的にではなくて〈本能的に〉固めていっているのである。そこから悩みが始まる。己《おのれ》の貧しい天分や能力の限界の中で、自分にとって何が可能であるのかという、現実と夢との格闘である。あえて言えば、職業に対する取り組みかたや覚悟のほどは、女性に比べて遥かに固い。気合いの入れかたが異なる。それが大半の男性の現実なのである。それは男女差別などといった次元よりもはるかに深刻な、自己認識、自己実現への必死の思いなのである。なによりもまず己に適した職業を持ちたいという切ない気持を、男性は小さいときから持っているのである。それは不安でもあり、逆に喜びでもある。

さて、家族と言えば、姑《しゅうとめ》（家母長）の横暴さが語られることが多かった。これも封建的ということばでくくり、儒教的と言いかねないのがふつうである。

しかし、それもまた、教科書的な硬直したイメージである。儒教理論は先行する現実を集約し、整理したものであって、姑と嫁との関係には、儒教を越えた、人間の本質的な問題が横たわっている。すなわち、息子は妻を得てから父母への愛情が薄れてゆくという普遍的な大問題である。

姑と嫁との関係のみならず、嫁の出現によって生じる息子夫婦と父母との関係の変化は、古くから大きなテーマである。例えば西暦前四～三世紀の儒教思想家、荀子はこう言っている。「妻子《さいし》〔が〕具《そな》わりて、孝〔の気持が〕親に〔対して〕衰う」（『荀子』性悪篇）と。妻があり子が生まれると、愛情がそちらに移り、親に対する孝の気持は衰えてくるという意味である。荀子のような大儒教思想家にして、その現実の凄さに圧倒されている。

この問題をテーマにした名作こそ、『父母恩重経《ぶもおんじゅうきょう》』である。同書は仏典であるが、いわゆる偽経《ぎけい》すなわち中国で作られた仏典であって、インド仏典ではない。しかし、こうした偽経には東北アジア人の問題がこめられていることが多く、中国人の思考や発想等を見る材料として意味がある。

『父母恩重経』のストーリーはこうである。或る貧しい夫婦に男児が生まれた。両親は貧しい生活の中を一生懸命に働き、子への愛情を尽くした。「母は……吾《わ》が口を子の口に接《つ》けつつ、乳を出《いだ》して之《これ》を飲ましむ。是《こ》の時　母は児を見て歓び、子は母を見て喜び、両情一致、恩愛の洽《あまね》きこと、復《ま》た此《こ》れに過《す》ぐる者なし」。こうして成長してゆくと、両親は自分の「美好の衣服は皆《み》な子に与えて着せしめ、己《おのれ》は則ち故《ふる》き衣《ころも》、弊《やぶ》れたる服《きもの》を纏《まと》う」。こういうふうに愛情を尽くして育てた息子が、結婚すると妻に愛情が移り、父母をほったらかしにするようになる。父母は「被《ふすま》（夜着）に蚤《のみ》・虱《しらみ》多くして暁《あかつき》に至るまで眠れず……ああ、吾《わ》れ何の宿罪あってか、かかる不孝の子を有《も》てると」と歎く。用事があって息子を呼ぶと、息子は怒り罵る。婦《よめ》もこれを見て、いっしょになって罵り辱しめる。これに対して、父母は頭を垂れて「笑いを含む」だけであった。子は父母に対して、「老《お》い耄《ほ》れて世に残るよりは、早く死なんにしかず（死ぬのがいい）」とまで言う。父母は「怨念《おんねん》胸に塞《ふさ》がり、涕涙《ているい》瞼《まぶた》を衝《つ》きて、目　瞑《くら》み、心　惑《まど》う」。父母は悲しみ、これまで尽くしてきたことを述べ続け、最後にこう叫ぶ。「妻の族（親戚）来《きた》りぬれば、堂（応接所）に昇《のぼ》せて饗応《きょうおう》し（御馳走し）、室（居室）に入れて歓晤《かんご》す（歓迎する）。ああ、ああ……親しき者（われわれ父母）は却《かえ》って疎《うと》み、疎《うと》き者（妻側の親戚）は却《かえ》って親しむ。（われわれ）父母の恩　重きこと天の極《きわ》まりなき（無限）がごとし〔なのに〕」と。

地獄図である。極楽で父母のこの叫びを聞いた阿難《あなん》（釈尊の高弟）は、仏である釈尊にたずねる。出家したわれわれは、父母の恩にどのようにして報いればよいのですか、と。そこで釈尊が、どのようにすべきか、孝のありかたを説くこととなる。

＊『父母恩重経』は奈良の正倉院文書の中にもあり、日本では古くから読まれていたようである。短い文章であり、内容も平易で、解説書もよく読まれたようである。例えば高神覚昇『父母恩重経講話』（大日本雄弁会講談社・昭和十六年）は、当時、版を重ねている。

『父母恩重経』における、阿難が取りあげるまでの右のようなストーリーは、現代においてもそのまま当てはまるではないか。姑と嫁との関係、そして父母と息子との関係の変化には、儒教・仏教を越えたものがあることを示している。しかし儒教（或いは仏教）は、それなりにこうした問題に対して答えてきたのである。現代の個人主義者たちは、この地獄図に対してどう答えるのであろうか。『父母恩重経』の中の父母を、子離れのできない愚か者と嗤《わら》うだけなのであろうか。

老人問題、とりわけ認知症老人の問題は深刻である。しかし、この問題は昔からあったのである。例えばこんな話が残っている。

父は亡《う》せて、母のみ九十余歳にて猶存《なおなが》へたりしに、此《こ》の母、老いて幼くなりし故《ゆえ》か、種々《くさぐさ》の玩物《おもちゃ》を並べて遊び、時としては、婦《よめ》の乳房《ちぶさ》をとりて吸ひなど為《せ》しを、婦《よめ》は快よく乳房をふくめたりと云ふ。老いたる人の、女性の乳を飲みしは、漢土《からつち》の人にもあり

(前出『忠孝談』五三一頁)。

儒教経典の『礼記』曲礼上篇は、各世代について順に述べ、「七十を老と曰《い》い、すなはち〔家を子に〕伝う。八十・九十を耄《ぼう》と曰う」と言う。「耄」とは「惛忘《こんぼう》(心が惛《くら》く、よく忘れる)」である。耄碌《もうろく》である。このボケ老人の問題は、すでに中国古代でも手を焼いていた。前引の文章は、さらに次のように続いている「七年(七歳)を悼《とう》と曰ふ。悼と耄とは、〔仮に〕罪〔を犯すようなことが〕ありといえども、刑〔罰〕を加へず」と。すなわち、八十歳・九十歳の老人は幼児と同じく、社会人としての能力がないので刑事罰は与えまいとしている。

こうした老人問題について、個人主義者は、福祉設備や介護要員の増加ということで解決しようというのであろうか。夫婦中心の家族を良しとするところから、どのような解答があるのだろうか。

ここに、「高齢化社会と福祉」というテーマで高校生に実施した意識調査の結果がある(朝日新聞・平成五年二月十六日号・栃木県立小山城南高校の上野淑子教諭の調査報告)。これによれば、(A)自分の「老親の介護」については、ⓐ「ホームヘルパーなどの援助を受けなが

ら世話をする」が四二%（男子三六%、女子四八%）、ⓑ「自分が世話する」三七%（男子三一%、女子四八%）、ⓒ「老人ホームなど施設に入ってもらう」七%（男子一二%、女子一一%）の順であった。

逆に、(B)自分が寝たきりになったときの介護については、ⓐ′「ヘルパーなどの援助を受けながら家で親族の世話になる」一七%（男子一六%、女子一八%）、ⓑ′「自分の子どもの世話になる」が三九%（男子二九%、女子四八%）、ⓒ′「老人ホーム入所」二〇%（男子二四%、女子一六%）、ⓓ「自分の妻あるいは夫の世話になる」二〇%（男子二五%、女子一五%）であった。

老人ホーム入所に関して、(A)は七%、(B)は二〇%である。それ以外、すなわち(A)の七九%（ⓐ・ⓑ）、(B)の五六%（ⓐ′・ⓑ′）は伝統的な家族中心型である。ⓓは(B)には現われているが、(A)では項目として当然なかったのであろう。だから、ⓓを家族の意味にとれば家族中心型の意識となるが、或いは夫婦中心型の意識なのか、分析は難しい。いずれにしても、全体を通じて見るとき、女子のほうが家族に対する取り組みに愛情が深く、男子は劣っている。無責任な男が多いということである。この調査は今から十八年前のものである。同様項目の調査を今後も行なってほしいものである。

今日、老人の在宅介護において、舅・姑に対して妻が介護を行なって苦労している場合が多い。にもかかわらず、この老親に対する財産相続権は、〈血縁〉でないがゆえに妻にはないのである。もっとも、その逆がある。妻の実家に老親があるとき、その息子の妻が老親の介護に当たる場合があり、今度は逆に、介護に当たらなかったとしても、実家の財産相続権がある。

しかし、それは型どおりの場合であって、現実はもっと複雑で厳しい。舅・姑のみならず実家の父母すなわち四人の介護に当たり、苦労している女性もある。だから、公式を考えていては解決にならない。そんなことよりも、介護の事実に基づいて妻に財産相続権を与えるべきだ。もし儒教の〈血縁〉観に基づく法律がその道を妨げているのであるならば、それは今日においては誤まりであり、その誤りは正すべきである。

*最近、「夫の母」或いは「義母」と表現する妻が増えてきた。しかし、「夫の母」のことを「姑《しゅうとめ》」と言うのである。当用漢字になければ、ひらがなで書いてもよいではないか。「義母」と言うのは、例えば妻の場合、自分の母に対して実母・義母（継母）の区別をするときに使うことばであって、妻の母ではない姑を義母と言うのはおかしい。同じく、夫が妻の母を「義母」と言うのもおかしい。「義母」とは自分の母に対する表現（実母ではないとき）である。妻の父・母はそれぞれ「岳父《がくふ》・岳母《がくぼ》」と言う。「舅《しゅうと》（夫の父）・姑《しゅうとめ》（夫の母）・岳父（妻の父）・岳母（妻の母）」という正確でりっぱなことばがあるのだから、それらを使うべきである。

(8) 国選政治家と民選政治家と――東北アジアの官僚

官僚に対する批判が厳しい。国民生活の細かいところにまで官僚の規制があり、民間企業の活力を鈍らせており、しかも、官僚が決めた規則・規準に添うための費用がかかってコストが高くつき、結局は定価が高くなり、国民生活を苦しめているという論調である。さらには、そういうように規制を盛んにするのは業者に睨みを効《き》かせるためであり、将来、その業界に退職官僚を送りこもう、いわゆる天下り先にしようとするものだと言う。

私のような教師稼業では、同じ官僚（国立大学の教員は文部省の官僚）と言っても、脅《おど》せる業者もなければ天下り先もないので、そういう批判を聞いてもピンとこないが、業者と実際に関係の深い省庁については、こうした批判は或る程度正しいであろう。

また一方、政治家は政治家で、行政を担当する官僚が政治に口ばしを入れたり、官僚主導型で政治をしてはならないといって、官僚を押さえにかかろうとしている。

或いは企業経営者において、官僚が悪いのだという批判がある。だいたい官僚は、民間人から評判が悪い。「お役所仕事」、「悪代官」、そして権力者というイメージである。今日、「お上《かみ》」と言うとき、政治家ではなくて官僚のイメージである。

しかし、どうもこうした批判における官僚の意味に誤解があるのではなかろうか。官僚

――なるほど役人である。しかし東北アジアにおいては、官僚の歴史は古く、その長い歴史の中で独特の性格を作ってきている。それを見るべきであろう。それには、東北アジア地域に、世界において珍しい歴史があることに注目する必要がある。すなわち中国・朝鮮半島・日本のそれが、西暦年開始前後から約二千年〔特定の一時期を除いて〕、実質上、同じ民族が同一地域で国家経営を続けて今日に至っている点である。王朝の交代は政権の交代に過ぎず、東北アジアは、中国・朝鮮半島・日本という三つの地域にそれぞれほぼ三つの国家が存在するだけであって、他の地域のように多数の小国家が離合集散を重ねてきた歴史とは異なる。中国・朝鮮半島・日本のいずれも、おのおのが同じ民族による統一国家を早くから形成してきて、今日に至っているのである。これは、世界において珍しいことである。

＊中国において、元王朝や清王朝のように漢民族以外の民族による王朝があったが、実質的行政では、漢民族が統治する国家であった。

この統一国家を政治的に支えるものは、もとより法であるが、早くから統一国家ができたため、法は国家が国民に対して〈統治する手段〉として意識されてきたのである。

近代的な法は、主として〈人権のための〉ものである。主権在民という民主主義の制度がそれを求める。また、個人の自由や平等を求める個人主義という立場がその根底にある。

自由、平等、民主といった近代・現代的立場が、そのまま法意識となり、法は人権のためという理解となっている。

しかし、こうした法意識、個人主義・民主主義に基づいた人権を守る法という立場は、いわゆる欧米先進諸国が生みだしたものである。そのため、日本では明治維新以後、近代化のためにこうした近代的な法意識を持とうと努力して今日に至っているが、欧米地域と異なり東北アジア地域（中国・朝鮮半島・日本等）では、前述のように統治手段としての法という別の法意識が、近代以前においてすでに形成されていた。

これは決定的な相違である。日本の場合、明治維新以後の近代化への努力のため、とりわけ第二次大戦後のそれは、たいへんなエネルギーを費やしてきた。その結果、一見したところ人権を守る法という観念が浸透したようにみえるが、現実は必ずしもそうではない。相変わらず日本人にとって法は自分側になくて、国家という相手側にあるような意識が強い。だから法を運用する官僚は、統治者意識となりやすい。

現在、日本では、公務員は国民の公僕であるという建て前をとっている。それは下級官僚については当たっているかもしれないが、高級官僚にそのような意識はおそらくないであろう。それどころか、逆に国家を背負って立ち国民を指導するという意識である。日本の官庁が民間の産業に対して多くの許認可権を持ち、「行政指導」や「通達」などを発しているのはその典型である。日本人（東北アジア地域の人々）の伝統的法意識と、高級官僚の統治意識とがつながっているのである。

では、高級官僚とは何か。上層の一般行政担当者、現代日本において言えば国家公務員Ⅰ種試験、それもとりわけ事務系区分（行政・法律・経済・外交等）の合格者である。裁判官・検事になるための司法試験合格者も、もちろん高級官僚である。今日の日本の国家公務員Ⅰ種試験は、かつての文官高等試験に相当する。なお、この「文官」とは、文科大学卒業者の官僚という狭い意味ではなくて、広い意味である。かつての文官高等試験（俗に「高文」）・文官普通試験は、それぞれ今日の国家公務員Ⅰ種試験・国家公務員Ⅱ種試験にほぼ相当する。

さて、高級官僚は難関の試験を突破してきている。その試験科目の内容から言えば、法律を中心とした一般行政の専門的学習をする必要があり、その意味では専門職である。しかし行政職の場合、専門といっても、医療（医師）や土木（土木建設の技師）などのような特殊技術を必要とする専門職とは異なる。一般行政は人間の生活全体を対象とする職種であるから、採用されてからは、国民生活とそのための国家機構に関わる問題などを包括的に対象とすることになる。すると、単なる行政技術を越えて国策の建議に関わることとなり、必然的に政治という立場が加味されざるをえない。

現代では、国家の財政を担当する財務省の財務官僚が重きをなしているが、かつて内務省が存在していたころまでは、内務官僚こそ官僚の代表であった。この内務省の分身あるいは後身は、現在の総務省（かつての自治省等）・建設省・厚生労働省・国家公安委員会（警察庁）等である。

なぜ内務官僚が官僚の代表であったかと言えば、国民の生活や治安といった一般行政、すなわち国政の最前線にあったからである。内政という、行政の伝統的なイメージがそこにある。その代表が府県のかつての官選知事である。彼らこそ内務官僚の典型であった。こうした内務官僚は、前近代の中国や李氏朝鮮における科挙官僚と似ている。彼らには高等試験合格の誇りがあり、国政に従事するという気概があった。だから、官僚と言っても法の単なる技術的運用者ではなくて、いわば政治家としての意識であった。科挙官僚の大部分は知事（実際は人口二～三万人の市長）として赴任しており、東北アジアでは、高級官僚は内務担当の政治家であった。この点が重要である。官僚、官僚と言うが、日本の高級官僚は科挙官僚と同じく、実は〈官選政治家〉なのである。いや、現代として言えば、国家試験合格者であるから〈国選政治家〉と言うべきであろう。

＊明治時代、フランスの制度をまねて、文官試験制度が作られたようであるが、フランス自体、近世啓蒙主義のころ、中国の科挙制度をまねて官僚養成のための上級学校や試験制度を設けたようである。いわば、フランスという近代国家を経由しての、比喩的に言えば、新しい形の科挙制度がわが国の官僚試験制度であったと言えよう。この新〈科挙〉官僚は、〈国選政治家〉となったのは当然であった。

このことは重要な儒教的伝統であり、現代日本の高級官僚に受け継がれている。今日の日本における諸国策すなわち国政の計画は、ほとんど高級官僚すなわち国選政治家によって作られている。これに対して、国民の選挙で選ばれた国会議員や都道府県知事ら〈民選政治家〉がいる。いわゆる政治家である。しかし民選政治家は、国選政治家に頭が上がらない。なぜなら、民選政治家は選挙によって当選してきただけであり、政治家としての見識や訓練を経ていない者が大半だからである。

その本業が労働組合の委員長であったりニュースキャスターであったり、果ては漫才師であったりする。衆愚政治の見本がそこにある。その程度の民選政治家であっても国政を担当できるのは、有能な国選政治家（高級官僚）がいるからである。日本の高級官僚は、専門を持った政治家と考えるべきである。この両者は国政の観点からすれば対等であるべきなのに、〈選挙〉を〈葵の印籠〉として、官僚政治家を使うなどと称している。いわゆる政治家が官僚批判をしているのは、〈民選政治家〉と〈国選政治家〉との戦いと見るべきであろう。それはもちろん権力闘争である。

日本の高級官僚は専門を持った政治家、すなわち国選政治家である。しかし専門と言っても、理科系のような特殊個別技術的専門ではなくて、金融とか社会保険といった大きな枠組みという意味での専門であるから、国民生活一般へ目を向ける立場とならざるをえない。しぜんと政治家的な面を強く持つようになり、スペシャリスト（specialist）からゼネラリスト（generalist）へ移る傾向となる。

それを高級官僚は好む。実は、ここにも儒教的伝統がある。『論語』為政篇に、「君子は器《うつわ》ならず（君子不器）」ということばがある。「器」とは容器のことであり、特定の役割（すなわち専門）しか果たせない。こうした限定的な働きしかできない〈器〉のようであっては、政治は担当できない。融通無礙にいろいろなことに対応できる者こそ、政治を担当できる人（君子）だというような意味である。

日本の高級官僚は地位の上昇に随って、しだいにそういう意識を持つようになってゆく。それは国選政治家の究極の姿である。そこには、民選政治家ではなくて自分たちが真に国政・国家を支え、或いは背負っているという強烈な意識がある。

一方、個人として見た場合、ほとんどの日本人が儒教の宗教性を感覚として持っている。生命の連続という意識である。この意識は、歴史という連続する時間を自覚させる。高級官僚も日本人であるかぎり、その点は同じである。

その結果、国民ある限り国家は永遠に続く、いや続けさせなくてはならないという意識を生み出している。だから、その場限りの国策ではなくて、子孫のことを考える長期的計画を構想するようになる。財務官僚は子孫につけを回すような赤字国債発行に反対し、民選政治家の人気取り政策（例えば減税）に対して、厖大な情報の収集と分析との下に冷徹な反対意見を出し、国家の財政運営の安定を図るというような知的能力を持っている。

このような、内面に儒教的意識を持った高級官僚が日本の国政を支えている。そのことを日本人はよく知っており、高級官僚に依存はしても、民選政治家に対して敬意はほとんど持っていない。漫才師やタレントあたりなどが代議士に当選するのは、民選政治家などというのはその程度のものだという、日本民衆の痛烈な批判でもある。

もちろん、高級官僚のすべてが良いわけではない。欠点も多い。しかし、民主主義に従い、投票で選ばれたと称する民選政治家の中には、選挙民向けの迎合的な相当に怪しげなのがいることは事実である。今日、あまりにも一方的な官僚批判が横行しているので、歴史的に見るべきことを言いたい。

また大部分の企業経営者も含めて、日本の民衆の大半にも相当に問題がある。日ごろは官庁の規制や指導を圧迫だと非難しておきながら、ひとたび重大な問題が発生すると、「国は何をしている、早く解決せよ」と、〈法は国家が統治する手段〉という古来の意識をむき出しにして庇護そしてぶら下りを求めるのが日本の民衆の大半であり、法を人権擁護のためなどとは本質的に思っていない。まして、法を使いつつ自立する個人主義の確立などを見ることは困難である。

*明治憲法下では、衆議院の他に貴族院があった。そのメンバーの中に天皇から任命される勅選議員という定員（一二五人）があり、官僚出身者が多かった。比較的有能な人材が多

く、善きにつけ悪しきにつけ貴族院をリードした。昭和年間の一七〇人の勅選議員の直前の前歴は、官僚三九%、財界人二五%、大臣一六%、代議士(衆議院)八%、大学教授四%、軍人三%であった(前出『昭和戦前期の日本』三八頁)。

日本の国政を支えているのは一般行政を担当する高級官僚であり、国民は彼らに対して問題の現実処理を委任している。しかしその際、〈信頼〉という精神的問題がある。日本人はそれをどこに持っているかというと、司法官僚、とりわけ検事に対してである。客観的に言って、日本の検事は汚職をしない。彼らは官僚の良心であり、国政の良心である。検事の清潔さが国政への信頼となっている。それが日本の安定の大きな根拠となっている。彼らが胸に着けている徽章は「秋霜烈日」であり、刑罰は、季節として厳しくなってゆく秋から行なうという時令に即した儒教的政治を象徴としているという。

＊平成二十二年、大阪地方検察庁の検事が証拠を捏造したらしい事件があった。しかしそれは、同検事自身に個人的利益を生むわけではない証拠改竄であり、収賄ではない。あえて言えば、個別的特殊事件であって一般性はない。検察一般において収賄がないという一点が日本の検事の清潔さを示しているのである。日本の近隣諸国では、判事や検事の収賄は珍しくない。

ただし、私は今の〈国選政治家〉のすべてを認めているわけではない。平成五年、ソウルにおいて韓国行政研究院が主催した「儒教と官僚文化」というシンポジウムに私は参加したが、出席した韓国の一流の人物たちは、積極的に現在の中国や日本の実情を知ろうとする謙虚な態度であった。しかも、儒教という、韓国を支える精神との関係についてである。そこには、行政を単なる技術としては見ないで、民族の生きかた、すなわち文化との関係において見ようとする見識があった。

これに比べて、日本の高級官僚たちに果たしてそういう見識があるのかどうか疑問である。日本の行政と儒教との関係について、外国人を招聘してシンポジウムを開くというような試みが行なわれたことがあったであろうか。寡聞にして知らない。日本の高級官僚たちは、行政に反映される、或いは反映されるべき文化（民族の生きかた）への関心に欠けている。日本の民衆が高級官僚に対して、行政技術上はともかく、人間として根本的には尊敬していないのは、高級官僚の見解に民族の生きかたという凄《すご》みを感じないからである。なんだか算盤《そろばん》片手に予算がハイいくらと言っているような感じしか受けないのである。日本の高級官僚中、例えば『論語』を座右の書として読み親しんでいるような人物が果たして何人いるであろうか。

どんなに近代化を進めようとも、伝統を置き去りにしないという韓国人の態度は、息の長さを感じさせる。仮に国家に大難がふりかかろうと、それを必ず切り抜けてゆく底力を感じさせる。一方、日本の高級官僚はどうか。近代化一点張りではないか。それを突き進んで、いったい何が待っているのであろうか。欧米がこけたら、同じ動きをしている自分もこけるだけではないのか。私が韓国の一流の知識人に感じたのは、伝統を背景とする〈余裕〉であった。

最後に、国選政治家であれ民選政治家であれ、政治家に提言したい。儒教において最も重要な〈生命の連続〉という思想の政策化である。すなわち出生率の増加のための一つの提案である。それは、国家が子どもに対して継続的に扶養手当を出すことである。もっとも、平成二十二年度から始まった民主党政権による子ども手当（約二・六兆円）には、展望も財源もなく、わずか一年ではや行き詰っている。それは、財源の創造がないからである。私ならこうする。例えば、第一子には二万円、第二子には三万円、第三子には五万円（第四子以下には出さない）を出生から満十八歳まで、毎月、出す。これは継続性があるので貯金せず消費に向う。仮に、該当する子どものある家庭が二十五歳から四十五歳までの世帯とすると、約二千万世帯である（毎年、男女あわせて二百万人として二十年分の二分の一）。平均五万円の扶養手当とすると、毎月一兆円、一年にして十二兆円である。財源は長期の十八年国債を発行する。その際、無利子にするが、相続税の対象とはしない。だから十八年後の償還のとき、その金銭は無税でそのまま相続権者（配偶者や子など）の手にわたる。だから、あれこれと相続対策をして隠す必要などなくなる。

また、債券であるから、十八年後の償還前、もちろん市場における売買は自由にする。国民が雀の涙ほどの利子で預けている預貯金やタンス収納金の巨大な金額が出てくるので、毎年年間十二兆円分を消化する力は十分にあり、それも十年や十五年は続きうる。ただし、この国債――寿《ことぶき》国債とでも命名しておこう、寿国債は独立した機関が管理し、国債を売って得た金銭は他の事業に流用せず、所期の目的を守る。毎年十二兆円が子どもの費用ひいては内需に使われるとき、国内諸産業が安定的に活性化するのは確実であり、出生率が高まることによって、人口減により派生する将来の難問題を解決できる。或いは、丹羽春喜氏のすぐれた意見すなわち日銀とは別に政府通貨を発行するという方法もある。

減税による歳入減に対する帳尻合わせのための赤字国債の発行には私も反対である。しかし、寿国債は同じ赤字国債であっても意味が異なる。出生率という難問解決を目的として、政治家がもし〈生命の連続〉重視という儒教の持つ思想的立場に立ち、信念を持って国民に訴えれば、国民は寿国債という赤字国債の発行をきっと了解し、認め、買うであろう。大切なことは、小手先の政策技術ではなくて、政策に民族として同意しうる哲学があるかどうかなのである。

私のこの子ども手当案は、平成五年ごろに提案したものである。それはバブル崩壊後の経済再建を大目的とするものであり、言わば緊急提案であった。それから十七年も経ってから、この案と類似の子ども手当を民主党が出してきたのであり、時機をすでに誤っている。しかし、そうであっても、成功可能な検討をなすべきと思っている。

(9) 死があれば生がある――宗教教育・臨終に贈ることば・出生率

自然葬を勧める人がいる。自然葬とは、死後、墓を作らず、火葬後の骨を山野や海に撒《ま》く葬法である。散骨である。墓地のありかたに疑問を抱き、環境問題と関わりをつけつつ、自然に帰ることを唱えている。

しかしそれは、なんのことはない、インド諸宗教（インド仏教も含めて）の葬法である（本書五一頁参照）。それを日本で行なうというのは、日本仏教におけるインド仏教要素に従うことである。こうした自然葬ではなくて、従来のように納骨を行なうのは、日本仏教における儒教面に従うことである。

自然葬論者は、どうもそういうことが分かっていないようである。自然葬をばさも新しい葬法のように言いふらしているのは、日本仏教がインド仏教と中国儒教との並存であることを知らないからである。

この自然葬運動は、或る人数（それも少数）のところまでは賛同者があるだろうが、いずれ限界がきて、人数は増えないであろう。日本ではインド仏教式の輪廻転生観が弱く、盆や彼岸における先祖供養を重視する儒教式招魂再生観が強いからである。例えば、何度も引くように、親鸞は浄土往生を信じ、死後、自分の身体は鴨川《かもがわ》の魚に食わせよとまで言い切り、インド仏教的死体処理を説いた。しかしその弟子たちである真宗系諸派の人々は、親鸞の教えとは逆に儒教流に墓を作り先祖供養を行い続けている。こうした儒教的な現実を見ると、自然葬が広がるものかどうか、すぐ分かるではないか。

この自然葬派は、位牌をどうするつもりであろうか。位牌を建てるのか、建てないのか。自然葬の精神すなわちインド仏教の精神に従うのならば、位牌は不要であり、先祖供養の必要もない。もし位牌を建てるとすれば、だれがその位牌を継承してゆくのか。継承を希望するならば、その担当者は一族か、それとも菩提寺に納めるのかということになり、結局は、なんのことはない、振り出しにもどるだけである。そのとき、お骨はもう撒《ま》いてしまっているので、墓は作れないが。

問題は墓や位牌そのものではなくて、だれが死者の招魂再生を継承してゆくかという点なのである。何千年と続いてきた招魂再生という感覚・意識・観念は依然として残っているのに、今や、それを実現する人や場（祭祀を継承する家）が見えなくなりつつある。

共同作業をしていたかつての農業から、今日のように、個人が関わる商工業へと職業が変わってゆくなかで、兄弟姉妹がそれぞれ核家族となるのみならず、地域的にも住むところがばらばらとなるのが現在はふつうである。結局、それぞれの家庭が墓を建てざるをえなくなっているが、その墓地の入手もなかなか難しい。

おそらく、将来、納骨する場所は墓地ではなくて、ロッカーになるであろう。上段は仏壇で下段は納骨所（墓の代わりに）という形の、移動も簡単なロッカーに。そして、どういう形であれ継承できるかぎりはそのロッカーを自分の家において管理しつつ継承し、どうしても継承が困難となれば、その時、ロッカー式の仏壇・納骨所を菩提寺に納めるということになるであろう。現に、一部の寺院は大納骨堂を建て、そこには先述のようなロッカー式仏壇・納骨所をずらりと並べている。その寺院では自坊の大納骨堂で管理しているが、各家庭でそれがあってもかまわない。ただ、寺院が後にそれを受け入れるかどうかは別である。しかし、寺院もこれからの日本の家族の形を考えると、従来のような、墓の建立中心の考えかたは改めてゆくべきであろう。信者も考えを改めるべきであろう。なにも墓でなくとも、納骨所でいいではないか、きちんとした招魂再生が行なわれるのであるのならば。

仏壇業者も考えを改めるべきである。ばかでかく華美な仏壇を作るばかりが能ではない。簡素で親しみやすく、掃除もしやすいコンパクトな仏壇を作るべきである。今のような行きかたをしていると、京都は西陣の業者の二の舞（華美で高価な和服作りに走り、結局、人々からそっぽを向かれ、行き詰まっている状態）となるであろう。

位牌・墓・仏壇――それらは、あくまでも儒教や仏教の死生観の表現物や場所に過ぎない。だから、本書が述べてきたような儒教や仏教の死生観を真に理解すれば、それがどうあるべきかを自分で決めることができる。その意味さえ分かっておれば、位牌とて自分の手作りの板一枚で十分なのである。その意味さえ分かっておれば、ロッカー式納骨所で十分なのである。その意味さえ分かっておれば、菓子箱や段ボールの空箱を仏壇代わりにしてもかまわないのである。われわれ生きている人間がまずあって、それから位牌や墓や仏壇があるのである。

にもかかわらず、たいていの場合、それが逆となって、位牌・墓・仏壇にわれわれ生きている人間がふりまわされているのが現況である。それを正常化するには、儒教や日本仏教の死生観をきちんと理解することが先決問題である。

その理解は、国民教育の中で行なうのがよい。国民共通の精神生活に関する重要問題だからである。ところが国民教育を担当する文科省には、そういう発想や見識はおそらくないであろう。道徳教育はあっても、宗教教育はないのである。

宗教は宗教と道徳との両者を含むが、道徳は道徳だけである。だから日本の青少年は、宗教についてまともな教育を受けないまま社会人となる。そのため、社会人となっても、家の宗教か個の宗教か、わけのわからぬままにさまざまな宗教と出会い、時には入信する。しかし宗教教育を受けた経験がないから、入信の必然性に曖昧な点があり、家族とトラブルの発生がないわけではない。時には社会問題となったりする。

そういうことが起こるのは当然である。なぜなら、公的な国民教育の中できちんとした宗教教育が行なわれたことがなく、宗教に対する一般的理解がないからである。現憲法は、けっして宗教教育を否定してはいない。〈特定の宗教のための教育〉をしてはならないと、〈特定の〉と言っているのである。とすれば、国民の精神生活をより豊かにするために、学校教育において宗教教育を行なうべきであろう。しかし、文科省に果たしてそれだけの高度の見識や、日教組ら反対者に対する反論や批判をする覚悟があるのかどうか。

もし宗教教育を行なうとすれば、宗教の核心である死生観をしっかりと、正確にその各種を教えるべきである。死生観という人間存在の根底にあるものを理解してこそ、その上に作られてきた道徳・政治・社会、そして文化を本当に理解できるのである。文化とは生きかたではないか。また日常生活の知恵として、除霊するとか浄霊するとかと言って、大金をまきあげる詐欺すれすれの言説に惑わされないためにも。

死生観はさまざまである。過去のさまざまな死生観を正確に学習するなかで、〈人間は死ぬ〉ということを教え、死に対してどうあるべきかを覚悟せしめることが必要である。死——それを前にするとき、人間は粛然とする。高齢化社会に向けて、ただ延命の喜びだけを説くのではなくて、厳しい〈死の教育〉をしっかりと行なうことが老人にも青年にも必要である。

人間は必ず死ぬ。だからこそ、われわれはその生きてあるときにあらゆる努力をしてきたし、今もしている。医学も道徳も宗教も、その究極は死——この一点にかかっている。近く死の来ることが確実である人々、そういう死にゆく人々に対して、医学は肉体の安定へ全力を尽くす。それと同時に、家族や友人は精神の安定に心を尽くすべきであろう。末期治療の核心である。

それでは、臨終近い人に対してわれわれは何ができるか、どういうことばを贈るべきか、それは決まっている。信仰を持っているとき、キリスト教徒にはキリスト教徒として、仏教徒は仏教徒として接することができる。キリスト教徒には神の愛を、仏教徒には極楽浄土を説くことができる。しかし、そういう信仰を持たない多くの人々にはどうすべきか。それは決まっている。日本人で無信仰、無宗教という人々は、実は東北アジア人の宗教である儒教の感覚を持っているのである。そういう儒教徒に対しては、儒教徒としてのことばを贈るべきである。それは、招魂再生の誓いのことばである。ただし、ことばとして決まったものがあるというわけではない。しかし、招魂再生の精神に立てば、こういうことばとなるであろう、「あなたのことは絶対に忘れない。みながあなたのことを想っている。あなたのことを、いつまでもいつまでも忘れない」——このことばを家族や友人がくりかえし述べ、その人の心を安定せしめる以外にないのである。

ほとんどの日本人は、実は儒教徒である。その臨終に際して贈るべきわれわれのことばとは何かとして、かつて私は、右のようなことばを贈るべきだということをＮＨＫのラジオ放送において話したことがあった。番組担当者の話では、そのあと電話があったという。福祉の電話を使う寝たきり老人である。その老人がこう言ったという。「いま、加地の話を聞いた。そのことばを家族から聞いて死にたい」と。

小説家の森瑤子は、その死に際して、人々に「私のこと、覚えていてね」と告げたという。大才、司馬遷は、己《おのれ》の生命の分身として『史記』を遺そうとした。今も〈自分史〉を残そうとする人がいる。人間、だれしも思いは同じである。自分を、この世の記憶のどこか片隅に残したいと思っている。それは時として〈自分史〉であったり、或いは墓であったりする。メモリーである。

つまりは生きてあることへの限りない想いである。だからこそ、人間は傑作を残すエネルギーを費やすことができる。しかし大半の平凡な人間には、そういう特別な能力はない。ただし、残し得るものがある。それは生命である。

儒教はそれを説く。死があれば生があるではないかと。子孫は祖先の遺した体である。個体としては死ぬ自分にとって、生命が一族として続いてゆくこと、それは、いまここに生きてあることの限りない想いが、一族の生命の中に続いてゆくことである。だから儒教は、生命を最も重んじたのである。

今日、個人主義的な生きかたを筆頭にして、さまざまな理由で子どもを産もうとせず、日本の出生率が低下している。しかし、個人主義的生きかたなどという、たかだかここ百年前後の欧米近代思想に跪《ひざまず》いてしまい、有史以来続いてきた一族の〈生命の連続〉を断《た》ってしまっていいものであろうか。低い出生率のこのままでいいのだろうか。個人主義者といえども、後世の生命すなわち自分より年少の人たちに自分の介護をはじめとして多くのことを依存するのである。儒教の説く〈生命の連続の自覚〉、そしてそれを支える家族中心の思想にもっと耳を傾けるべきであろう。

　もちろん、いろいろな理由で子どもの生まれない夫婦もいる。しかし子がないからといって、なんら気にする必要はない。だれにでも必ず血を同じくする一族がいるからである。儒教は自分の子だけを愛せよなどというケチなことを言っていない。子がなければ甥や姪を愛せばいいのである。一族を愛することを根本としているのである。発想を新たにしてほしいと思う。〈一族を愛する〉という発想は、欧米近代思想の個人主義からは絶対に生まれない。個人主義からは、ただ〈人を愛する〉という、抽象的な、実はほとんど何もしないお題目が生まれるだけである。

　儒教とは何か――沈黙の宗教である。家族や社会と共に在《あ》る共生の幸福論である。〈個の宗教〉ではなくて〈家の宗教〉である。一族の〈生命の連続〉の讃歌である。それを青年が真に理解するならば、一族の中に新しい生命の誕生が必ず続くであろうと私は信じている。

あとがき

前著の『儒教とは何か』（中公新書）を刊行してから三年半になる。幸い同書が多くの読者を得てきたことは望外の喜びである。その間、いろいろな質問を受けたが、最も多かったのは、私が儒教の宗教性に力点を置き、なぜ道徳性について多く述べないのかという質問であった。その答えは、実は同書中にすでに簡潔に述べてあるのだが、注意して読まれていないようである。そこで、こうした質問に詳しく答える意味もあって書いたのが本書である。

私が従来の儒教概論書に対して飽き足らぬ想いを抱いたのは、なによりも有機的な体系性がない点であった。やたらと思想家の伝記や資料を並べるだけであって、儒教の諸問題に対して、〈なぜか〉、〈どう展開したのか〉という問いつめがない。伝記や資料を平板に並べるだけでは〈事実〉は明らかにならない。そこに解釈が加わってこそ、はじめて〈事実〉が現われるのである。

その解釈もその場かぎりの思いつきではなくて、全体を一貫する、その人独自の見かたがなくてはなるまい。もっとも、主として個別的研究を行なう若いときは、一本一本の木は見えても森全体は見えないから、若い研究者に対して〈儒教全体に対する独自の見かた〉を要求することはできない。しかし、例えば私のように、長く中国思想の研究に関わってきた者は、森全体を見てその姿を有機的体系的に描くべきであろう。

私は儒教の森を見た。森の大半は、道徳性である。しかし森を描くだけであるならば、従来の儒教概論書とさして変わりがない。ただ、そのうちに、森の木々だけではなくて、光も影も、果てはキツネやタヌキまで見えてきた。しかし、まだ筆を執らなかった。やがて森の大木に始まり雑木に至るまで、その根を見透《みとお》すことができた。その根が、儒教の宗教性であることは言うまでもない。

この宗教性を歴史の流れの中で追求しつつ書いたのが前著である。それは、私が解釈した〈中国思想史概論〉でもあった。しかし、新書という限られた紙幅では、なにもかも書くことはできない。狙いをしぼるのは当然であった。私が儒教の基盤である宗教性に力点を置いたのはそのためである。その際、中国思想史を柱にして通時的に述べ、また儒教の中心的な問題に内容を集約したため、中国思想史や中国文化の知識の少ない方々にとっては、やや難しく感じられたところもあったようである。

そこで、視点を変えて儒教概論書として新しく書いたのが本書である。その際、㈠なるべく中国思想史や中国文化の知識を必要としないで儒教を理解できるようにすること、㈡儒教の全体構造を共時的に見て明らかにすること、㈢宗教性に対してさらに詳細な説明を加えること、㈣その宗教性から、どのような道徳性が生まれてきたのか、連関性を展開すること、㈤道徳性の意味を論じること等々、こうした角度から述べたのが本書の第一章〜第四章である。

つまり、前著を経《たていと》（縦糸）とすれば、本書は緯《よこいと》（横糸）、前著の通時的分析に対して、本書は共時的分析ということになるであろう。

さらに本書には、前著と同じく、もう一つの目的がある。私が解釈する儒教の立場に立つならば、現代の諸問題に対してどのように考え、答えることができるか、その見解を示すことである。本書の随処にそれが出ているが、それ以外に、テーマを特定して私の見解を集めたものが第五章である（前著では終章）。すなわち、それは広い意味での、学問の現実社会への還元である。

右のように、本書（儒教概論）は前著（中国思想史概論）とセットになっていると言ってもよい。もっとも、本書は全編、書き下ろしであって、独立した書物であることは言うまでもない。

顧みるに、前著を刊行後しばらくして、筑摩書房の湯原法史氏から、儒教について一書を執筆することを求められた。承知したものの、前著の執筆に全力投球した私は疲労していた。また、新しくどのような角度から書くのか、それが決まらないうちは書けなかった。ただ読者に分かりやすくという意味で、新聞や雑誌などをはじめとして身近なものから例を引こうと思って、適当な材料は収集し続けた。そうした材料は、例えば右に示す二枚の写真である。キリスト教教会（京都市）の前を通ったとき、葬儀が行なわれていたが、一般の葬儀と同じく提灯《ちょうちん》を懸けていた。これは儒教流の、〈魂を暗闇からこの世に呼ぶとき

の案内役となる明《あかり》〉ではないか（本書一〇三頁参照）。また〈個人の宗教〉であるキリスト教の信者が、家紋入りの〈家の墓〉を建てている。これは、〈家の宗教〉という意識の現われである。キリスト教信者でありながら、両写真ともに、本質的には儒教徒であることを示している。

材料収集のその間、自然葬が登場し、戒名や墓や霊能者や新・新宗教が社会的話題となり、脳死臨調の最終答申が出たり、死をテーマとする雑誌特集が組まれるなど、興味ある問題がつぎつぎと起こっていた。私はそれらについての諸意見を追って読んでみたが、その多くを要するに、執筆者自身がよく分かっていなくて、論理的に納得できる説明ができないまま行きづまっている、そう判断した。

さらにこうした〈死〉の問題だけではなくて、日本人のこれからの生きかた、ありかたという〈生〉の問題について、多くの人々がそれが何であるかと切実に求めていることを、私は数多くの講演の機会を通じてひしひしと肌で感じた。人々は求めている、真の幸福論を、と。

私は、社会に出て教師となる学生にいつもこう言っている。教師の最大の仕事は、若い人に揺るがぬ〈希望〉を絶えず語ることであると。人間の多くは、志を得られなかったり、或いは不安や自信喪失の中で、重い気持にある。ともすれば、生きてゆくことに対して気持が崩れそうになっている。そのとき揺るがぬ〈希望〉が語られれば、人間は必ず勇気を奮い立たせることができる。その役目をするのが教師である。私もまた彼ら弟子たちと同じく一人の教師として、世の人々に揺るがぬ〈希望〉を語りたいと切に思った。

構想三年――昨秋、気持がしだいに固まりゆく中で、秘かに書名を決定した、『沈黙の宗教――儒教』と。

私が語りたいのは儒教の知識ではなくて、儒教の心である。今年の正月七日から書き始め、三月三十日に脱稿した。一気に書いたと言ってよい。時が来たのである。満を持した私は、今こそと矢を引き放った。

本書の成るに際して、御先祖の墓域の写真撮影をはじめとして全面的に御高配下さった田中祐尾氏（八尾市・田中外科）、銭大昕の墓の写真提供をしていただいた滝野邦雄氏、いろいろと協力を惜しまなかった南昌宏君・中野三朝君、ならびに、辛抱強く待って下さった編集部の湯原法史氏をはじめとして筑摩書房の関係諸氏に対して、感謝の意を表し申しあげる。

平成六年四月十日

孤剣楼　加地伸行

ちくま学芸文庫版後記

儒教の真実像を示すために、本書を「ちくまライブラリー」版として刊行したのは十七年前である。しかし、世人の儒教への理解は、依然として昔ながらである。すなわち、儒教を道徳としてのみ理解していることである。それを否定するための本書や、同じ目的で著わした拙著の『儒教とは何か』（中公新書）は、孤軍奮闘という感である。

依然として自然葬・家族葬といったことがこと新しげに語られ、もてはやされたりしている。けれども、自然葬はインド方式にすぎず、家族葬は、費用を安くするという経済的理由は別として、家族の手による葬儀という意味においては儒教方式そのものであることなど、まったく分からずにあれこれとこじつけた俗論がはびこっている。

そうした昔ながらの風潮に対して、もう一度、根本的に考えてほしいと思って、前著に改訂修補を加えたのが本書である。

もう一つ理由がある。私は中国哲学の研究者であるが、晩年となった今、さしあたりいわゆる学術書を中心にして、『加地伸行著作集』全三巻（研文出版）の刊行を始めた。第一巻『中国論理学史研究――経学の基礎的探究』・第二巻『中国思想から見た日本思想史研究』は、二十数年前に刊行したものの修補版であるが、平成二十二年十月刊行の第一回配本の第三巻『孝研究――儒教基礎論』は書き下ろしである。

この第三巻は、儒教の宗教性を徹底的に論証したものである。しかし、その骨子は、本書において十分に表現されている。私としては、この第三巻と並行して、本書を世に出したいと強く思った。いわば、学術的拙著第三巻の要約版と称してもいいであろう。

今日、日本人の死生観、葬儀、墓、祖先祭祀（先祖供養）、婚姻、少子化等々、生命ひいては家族に関する諸問題が提起されているが、その解決のための理論書の一冊として、本書が貢献できることを期待している。

本書復刊は、前回と同じく編集部の湯原法史氏にたいへんお世話になった。また、本書の文庫化を最初に要請された高田俊哉氏、広島にある頼《らい》家一族の墓の写真を提供してくださった肥塚美和子氏の三氏に深甚の感謝の意を表し申しあげる。

平成二十三年一月三日

孤剣楼　加地伸行

〔**主要事項**〕（その代表的な個所を挙げる。人名・書名は省略）

サ

タ

ナ

ハ

マ

ヤ

ラ

本書は一九九四年七月、筑摩書房から刊行されたものを加筆訂正した。

ちくま学芸文庫

沈黙《ちんもく》の宗教《しゅうきょう》――儒教《じゅきょう》

二〇一一年四月 十 日 第一刷発行
二〇二一年三月二十日 第二刷発行

著 者 加地伸行（かじ・のぶゆき）
発行者 喜入冬子
発行所 株式会社 筑摩書房
東京都台東区蔵前二―五―三 〒一一一―八七五五
電話番号 〇三―五六八七―二六〇一（代表）
装幀者 安野光雅
印刷所 明和印刷株式会社
製本所 株式会社積信堂

ISBN978-4-480-09365-3 C0114